城市公用事业价格与财政补贴研究

柳学信 著

Chengshi Gongyong Shiye Jiage Yu
Caizheng Butie Yanjiu

中国社会科学出版社

图书在版编目（CIP）数据

城市公用事业价格与财政补贴研究/柳学信著. —北京：中国社会科学出版社，2019.11
ISBN 978-7-5203-1572-2

Ⅰ.①城…　Ⅱ.①柳…　Ⅲ.①城市—公用事业—价格—研究—中国　②城市—公用事业—财政补贴—研究—中国　Ⅳ.①F299.24　②F812.45

中国版本图书馆 CIP 数据核字（2017）第 288478 号

出 版 人	赵剑英
责任编辑	卢小生
责任校对	周晓东
责任印制	王　超
出　　版	中国社会科学出版社
社　　址	北京鼓楼西大街甲 158 号
邮　　编	100720
网　　址	http://www.csspw.cn
发 行 部	010-84083685
门 市 部	010-84029450
经　　销	新华书店及其他书店
印　　刷	北京明恒达印务有限公司
装　　订	廊坊市广阳区广增装订厂
版　　次	2019 年 11 月第 1 版
印　　次	2019 年 11 月第 1 次印刷
开　　本	710×1000　1/16
印　　张	21.25
插　　页	2
字　　数	317 千字
定　　价	120.00 元

凡购买中国社会科学出版社图书，如有质量问题请与本社营销中心联系调换
电话：010-84083683
版权所有　侵权必究

前　言

2016年，我国城镇化率达到57.35%，城镇常住人口达到了7.9亿[①]。随着我国城市化水平的提高和城市人口的不断增长，对供水与污水处理、地铁、公共交通、燃气、供热等城市公用事业的需求不断增长。各地的城市公用事业普遍面临着一方面无法满足城市人口爆炸式增长带来的巨大需求压力，另一方面还面临着社会公众对于城市公用事业产品和服务质量、供应安全以及效率提升的迫切期望。近年来，我国城市公用事业行业取得了较快发展，行业的体制机制改革也在不断深入。但是，目前仍然面临着管理体制政企不分、政府垄断经营、投资不足和对外开放不够等问题。特别是价格监管体制和财政补贴体制改革滞后，已经制约了城市公用事业行业民营资本的进入和运营效率的提升。由于城市公用事业具有很强的自然垄断性和社会公益性，市场机制一般不能发挥作用，因此，需要通过政府干预以限制企业制定垄断高价损害消费者利益。出于维护社会公平的政治考虑，以及价格监管机构所面临的信息不对称和公用事业企业的策略行为，我国政府监管的城市公用事业价格一直偏低，无法反映成本状况，行业效率也难以提高。因此，亟待建立科学的城市公用事业价格监管体制和财政补贴机制，实现价格机制对资源配置的基础作用，推动城市公用事业价格市场化改革进程。城市公用事业市场化改革也是深化我国政府管理体制改革的重要途径，因为市场化可以减轻我国政府的财政补贴负担和提高投资运营效率。可以看出，未来我国公用事业市场化改革也必将继续深化和扩大发展。

[①] 《2016年国民经济实现"十三五"良好开局》，中华人民共和国国家统计局。

城市公用事业关系国计民生，大部分行业都具有社会公益性，其提供的服务是每个消费者生产和生活所必需的。城市公用事业市场化导向的改革一般都要求企业成为自主经营、自负盈亏的市场主体，通过价格信号引导，利用市场机制获得可持续发展能力。由于过去我国城市公用事业产品和服务普遍定价过低，因此，市场化导向的改革将伴随着价格的提高。而这必将对部分利益相关者（特别是贫困消费者）带来不利影响。世界银行认为，每个消费者都有获得电力、电信和供水等基础设施产品和服务的权利，这是人的基本权利[1]。联合国《2015年联合国千年发展目标报告》也曾提出：到2015年，全球无法持续获得安全饮用水和基本卫生设施的人口比例应减半[2]。根据联合国的资料，自1990年以来，约有26亿人口获得了安全饮用水。然而，全球还有6.63亿人仍然没有获得安全饮用水。联合国千年发展目标确定后，在其后的《联合国可持续发展目标》提出了17个目标，其中，目标6：为所有人提供水和环境卫生并对其进行可持续管理。计划到2030年，人人普遍和公平地获得安全和负担得起的饮用水，而且人人享有适当和公平的环境卫生及个人卫生[3]。在《中国实施千年发展目标进展情况报告》中，我国在城市供水和卫生方面面临的主要问题是城市和农村地区的安全饮用水覆盖率和卫生厕所的普及率都有较大的差距，以及西部地区和东部沿海地区的差距也正在扩大[4]。特别是对于我国部分城市流动人口和农村地区以及社会低收入消费者来说，目前还尚未享受到安全可靠的基本城市公用事业服务（如大部分农村地区和部分城市流动人口聚集区域的自来水、环境卫生设施和管道燃气供应），已经成为社会不和谐的潜在风险。而市场化导向改

---

[1] Wodon, Q. and Angel – Urdinola, D. , "Do Utility Subsidies Rearch the Poor? Framework and Evidence for Cape Verde, Sao Tome, and Rwanda", *Economics Bulletin*, Vol. 9, No. 4, 2007, pp. 1 – 7.
[2] 联合国：《2015年联合国千年发展目标报告》，2015年7月6日。
[3] 联合国：《联合国可持续发展目标》，http：//www.un.org/sustainabledevelopment/zh/water – and – sanitation, Access date：2016年11月5日。
[4] 联合国：《中国实施千年发展目标进展情况报告》，详见 http：//www.un.org/chinese/millenniumgoals/china08/preface.html, Access date：2016年11月5日。

革将带来的价格上涨,也必将加剧我国消费者在获得公用事业产品方面的差距,影响社会和谐发展。因此,必须通过科学有效的普遍服务机制和财政补贴机制解决城市公用事业的公平性问题。目前,我国在公用事业价格补贴方面尚未形成科学合理的补贴机制,而是采取"一事一议"的方式,具有很大的随意性,不仅缺乏科学统筹规划,而且实际操作中也面临很多困难。同时,还存在补贴对象模糊不清,亏损企业成本、绩效不透明和补贴效果缺乏考核等诸多问题[1]。

基于以上背景,本书在系统地分析国内外城市公用事业价格改革的理论和经验基础上,结合我国当前城市公用事业价格改革进展和问题,分析目前我国城市公用事业投资和PPP融资机制发展现状和存在问题,建立科学有效的城市公用事业价格形成机制和实现路径。城市公用事业价格形成机制分为近期目标和远期目标。其中,近期目标将致力于在政府依法监管下,建立基于绩效评价的价格形成机制;远期目标将随着竞争充分引入,建立基于市场竞争的价格形成机制和基于社会公平的消费补贴机制。本书还将分析目前我国城市公用事业财政补贴现状以及存在问题,在借鉴国外发达国家城市公用事业财政补贴政策的基础上,建立我国城市公用事业财政补贴博弈模型,推导出基于绩效的财政补贴机制并进行实证检验。最后研究在市场化背景下如何重构我国城市公用事业财政补贴机制。

全书共分为十三章,各章的主要内容介绍如下:

第一章分析城市公用事业改革现状与问题。大多数城市公用事业都实现了政企分开、政资分开,完成了产权结构改革,并基本建立了比较规范的现代企业治理结构,但还都是集隶属机构或主管机构和监管机构为一体的非独立监管体制。同时,监管机构的定位和监管目的尚不清晰,而且缺乏基本的监管方法和手段。目前仍有部分城市公用事业的定价采取成本加成法,缺乏科学有效的成本审核机制,价格并

---

[1] Coady, D., Grosh, M. E. and Hoddinott, J., *Targeting of Transfers in Developing Countries: Review of Lessons and Experience*, Targeting of Transfers in Developing Countries: World Bank, 2004, p.110.

不能反映实际成本状况，也不能促进企业提高效率。本章还剖析了城市公用事业改革存在问题，主要包括相关法律法规不健全、监管体制与机制不完善、定价机制缺乏科学性、投资主体单一化、服务效率有待提高、特许经营制度仍需完善。

第二章分析城市公用事业投融资体制改革进展与问题。目前，我国城市公用事业投资主要以国有资产为主，依靠政策性融资满足资金需求。随着投融资体制改革的深入，我国城市公用事业融资总量逐年增加，资金来源也在逐渐发生变化。随着市场化改革进程加快，为了缓解政府财政和国有资产投资的压力，吸引社会投资，我国出台了多部法律法规来吸引和鼓励民间资本投资公用事业与基础设施领域，并取得了一定的成效。目前，城市公用事业投融资改革仍存在一些问题，比如，投资主体和融资渠道单一、民间融资渠道不畅、投融资监管不够完善、融资资金缺口较大、各级政府间公用事业供给职能不清晰、政府债务风险有加大趋势等。

第三章研究公用事业PPP项目"井喷"式增长风险及其治理模式转型。目前，我国PPP项目投资存在占公共投资比重偏高、对财政依赖度过高、民营资本参与度偏低、经济不发达地区PPP项目过多等问题。PPP"井喷"式增长的同时给政府带来了巨大的潜在风险，在现有的以监管为主的PPP项目治理模式下，存在政府和其他PPP项目参与者的目标不一致、监管者有限理性、政府的治理能力和效率有限等诸多问题。因此，必须尽快转变治理理念，建立基于市场机制的PPP项目契约治理模式：由政府主导逐渐过渡到市场主导；吸引多主体参与治理，以达到多元主体共同治理；制定PPP法律、规范与指南；由目前的硬监管过渡到软监管，降低政府干预对市场机制的不利影响。

第四章分析城市公用事业价格改革进展与问题。经过40多年的改革，我国绝大多数商品和服务的价格已经由市场竞争形成。部分地方性特点较强的城市公用产品下放了价格监管权限，对若干城市实行了国家指导价格，对长期偏低的公用事业价格水平进行了一定程度的调整，引入了价格听证会、特许经营等一些模式和方法。目前，我国城市公用事业价格改革仍面临一些问题：相关的法律和监督机制不完善，价格听证制度中民众参与不足，价格改革相关的配套政策并不完善，价格形成机制扭曲，价格水平不合理，价格结构不合理，定价方法的科学性有待完善。

第五章介绍国外城市公用事业价格改革经验借鉴。比如，建立完善的法律体系，颁布公用事业监管改革法规，明确规定改革的目标模式、主要内容和步骤等问题，使监管体制改革具有明确的法律依据，避免在改革中出现"无法可依"的混乱现象；建立健全的监管与监督机制，拥有独立的监管机构，可以确保公用事业服务的透明性和责任性；形成科学合理的价格监管体系；鼓励消费者参与，建立代表消费者利益的社会监督组织，并形成有效的社会监督机制。

第六章研究城市公用事业价格决策中的消费者参与。目前，我国供水行业的消费者参与治理存在一些问题，主要包括：消费者参与机制不够完善、价格听证中缺乏有效的消费者参与机制、消费者无法获得充分的信息。以供水行业为例，通过借鉴英国供水行业的消费者参与治理机制，完善我国城市供水行业的消费者参与治理机制：规范供水定价程序，加大信息公开力度，加大宣传及与扩建消费者咨询渠道，完善消费者投诉通道。

第七章通过分析城市公用事业价格改革目标与路径，建立城市公用事业价格形成机制模型。在政府、企业和消费者的博弈过程中，价格作为博弈利益的信号和衡量指标，呈动态变化，最终达到一个均衡点。同时，确立城市公用事业价格监管模式的改革路径，公用事业价格监管包括价格水平监管和价格结构监管；价格水平监管主要包括投资回报率监管和价格上限监管；价格结构监管包括线性定价和非线性定价、两部定价、高峰负荷定价、差别定价等。

第八章分析城市公用事业价格改革的配套措施。完善城市公用事业价格法律体系：建立公用事业价格规制法律体系，设立综合性的公用事业委员会，制定公用事业价格自律规则；完善公用事业价格监管机制：规范政府价格规制机构，明晰定价程序，政府定价行为公开化，设立激励性监管机制，完善价格信息公开制度，发挥行业协会、社会团体的作用；明确政府在改革中的功能定位；调整城市公用事业的价格水平；上调价格水平偏低的公用产品，打破垄断引入竞争；改善城市公用事业价格结构。

第九章分析城市公用事业财政补贴现状与问题。概述了财政补贴的定义、特点、必要性和不利影响，并对城市公用事业财政补贴进行分类。随着快速城市化，为了解决城市公用事业建设所需的巨额资金，以及保证人民以公平合理的价格获得基本的公用产品和服务，我国每年对能源消费、供水与污水处理、公共交通等城市公用事业进行了大量的补贴，补贴数额增长迅速，也带来很多问题。例如，补贴数额逐年增大导致财政收入的压力日渐显现，城市公用事业价格上涨导致消费者支出增加过快，补贴缺乏目标性（靶向性）导致补贴结果不公平，城市公用事业交叉补贴缺乏效率，尚未形成科学合理的补贴方式等。

第十章对国外城市公用事业财政补贴经验借鉴进行梳理和总结，大体分为能源补贴、供水补贴、公共交通补贴。通过研究美国、英国、欧盟、俄罗斯、印度、法国、新加坡、智利、哥伦比亚、日本、巴西等各个国家或地区的公用事业财政补贴机制，分析其补贴效果，从而为我国公用事业财政补贴提供可行的经验借鉴。

第十一章以供水为例对城市公用事业财政补贴问题博弈进行分析。在研究城市供水补贴的问题中，会出现三个参与主体，即政府、用户和供水企业，它们追求的目标是不同的，政府追求的目标是社会福利的最大化，用户追求的是用水费用的最小化，而供水企业追求是利润最大化。通过分析三者之间的委托—代理关系，建立城市公用事业补贴博弈模型，比较分析不同补贴机制设计的利弊，得出最优策略，即采用具有较强激励机制的服务及成本监督下的补贴方式，能高效率地使用财政补贴，实现较大的社会效益。最后利用相关数据对补贴机制设计博弈进行实证验证。

第十二章以供水为例建立城市公用事业基于绩效评价的财政补贴机制。对于城市公用事业企业绩效评价，大多采取标杆比较法。标杆法是一个方法体系，主要分为局部方法和整体方法。当前，国内外许多国家的供水行业监管机构都通过建立绩效评价指标体系计算综合绩效的方法，对城市供水企业绩效进行评价，并对其进行行业监督。比较分析国际供水行业绩效评价体系状况和中国供水行业现阶段绩效评价状况，并对中国供水企业绩效评价进行实证分析，最后建立基于绩效评价的供水企业补贴机制。

第十三章研究市场化背景下城市公用事业财政补贴机制重构。对我国城市公用事业财政补贴目的的重新界定，根据城市公用事业改革方法和进展状况，以及社会政治、经济的发展水平，确立城市公用事业财政补贴方法：供给（企业）补贴方法和需求（消费者）补贴方法。最后提出对目前我国城市公用事业财政补贴改革的建议：在短期内应采取供给补贴保障企业的正常运营和可持续发展；从长期看，要通过需求补贴解决社会公平问题；控制财政补贴的逆向激励与负面影响；财政补贴机制应该规范、透明，具有可预见性；深化城市公用事业价格体制改革；建立低收入居民基本生活费用价格指数；加强价格监测和调控。

本书研究成果有助于解决目前我国城市公用事业价格与补贴机制存在的诸多问题，可直接用于指导供水与污水处理、地铁、公共交通、燃气、供热等城市公用事业价格市场化改革和财政补贴政策实施，不仅具有很好的实践意义，也具有较强的理论意义。

本书的撰写得到了北京市哲学社会科学规划重点项目"北京城市公用事业价格形成机制及其管理研究"（12JGA007）和北京市自然科学基金面上项目"北京城市公用事业市场化改革与财政补贴机制研究"（9112003）的支持。同时，还得到了北京市属高校高层次人才引进与培养计划——长城学者计划项目（CIT&TCD20140322）和国家社会科学基金项目"公益类事业单位治理结构模式及运行机制研究"（13BGL121）的支持，在具体研究和写作过程中，参考了国内外众多专家学者的研究成果，一并表示感谢！

目　录

第一章　城市公用事业改革现状与问题 …………………… 1

　　第一节　城市公用事业发展现状 ………………………… 1
　　第二节　城市公用事业改革进展 ………………………… 9
　　第三节　城市公用事业改革中存在的主要问题………… 12

第二章　城市公用事业投融资体制改革进展与问题 ……… 19

　　第一节　城市公用事业投融资体制现状………………… 19
　　第二节　城市公用事业投融资改革进展………………… 20
　　第三节　城市公用事业投融资改革中存在的主要问题 ……… 22

**第三章　公用事业 PPP 项目"井喷"式增长风险及其
　　　　　治理模式转型** ………………………………………… 29

　　第一节　公用事业 PPP 项目"井喷"式增长的特征化事实 … 30
　　第二节　公用事业 PPP 项目"井喷"式增长带来的潜在风险…… 35
　　第三节　PPP 项目治理模式及其存在的问题 …………… 37
　　第四节　公用事业 PPP 项目的契约治理模式 …………… 39
　　第五节　我国 PPP 项目治理模式转型及其实现路径 …… 42

第四章　城市公用事业价格改革进展与问题……………… 49

　　第一节　城市公用事业价格改革进展…………………… 49
　　第二节　城市公用事业价格改革面临的主要问题 ……… 59

第五章 国外城市公用事业价格改革经验借鉴 …… 73

第一节 完善的法律体系 …… 73
第二节 健全的监管与监督机制 …… 76
第三节 科学合理的价格监管 …… 79
第四节 消费者的参与程度较高 …… 95

第六章 城市公用事业价格决策中的消费者参与 …… 98

第一节 城市公用事业参与式治理框架 …… 99
第二节 供水行业消费者参与治理存在的问题 …… 102
第三节 英国供水行业消费者参与治理机制 …… 105
第四节 完善城市供水行业消费者参与治理机制 …… 112

第七章 城市公用事业价格改革目标与路径 …… 115

第一节 城市公用事业价格改革的目标 …… 115
第二节 城市公用事业价格改革的基本原则 …… 117
第三节 城市公用事业价格改革的约束条件 …… 119
第四节 城市公用事业价格形成机制 …… 121
第五节 城市公用事业价格监管模式改革的路径 …… 135

第八章 城市公用事业价格改革的配套措施 …… 143

第一节 完善城市公用事业价格法律体系 …… 143
第二节 完善公用事业价格监管机制 …… 146
第三节 明确政府在改革中的功能定位 …… 150
第四节 调整城市公用事业价格水平 …… 152
第五节 改善城市公用事业价格结构 …… 153

第九章 城市公用事业财政补贴现状与问题 …… 157

第一节 财政补贴概述 …… 157
第二节 城市公用事业财政补贴分类 …… 161

  第三节 城市公用事业财政补贴存在的问题 …………… 164

第十章 国外城市公用事业财政补贴经验借鉴 ………… 172

  第一节 能源补贴 …………………………………………… 172
  第二节 供水补贴 …………………………………………… 206
  第三节 公共交通补贴 ……………………………………… 222

第十一章 城市公用事业财政补贴问题博弈分析
    ——以供水为例 ……………………………………… 242

  第一节 城市公用事业财政补贴博弈参与主体 …………… 242
  第二节 城市公用事业财政补贴的博弈分析框架 ………… 242
  第三节 城市公用事业财政补贴委托—代理博弈模型 …… 243
  第四节 补贴机制设计的博弈模型 ………………………… 248
  第五节 城市公用事业补贴机制设计博弈实证分析
      ——以北京城市供水行业为例 ………………… 255

第十二章 基于绩效评价的城市公用事业财政补贴机制
    ——以供水为例 ……………………………………… 260

  第一节 城市公用事业企业绩效评价方法 ………………… 260
  第二节 国内外供水行业绩效评价理论与实践 …………… 263
  第三节 供水企业绩效评价实证分析 ……………………… 267

第十三章 市场化背景下城市公用事业财政补贴机制重构 …… 279

  第一节 城市公用事业财政补贴目的的重新界定 ………… 280
  第二节 城市公用事业财政补贴方法 ……………………… 284
  第三节 对目前我国城市公用事业财政补贴改革的建议 …… 293

参考文献 ………………………………………………………… 298

第一章　城市公用事业改革现状与问题

第一节　城市公用事业发展现状

城市公用事业是城市发展基础和保障。近年来,我国城市人口的急剧增加导致了对城市公用事业服务和产品的巨大需求。改革开放以来,随着我国城市化水平不断增加,城市化率(按城市人口比重)从1979年的20%增加到2016年的57.35%。2010—2016年中国的城镇人口和总人口增长情况见表1-1。

表1-1　　2010—2016年中国城镇人口和总人口增长

年份	城镇人口(万)	总人口(万)	比重(%)
2010	66978	134091	49.95
2011	69079	134735	51.27
2012	71182	135404	52.57
2013	73111	136072	53.73
2014	74916	136782	54.77
2015	77116	137462	56.10
2016	79298	138271	57.35

资料来源:中华人民共和国统计局。

随着我国城市人口的不断增长和城镇化建设的不断推进,对城市公用事业产品和服务的需求急剧扩张,也促进了我国城市公用事业的快速发展。近年来,城市居民的生活质量不断提升,城市用水、城市燃气的普及率稳步提升,城市用水普及率从2002年的不足80%提升至2015年的98.07%,城市燃气普及率从2002年的67%提升至2015年的95.3%。城市人均公园绿地面积大幅增加。2002年,城市人均公园绿地面积不足6平方米;2015年,城市人均公园绿地面积近13.35平方米,增加1倍多。2009—2015年中国城市公用事业发展情况见表1-2。

表1-2　　2009—2015年中国城市公用事业发展情况

项目	2009年	2010年	2011年	2012年	2013年	2014年	2015年
全年供水总量(亿立方米)	496.7	507.9	513.4	523.0	537.3	546.6	560.47
用水普及率(%)	96.12	96.68	97.04	97.16	97.56	97.74	98.07
天然气供气量(亿立方米)	405.1	487.6	678.8	795.0	901.0	964.4	1040.79
燃气普及率(%)	91.41	92.04	92.41	93.15	94.25	94.56	95.3
集中供热面积(亿平方米)	38.0	43.6	47.4	51.8	57.2	61.1	67.22
城市污水处理率(%)	75.25	82.31	83.63	87.30	89.34	82.12	91.97
轨道交通线路长度(千米)	1991	1429	1672	2006	2213	2715	3195
人均城市道路面积(平方米)	12.79	13.21	13.75	14.39	14.87	15.34	15.60
人均公园绿地面积(平方米)	9.71	10.66	11.18	12.26	12.64	2.39	13.35

资料来源:中华人民共和国统计局。

随着城市化的快速进展,各级政府对于城市公用事业的投资建设日渐重视,由此带来我国城市公用事业投资不断增加(见表1-3)。近年来,我国城市公用事业投资一直以较快的速度增长,平均而言,远高于GDP的增长速度。特别是在国际金融危机后,在"4万亿"投资计划的刺激下,更是达到了44%的增长。而且平均而言,近五年城市公用事业固定资产投资已占GDP 3%左右的水平。

表1-3　2009—2015年我国城市市政公用设施建设固定资产投资情况

指标		2009年	2010年	2011年	2012年	2013年	2014年	2015年
国内生产总值	国内生产总值（亿元）	340902.8	401512.8	473104	519322.1	568845.0	636138.7	676707.8
	增长速度(%)	9.2	10.4	9.3	7.8	7.7	9.8	6.9
财政收入	财政收入（亿元）	68518.3	83101.5	103874.4	117209.8	129143	140370	152216.7
	环比增长率(%)	11.7	21.3	25	12.8	10.1	8.6	8.4
全社会固定资产投资	投资完成额（亿元）	224598.8	278121.9	311485.1	374675.7	446,294.1	512020.7	561999.8
	环比增长率(%)	30	23.8	23.8	20.3	19.3	22.4	9.8
城市市政公用设施固定资产投资	投资完成额（亿元）	10641.5	13363.9	13934.2	15296.4	16,349.8	16246.9	16204.4
	环比增长率	44.42	25.58	4.27	9.78	6.89	-0.63	-0.25
	占同期全社会固定资产投资比重(%)	4.7	4.81	4.48	4.08	3.66	3.17	2.88
	占同期国内生产总值比重(%)	3.12	3.33	2.95	2.95	2.87	2.55	2.39

资料来源：《中国城乡建设统计年鉴（2015）》。

总体而言，在2009—2015年公用事业投资中，财政性资金的比重依然很大，国有资产性资金占比仍然超过86%；但自筹资金、债券的比重有所上升（见表1-4）。

表1-4　2009—2015年城市市政公用设施建设固定资产投资的资金来源情况

单位：亿元

指标		2009年	2010年	2011年	2012年	2013年	2014年	2015年
本年资金来源合计		10938.1	13351.7	14158.1	15264.2	16121.9	16054.0	16570.7
上年末结余资金		460.4	659.3	648.9	595.4	987.50	954.0	1295.0
本年资金来源	小计	10477.6	12692.4	13509.1	14668.9	15100.0	15134.3	15275.8
	中央财政拨款	112.9	206.0	166.3	171.1	102.2	147.5	202.1
	地方财政拨款	2705.1	3523.6	4555.6	4446.6	4135.2	3573.2	4406.4
	国内贷款	4034.8	4615.6	3992.8	4366.7	4383.1	4218.0	3986.3
	债券	120.8	49.1	111.6	26.8	96.0	41.8	189.1
	利用外资	66.1	113.8	100.3	150.8	42.0	62.2	46.6
	自筹资金	2487.1	3058.9	3478.6	3740.5	4297.7	4714.1	4258.0
	其他资金	950.7	1125.3	1103.9	1766.4	2046.7	2377.7	2187.3

资料来源：《中国城乡建设统计年鉴（2015）》。

一　城市供水

作为区域性的自然垄断行业，城市供水是城市建设和发展必需的基础设施。2015年年末，城市供水综合生产能力达到2.97亿立方米/日，比上年增长3.5%，其中，公共供水能力2.31亿立方米/日，比上年增长4.5%。供水管道长度71.0万千米，比上年增长4.9%。表1-5显示了2010—2015年我国城市供水情况。2015年，年供水总量560.5亿立方米，其中，生产运营用水162.4亿立方米，公共服务用水77.1亿立方米，居民家庭用水208.9亿立方米。用水人口4.51亿，人均日生活用水量174.5升，用水普及率98.07%，比上年增加0.43个百分点。2015年，城市节约用水40.3亿立方米，节水措施总投资23.1亿元。

表1-5　　　　　　　2010—2015年我国城市供水情况

年份	供水总量（亿立方米）	供水管道长度（万千米）	用水普及率（%）
2010	507.9	54.0	96.68
2011	513.4	57.4	97.04

续表

年份	供水总量（亿立方米）	供水管道长度（万千米）	用水普及率（%）
2012	523.0	59.2	97.16
2013	537.3	64.6	97.56
2014	546.7	67.7	97.64
2015	560.5	71.0	98.07

资料来源：《2015年城乡建设统计公报》。

二 城市燃气

表1-6显示了2010—2015年城市公用事业燃气情况。2015年，人工煤气供气总量47.1亿立方米，天然气供气总量1040.8亿立方米，液化石油气供气总量1039.2万吨，分别比上年减少15.8%，增长7.9%，减少4.0%。供气管道长度52.8万千米，其中，人工煤气供气管道长度2.1万千米，天然气供气管道长度49.8万千米，液化石油气供气管道长度0.9万千米，分别比上年减少26.7%，增长14.6%，减少18.0%。用气人口4.38亿，燃气普及率95.30%，比上年增加0.73个百分点。

表1-6　2010—2015年城市公用事业燃气情况

年份	人工煤气供气总量（亿立方米）	天然气供气总量（亿立方米）	液化石油气供气总量（万吨）	供气管道长度（万千米）	燃气普及率（%）
2010	279.9	487.6	1268.0	30.9	92.04
2011	84.7	678.8	1165.8	34.9	92.41
2012	77.0	795.0	1114.8	38.9	93.15
2013	62.8	901.0	1109.7	43.2	94.25
2014	56.0	964.4	1082.7	47.5	94.57
2015	47.1	1040.8	1039.2	52.8	95.30

资料来源：《2015年城乡建设统计公报》。

三 城市集中供热

表1-7显示了2010—2015年城市集中供热情况。2015年年末，城市蒸汽供热能力8.1万吨/小时，比上年减少4.7%；热水供热能力47.3万兆瓦，比上年增长5.7%；供热管道20.5万千米，比上年增长9.2%；集中供热面积67.2亿平方米，比上年增长10.0%。

表1-7　　　　　　　2010—2015年城市集中供热情况

年份	供热能力 蒸汽（万吨/小时）	供热能力 热水（万兆瓦）	供热管道长度 蒸汽（万千米）	供热管道长度 热水（万千米）	集中供热面积（亿平方米）
2010	10.5	31.6	1.5	12.4	43.6
2011	8.5	33.9	1.3	13.4	47.4
2012	8.6	36.5	1.3	14.7	51.8
2013	8.4	40.4	1.2	16.6	57.2
2014	8.5	44.7	1.2	17.5	61.1
2015	8.1	47.3	1.2	19.3	67.2

资料来源：《2015年城乡建设统计公报》。

四　城市轨道交通

过去几年，为了应对全球经济危机的不利影响，我国开始采取积极的投资政策，通过国家投资刺激经济发展。其中，大部分投资都投向了基础设施行业，特别是城市轨道交通。因此，近年来，我国城市轨道交通发展速度很快。表1-8显示了2010—2015年城市轨道交通情况。2015年年末，全国有24个城市建成轨道交通，线路长度3069千米，比上年增长13.1%；车站数2008个，其中换乘站441个，配置车辆数16524辆。全国38个城市在建轨道交通，线路长度3994千米，比上年增长32.9%；车站数2547个，其中换乘站680个。

表1-8　　　　　　　2010—2015年城市轨道交通情况

年份	建成轨道交通的城市个数（个）	建成轨道交通线路长度（千米）	正在建设轨道交通的城市个数（个）	正在建设轨道交通线路长度（千米）
2010	12	1429	28	1741
2011	12	1672	28	1891
2012	16	2006	29	2060
2013	16	2213	35	2760
2014	22	2715	36	3004
2015	24	3069	38	3994

图 1-1 显示了 2009—2015 年城市轨道交通情况，总体来说，城市轨道交通呈上升趋势。

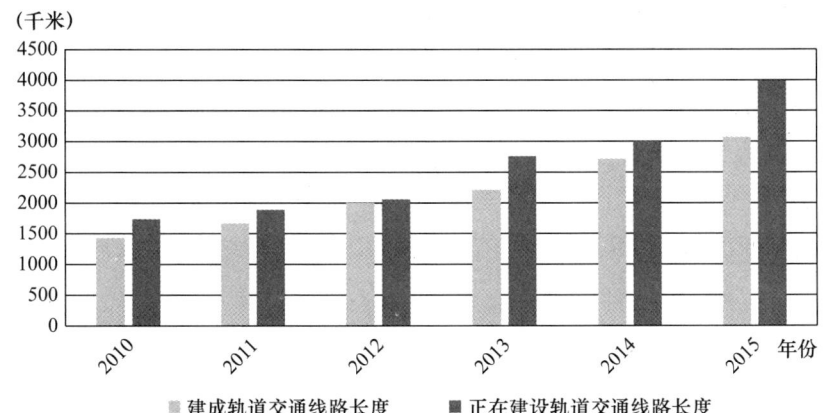

图 1-1　2009—2015 年城市轨道交通情况

资料来源：《中国城乡建设统计年鉴（2015）》。

五　城市道路桥梁

图 1-2 显示了 2010—2015 年城市道路发展情况。2015 年年末，城市道路长度 36.5 万千米，比上年增长 3.6%；道路面积 71.8 亿平方米，比上年增长 5.1%，其中人行道面积 15.8 亿平方米。人均城市道路面积 15.60 平方米，比上年增加 0.26 平方米。

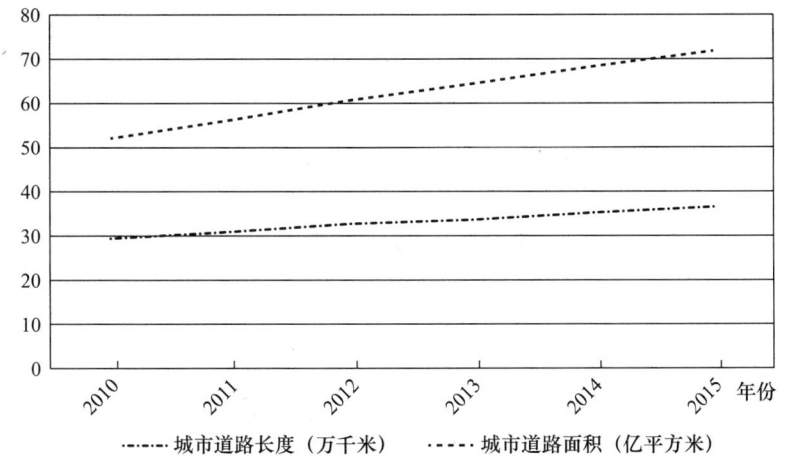

图 1-2　2010—2015 年城市道路发展情况

资料来源：《中国城乡建设统计年鉴（2015）》。

六 城市排水与污水处理

目前,我国水环境污染问题越来越严重,因此,各地都开始加强对城市污水的治理,城市排水和污水处理行业开始进入快速发展通道。表1-9显示了2010—2015年城市污染水处理情况。2015年年末,全国城市共有污水处理厂1943座,比上年增加135座;污水厂日处理能力14028万立方米,比上年增长7.2%;排水管道长度54.0万千米,比上年增长5.6%。城市年污水处理总量428.8亿立方米,城市污水处理率91.90%,比上年增加1.72个百分点,其中污水处理厂集中处理率87.97%,比上年增加2.03个百分点。城市再生水日生产能力2317万立方米,再生水利用量44.5亿立方米。

表1-9　　　　　　　　　2010—2015年城市污水处理情况

年份	城市污水处理厂（座）	城市污水处理厂处理能力（万立方米/日）	城市污水处理率（％）	再生水生产能力（万立方米/日）	再生水利用量（亿立方米）
2010	1444	10436	82.31	1082	33.7
2011	1588	11303	83.63	1389	26.8
2012	1672	11733	87.30	1453	32.1
2013	1736	12454	89.34	1761	35.4
2014	1808	13088	90.18	2065	36.3
2015	1943	14028	91.90	2317	44.5

资料来源:《2015年城乡建设统计公报》。

七 城市园林绿化

2015年年末,城市建成区绿化覆盖面积210.5万公顷,比上年增长4.4%,建成区绿化覆盖率40.1%,比上年降低0.1个百分点;建成区绿地面积190.8万公顷,比上年增长4.8%,建成区绿地率36.36%,比上年增加0.07个百分点;城市公园绿地面积61.41万公顷,比上年增长6.46%,人均公园绿地面积13.35平方米,比上年增加0.27平方米。2010—2015年城市园林绿化情况见图1-3。

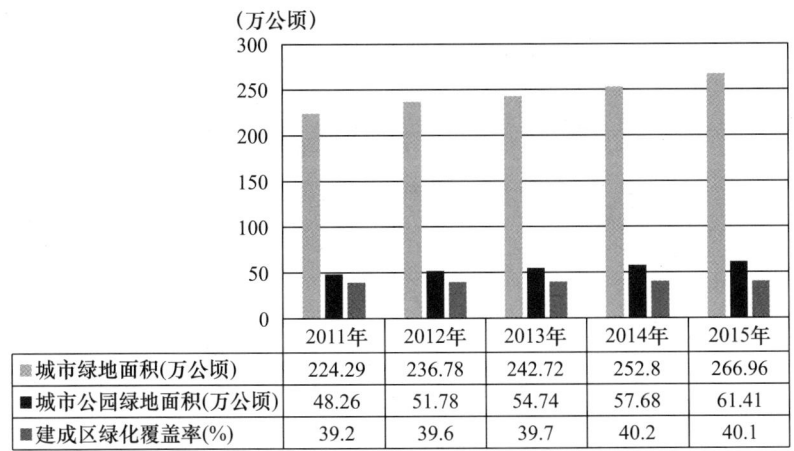

图1-3　2011—2015年城市园林绿化情况

资料来源：中华人民共和国统计局。

第二节　城市公用事业改革进展

供水与污水处理、供电、燃气、供热、公共交通、垃圾处理等城市公用事业承担着保障城市居民的基本生产和生活需求的重要任务，是城市经济社会发展的基础和支撑。城市公用事业大多具有自然垄断性和社会公益性，传统上，常常采取国家投资和政府垄断经营的供给体制。从20世纪90年代开始，我国开始对电信、电力、城市供水等部分城市公用事业进行了市场化导向的改革，实行政企分开，建立自主经营的公用事业企业，并推行价格改革、投资体制改革等措施，并取得了部分成效。但是，目前城市公用事业仍然存在投资体制单一、监管体制不健全、价格改革和投融资体制改革滞后等问题。改革开放40多年来，我国城市公用事业改革进展情况（见表1-10）主要体现在以下四个方面。

第一，大多数城市公用事业都实现了政企分开、政资分开，完成了产权结构改革，并且基本上建立了比较规范的现代企业治理结构。

表1-10　　我国城市公用事业改革进展情况

行业		主管机构/产权结构	治理结构	市场结构	准入机制	价格机制	普遍服务机制
供水与污水处理		地方政府/国有企业	大多国有独资	相对独立地域垄断	部分城市放开准入	政府定价为主	有
城市燃气	城市燃气生产	国资委/国有企业	股份公司	中石油、中石化和中海油三寡头主导	不允许进入	政府定价为主	有
	燃气配送零售	地方政府/国有企业	大多国有独资	相对独立地域垄断	部分城市放开准入	政府定价	有
城市供热		地方政府/国有企业	大多国有独资	相对独立地域垄断	部分城市放开准入	政府定价为主	有
城市公共交通		地方政府/国有企业	大多国有独资	相对独立地域垄断	部分城市放开准入	政府定价为主	有
城市地铁		地方政府/国有企业	大多国有独资	相对独立地域垄断	部分城市放开准入	政府定价为主	有
电信业	移动电话	国资委/国有企业	股份公司	中国移动、中国联通和中国电信三寡头垄断	基础电信有限准入，增值已放开	资费上限管理，允许下浮；鼓励企业推出套餐资费，促进市场竞争	有
	固定电话	国资委/国有企业	股份公司	中国移动、中国联通和中国电信三寡头垄断			有
电力业	发电	国资委/国有企业	股份公司	多寡头垄断	准入	政府定价	有
	输配电	国资委/国有企业	股份公司	双寡头非对称垄断竞争	准入	政府定价	有
航空业	航空运输	国资委/国有企业	股份公司	4家公司形成多寡头垄断竞争	允许进入但审批严格	市场定价	无
	机场	地方政府/国有企业	国有独资	相对独立地域垄断	不允许进入	政府定价	无
铁路运输业		铁道部/国有资产	行政机构	18个铁路局地域垄断	不允许进入	政府定价	有
邮政业		国家邮政局/国有资产	国有独资	国内外多主体邮政企业竞争	有条件的限制性进入	政府定价为主	有

资料来源：笔者整理。

其中，电力、电信、民航等行业已经完成了产权和治理结构改革，部分企业已经上市，并且开始利用外部治理机制来解决国有企业的效率问题。邮政业和供水及污水处理等部分城市公用事业通过近年来的政企分开改革，也已经基本建立了比较规范的治理结构。

第二，大多数城市公用事业都实现了监管机构和被监管企业的分离，但是，完善的监管体制和监管框架尚未建立起来，大多数行业都还是集隶属机构或主管机构和监管机构于一体的非独立监管体制。监管机构的定位和监管目的尚不清晰，而且缺乏基本的监管方法和手段，如价格监管和市场准入监管。

第三，供水与污水处理、垃圾处理、公共交通依然保持着区域垄断的格局，但是，已经开始通过PPP等公私合作方式，引入民营资本参与公用事业的投资建设和运营。电信、电力和民航通过分拆重组，进行了竞争与运营模式改革，基本上建立了以地域为竞争和运营边界的寡头垄断市场格局，但是，有效的市场竞争机制并未形成。其他行业基本上还维持在横向一体化和纵向一体化的垄断体制。

第四，城市公用事业部分行业的定价机制改革已经取得了很大进展。近年来，浙江、福建、四川等省份纷纷试行阶梯定价政策，成效明显。结合我国基本国情和实践经验，2010年，国家发展和改革委员会发布了《关于居民生活用电实行阶梯电价的指导意见（征求意见稿）》，2011年又发布了《关于居民生活用电试行阶梯电价的指导意见》，旨在向全社会范围推广实施阶梯电价，引导居民合理用电。目前，除水电以外的其他行业仍然存在一些问题，仍然有部分城市公用事业的定价采取成本加成法，缺乏科学有效的成本审核机制，价格并不能反映实际成本状况，也不能促进企业提高效率。由于定价机制僵化，使城市公用事业价格水平处于两极分化状况，价格太高，企业获得超额垄断利润；价格太低，又造成公益性产品供给的大量亏损。

第三节 城市公用事业改革中存在的主要问题

城市公用事业一般由国有企业垄断经营，以弥补市场失灵的缺陷。但是，随着经济社会的快速发展，国有企业垄断经营开始显现出越来越多的问题，不仅不能有效地解决市场失灵问题，还可能存在低效率和体制僵化等问题，制约了社会主义市场经济体制的建立和发展。从20世纪90年代开始，国家相继出台了一系列政策法规，各地开始城市公用事业市场化导向改革。目前，上海、南京、深圳、广州等经济发达城市公用事业市场化改革进展较快，其改革形式多种多样，常见的形式有合同外包、特许经营、公私合作（合资）经营、股份出让、直接并购、民间独资等。全国各大中城市特许经营项目日益增多，许多地方政府如北京、深圳等为了规范特许经营颁布了一些管理办法，标志着我国城市公用事业市场化改革开始进入一个新的阶段。虽然我国城市公用事业改革取得了阶段性进展，但仍存在一些体制机制等问题，制约了城市公用事业的快速发展和下一步的深化改革。

一 城市公用事业改革相关法律法规不健全

城市公用事业包含多个行业，其本身的基础性、公益性、社会性、外部性、规模经济等特性决定了其改革必然是一个系统工程，涉及很多复杂因素，需要调整多方面的利益关系。英国和美国等部分发达国家公用事业改革的成功实践已经表明，城市公用事业的改革必须立法先行，建立完善的法规体系，为改革界定清晰的目标和路线图，并提供规范的改革程序和透明的预期结果。因此，只有建立完善的法规体系，才能明确城市公用事业改革的目标，搞好改革的统一规划，协调改革中各相关主体的利益冲突和矛盾，为城市公用事业改革提供坚实的制度保障和改革框架。但是，目前我国城市公用事业改革的立法工作明显滞后，法规体系建设尚不完善。这种不完善主要体现在三个方面：①法规体系建设缺乏完整性。从英国公用事业改革的实践来看，城市公用事业改革涉及的每一行业一般都要制定指导改革的总法规，同时还要配以各种专门法规。以英国供水行业改革为例，他们首先制定了《自来水法》，作为指导供水行业改革的总法规，然后制定了完善价格、水质、投资等方面的专门法规，从而形成了指导供水行业改革的完整法律体系。但是，在我国城市公用事业改革过程中，我们尚没有制定指导供排水、供热、燃气、市政等行业改革的专门法规，只是制定一些零散的法规和政策性文件，城市公用事业法规体系的建设明显缺乏完整性。②法规的层级较低，权威性不足。目前，我国制定和颁布城市公用事业改革相关法规的主体主要是住房和城乡建设部和国家发展和改革委员会，以及部分地方政府出台的指导性意见。它们在国家机关系统中的层级已经决定了其通过的法规层次明显较低，权威性不足。这种低层级、低权威性的法规往往指导和规范作用有限，不利于城市公用事业改革的深入推进。③法规内容较为抽象，缺乏可操作性。我国城市公用事业改革面临着政府财政包袱沉重、企业经营效率低下、难以满足消费者诉求等问题，可以说这是一种压力下的被动改革。在这样的改革形势下，法规的制定往往力求规范性和抽象性，其主要目的是为改革指明方向，但是，这样的法规其可操作性明显不强，不利于改革具体实施。

以市场化改革为例，虽然住房和城乡建设部相继出台了一系列关于加快市政公用行业市场化进程文件，各地也相应出台了地方政策和实施办法，但是，由于法律位阶低、法规政策较为分散，缺乏系统性，在实践中，缺乏上位法指导，往往面临执行难、执行不到位的困境。同时，公用事业特许经营法律法规也不明确。虽然我国在城市公用事业特许经营领域出台了不少部门规章和地方性规定，发挥了积极作用，但是，目前的规章和规定立法层次低，同时由于现有的规章和规定具有明显的碎片化特征，与现有的法律衔接不畅，因此，在实践中带来了很多操作管理方面的困难。例如，建设部于2004年2月发布了《城市公用事业特许经营管理办法》，而该办法属于部门规章，并不具备行政许可的权限。同时，在《行政许可法》《招投标法》等综合性法规以及《城市生活垃圾管理办法》《城镇燃气管理条例》等特定行业条例条款规定的特许经营内容中，与《城市公用事业特许经营管理办法》也存在不一致和偏差。

目前，我国在推广应用PPP模式过程中，存在政出多门、政府各职能部门之间缺乏协调的现象，使地方政府及PPP项目实施机构无所适从，损害了政府部门的权威性，严重影响了PPP模式在我国的健康发展。突出问题在于财政部门强调无论是特许经营类PPP项目，还是政府采购类PPP项目，本质上都是政府购买服务类PPP项目，都应纳入政府采购框架流程。按照我国政府职能配置，财政主管部门负责政府采购职能。这样，财政主管部门通过推广运用PPP模式，就可以建立一套全新的涵盖基础设施、社会事业和公共服务的项目评价、申报和管理操作流程。这种操作流程与国家发展和改革委员会所主导的基础设施和社会事业特许经营运作模式以及项目建设所遵循的基本建设程序存在较大差别。同时，虽然在PPP职权划分上，财政部、国家发展和改革委员会各有侧重，两部委职能与PPP项目均有关联，但是，两部委出台的相关政策部分存在差异，使PPP项目的实施面临部分问题。

在PPP适用行业方面，财政部更加倾向于市政公用类事业，国家发展和改革委员会则是鼓励一切基础设施和公用事业项目的建设。但是，一些公共服务就是靠传统基础设施来提供的，基础设施和公共服务是切割不开的。PPP模式的推广，是为了提供高效的公共服务，按行业来分，跟当初统一相关政策的目标还是有差距的。同时，因为PPP政策政出多门，导致地方政府在实施的过程中面临着选择问题。在PPP合同签约主体的规定上以及社会资本参与资格的认定上，各级政府的标准也不一样。

二 城市公用事业监管体制与机制有待完善

目前，我国大部分公用事业行业及其监管部门都存在政监不分和管办不分的现象。同时，被监管国有企业与政府主管部门在长期"政企合一"的内生监管模式下形成利益相关关系，很难被引入竞争、改革产权所打破，很难保证监管机构独立于被监管企业。企业和监管机构之间的法律地位和职能缺乏清晰界定，企业的市场主体地位尚不明确，企业无法按照市场竞争原则来自主经营，承担了过多的社会公益职责和义务，造成大量的亏损，影响企业的持续发展。在实践中，监管机构为了保证和维护企业的安全稳定供应，也导致过多直接干预企业的经营行为。

此外，公用事业的监管职能分散于不同的政府部门，监管机构之间的监管权限分配不够合理。统一的监管权往往都被分散到产业监管机构、执法部门以及其他综合政策部门之间。以城市水务行业为例，监管部门主要由建设、水利、发改、物价、财政、环保、国资、安监等多个部门共同分担水务的监管职能。"多龙治水"虽然有助于限制监管过度集权可能造成的监管滥用，但是，受信息不对称限制以及出于部门利益最大化考虑，监管主体间互相掣肘、各自为政，在缺乏有效沟通协调机制的情况下，造成监管缺位、越位现象严重，导致监管成本提高，监管效率下降。同时，也容易出现监管权力的泛政治化及内部化的倾向。

三　城市公用事业定价机制有待于完善

价格机制作为市场机制的基础，在资源的有效配置过程中起着决定性作用。目前，我国城市公用事业定价机制存在不足，阻碍了社会资本进入城市公用事业领域。因为水价、地铁票价等政府定价的原因，现有模式下一些行业市场化价格机制难以建立，盈利模式不够清晰，预期收益不够稳定，社会资本无法得到持久的投资回报。同时，在当前社会资本充裕的大环境下，定价机制不完善，特别是特许经营机制体制不够完善的情况下导致社会资本难以真正进入市政基础设施领域，无法为投资者创造公平、透明的市场竞争环境以及可预期的投资回报。因此，迫切需要健全以定价机制为主导的基础设施领域的投资回报机制。例如，目前在我国部分城市公共交通领域，由于调价机制的不足与不完善，公共交通价格过低而导致部分民营公共交通企业亏损严重。

我国城市公用事业价格听证机制有待于完善。目前，中国公用事业各行业的价格监管在遵循保本微利原则基础上，多依据成本加成进行定价。这种成本是一定区域内公用事业企业的个别成本，不一定与合理的社会平均成本相符，也没有从控制价格需要的角度设计成本的规则和具体标准。这种价格监管机制无法为企业提供降低成本的激励，造成企业效率低下。实际上，公用事业定价的合理性成本没有界定标准和范围，在管理部门与企业之间信息严重不对称的情况下，难以对公用事业成本形成有效的约束，无法准确获知企业的成本水平，往往造成企业虚报成本，可能使企业通过提高价格将成本上涨的风险转嫁出去，从而给成本合理性和真实性的辨别判定带来难度，导致对企业降低成本和提高效率的激励弱化，成为制定公用事业价格的"瓶颈"。以城市供水行业为例，在放松监管的早期出现的一系列外资进入所带来的"固定回报"和"变相固定回报"事件具有典型的成本加成性质，产生的负面效应给政府回购带来了较大的负担。

同时，虽然国家有关部门颁布了价格听证的程序性要求，但也存在一些不完善问题，主要是：听证会代表人员结构和知识结构的专业性不够，素质构成存在差异。消费者代表在很大程度上是以感性认识来看待问题的，导致其作用很难发挥。同时，一些专家代表的选择是临时的、随意的，有时也难以在短时间内提出有针对性的建议。而听证代表的听证准备时间仓促，资料占有不全面、信息掌握不对称等使在论证成本合理性时听证代表难以提出质疑的有力依据，也直接削弱了听证的效力。

四　城市公用事业投资主体单一

城市公用事业属于关系国计民生的公共基础设施，政府理应担负起供给保障的终极责任。但是，这也不意味着政府必须参与到投资和管理的具体过程中。政府应该营造公平合理的市场环境，充分利用政府与市场各自的优势来保障公用事业的投资和运营。目前，我国城市公用事业建设投资严重依赖政府资金，私营资本、国外资本及民间资本的参与力度不够，比例偏小。地方政府在城市公用事业投融资的作用举足轻重。2014 年，我国城市公用事业投资资金主要来自地方政府拨款、国内贷款和自筹资金，分别占 27.39%、29.03% 和 28.44%。中央政府拨款、债券和利用外资各占 0.68%、0.64% 和 0.28%。其他渠道筹资占 13.55%，这部分主要靠政府举债，而政府举债大都有财政做担保，并没有充分调动社会资本参与。现在不少以政府为投资主体的城市公用事业的建设运营出现资金和经费不足的现象。投资主体单一导致无法带动各方面的积极性，从而让政府承受沉重的财政负担，城市公用事业资金供应不足，基础设施存量不足、质量低下。

五　城市公用事业服务效率有待于提高

目前，我国城市公用事业改革的过程中，在引入市场、促进公平竞争机制方面还存在市场竞争主体不成熟、支撑体系不健全的问题，致使部分城市公用事业领域的改革出现服务效率不高，甚至效率下降的趋势。如在城市公共交通行业改革中，部分民营企业在实现国有化改造后，由盈利转为亏损，并且亏损的数额逐年提高，企业不堪重负，出现了运营困难和服务质量下降。在强调公共交通公益性的同时，忽略了其应具有的市场属性，导致了服务效率下降现象的出现。

在城市公用事业服务中，政府通常难以全面掌握企业的成本信息，致使在确定产品和服务价格，以及政府补贴等方面难以做到足够的合理和准确。企业由于缺乏足够、有效的竞争机制去激励降低成本，导致产品成本居高不下、服务效率难以提高。结果是一方面城市公用事业行业缺乏创新和提升的动力；另一方面企业却能凭借垄断权获得政府补贴的支持，使城市公用事业服务存在效率低下、质量差等弊端。

六　城市公用事业特许经营制度有待于完善

我国 2015 年 6 月 1 日起施行的《基础设施和公用事业特许经营管理办法》规定："基础设施和公用事业特许经营，是指政府采用竞争方式依法授权中华人民共和国境内外的法人或者其他组织，通过协议明确权利义务和风险分担，约定其在一定期限和范围内投资建设运营基础设施和公用事业并获得收益，提供公用产品或者公共服务。"城市公用事业特许经营制度的推广和普及，涉及对公用事业性质重新认识，对投资运营模式的重新设计，对现有利益格局重新调整，以及对存量与增量从先期区别对待到后期逐步统一，更涉及国有资产管理体制、财税支付和核算体制、政府投资体制、价格体制、行业准入管理等方面的改革。目前，我国关于公用事业特许经营的法规还是国务院和各级政府，以及各相关部委发布的部门规章为主，缺乏一部国家层面的法律，即《公用事业特许经营法》。由于国务院和各部委以及地方政府发布的部门规章大多缺乏可操作性，甚至部门规章之间出现矛盾之处。同时，地方政府发布的法规适用地域有限、效力级别低，而且各地方性法规之间有关内容相矛盾。例如，在公共交通行业，通过特许经营方式进入我国部分城市公共交通领域的民营企业，其投资回报由票款收入和差价补贴解决。然而，由于特许经营制度的不完善，票价低廉导致企业的严重亏损；同时，老人、儿童福利票价优惠以及燃油的政府补贴也迟迟不到位，加上土地利用以及场站资源的开发等也缺乏相应的政策支持，导致民营公共交通企业的经营困难重重。而且，部分地区由于农村个体户客运大量入侵城市，客运市场竞争无序，民营企业的特许经营权利也无法得到保障。

第二章　城市公用事业投融资体制改革进展与问题

第一节　城市公用事业投融资体制现状

20世纪90年代开始，我国开始对电信、电力、城市供水等部分城市公用事业进行了市场化导向的改革，并取得了部分成效。经过了近30年的发展，我国目前城市公用事业投资建设总体上基本形成了"政府主导、社会参与、市场运作"的机制。城市公用事业的规划、立项、行业管理、技术标准，以及一些非经营性项目的投资主要是由政府部门负责，经营性项目的投资、融资、建设、运营是由企业负责，自负盈亏，政府在投资和运营方面给予企业适当的财政和政策支持。目前，我国城市公用事业投资主要以国有资产为主，依靠政策性融资满足资金需求。随着投融资体制改革的深入，我国城市公用事业融资总量逐年增加，资金来源也在逐渐发生变化。资金来源仍主要依赖于地方财政和国内贷款，财政性资金的比重很大，国有资产性资金占86%以上，但中央财政拨款、债券、利用外资等其他资金逐年增加。

在法律法规方面，我国也已经制定了多项政策鼓励社会和民间资本积极进入城市公用事业领域。2002年12月，建设部出台了《关于加快市政公用行业市场化进程的意见》，鼓励社会资金、外国资本采取独资、合资、合作等多种形式，参与市政公用设施的建设，形成多元化的投资结构；2005年2月，国务院出台了《国务院关于鼓励支持和引导个体私营等非公有制经济发展的若干意见》，提出36条支持非公有资本参与各类公用事业；2005 年 9 月，建设部出台了《关于加强城市公用事业监管的意见》，在规范市场准入、完善特许经营制等方面提出了具体的要求；2010 年 5 月，国务院出台了《关于鼓励和引导民间投资健康发展的若干意见》（以下简称新 36 条），提出 36 条鼓励和引导民间投资健康发展的意见，明确鼓励民间资本进入垄断禁区，包括金融、电信、石油、天然气、公用事业等；2013 年 11 月，党的十八届三中全会通过的《中共中央关于全面深化改革若干重大问题的决定》也提出，要降低社会资本进入门槛，允许社会资本通过特许经营等方式参与城市基础设施投资和运营。2015 年 4 月，国家发展和改革委员会联合财政部等多个部门共同出台了《基础设施和公用事业特许经营管理办法》，标志着我国公用事业特许经营迈上了新台阶。

多部法规和意见的出台，不仅在我国城市公用事业的总体规划方面提供了有利的政策方向和实施方针，形成了公用事业领域更为精细的分工机制和监管体系，同时也推动了我国基础设施领域市场化的改革创新和实践探索。例如，在分工机制上，各级政府主要负责本行政区域内特许经营权的授予工作和市政公用产品和服务价格的审定和监管，市政公用行业主管部门的主要职责是制定行业发展政策，规划、国土、建设、环保、审计、检查等相关行政部门在各自职责范围内依法履行监督管理职责。随着政策的完善和改革的深化，我国公用事业领域投资主体逐步多元化，竞争经营体制开始形成，BOT 模式、PPP 模式、特许经营等基础设施投资、建设和经营方式逐渐成熟。例如，香港地铁有限公司采用 PPP 模式参与投资、建设和运营北京地铁 14 号线，并以特许经营方式获得 30 年运营权；在供热领域也多采用 BOT 模式投资建设。

第二节　城市公用事业投融资改革进展

我国城市公用事业投融资改革主要经历了三个阶段。1999—2002 年是研究起步阶段，这一阶段主要提出了基础设施投融资领域实行市场化的改革方向，逐步探索将基础设施和公用事业领域区分经营性和非经营性，并实行投资主体多元化和融资渠道多样化，同时尝试多种补偿和引导方式，积极引入社会资本。2003—2009年是试点探索的第二阶段，这一阶段主要在轨道交通、燃气、高速公路、水资源、加油站等领域新建经营性项目实行了市场化试点，逐步将政府资金从经营性项目中退出，集中投向非经营性领域，同时开始探索特许经营等模式。第三阶段开始于2010年，这一阶段是政策完善阶段，主要是研究制定了鼓励和引导社会资本尤其是民间资本进入市政基础设施、社会事业等领域的具体政策和操作实施细则，在多个具体的基础设施领域，部署了详细的工作措施和任务以及市场化建设运营的模式和政策等。

城市化进程的快速进展带来了对城市公用事业产品和服务的巨大需求，为满足人民群众日益增长的公共服务需求，我国城市公用事业的投资也在不断增加。自1978年以来，我国城市市政公用设施建设固定资产投资呈指数式增长，见图2–1。

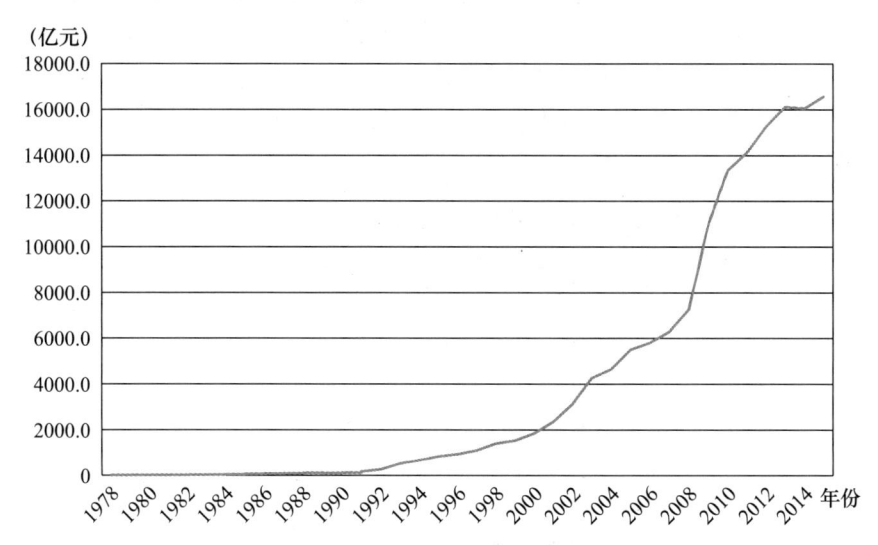

图2–1 1978—2014年城市公用设施建设固定资产投资

资料来源：《中国统计年鉴（2015）》。

尤其是最近几年，我国城市公用事业投资以较快的速度增长，平均增长速度远高于GDP的增长速度。特别是在国际金融危机后在"4

万亿"投资的刺激计划下,更是达到了44%的增长。而且近五年城市公用事业固定资产投资已接近同期GDP的3%水平。

随着市场化改革进程加快,为了缓解政府财政和国有资产投资的压力,吸引社会投资,我国出台了多部法律法规以吸引和鼓励民间资本投资公用事业和基础设施领域。2003—2015年,我国城市市政公用设施建设资金的来源中利用外资、自筹资金、债券比重有着明显的上升,较大地缓解了财政压力和国有资产负担(见图2-2)。

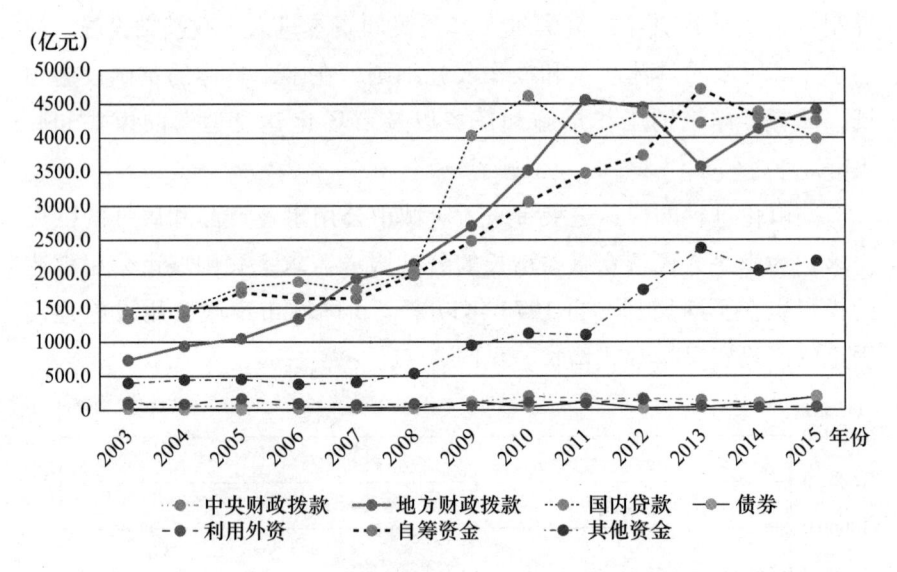

图 2-2 2003—2015年城市公用设施建设固定
资产投资资金变化(按资金来源分)

第三节 城市公用事业投融资改革中存在的主要问题

一 投资主体和融资渠道单一

目前,我国城市公用事业建设投资严重依赖政府资金,主体主要由中央政府以及省级政府单位或者部分国有企业担任。政府是城市公用事业建设的主要责任人。私营资本、国外资本及民间资本的参与力度不够，比例偏小。地方政府在城市公用事业投融资的作用举足轻重。2015年，我国城市公用事业投资资金主要来自地方政府拨款、国内贷款和自筹资金，分别占27.39%、29.03%和28.44%；中央政府拨款、债券和利用外资各占0.68%、0.64%、0.28%；其他途径筹资占13.54%，这部分主要靠政府举债，而政府举债大都有财政做担保，并没有充分调动社会资本的参与。现在不少以政府为投资主体的城市公用事业的建设运营出现资金和经费不足的现象。投资主体单一导致无法调动各方面的积极性，从而让政府承受沉重的财政负担，城市公用事业资金供应不足，基础设施存量不足、质量低下。

我国城市公用事业及市政公用企业的性质大多是国有企业，缺乏优胜劣汰的竞争机制。由于过分强调市政基础设施的福利性和公益性，在城镇基础设施的投资、管理、价格制定以及收费体制等方面都缺乏市场化运作，导致城市公用事业融资渠道狭窄，政府作为投资主体，民间资本和外资很难参与融资。同时因为水价、地铁票价等由政府定价，导致行业市场化价格机制难以建立，盈利模式不够清晰，预期收益不够稳定，无法通过市场机制来调节，社会资本无法得到持久的投资回报。

此外，在当前社会资本充裕的大环境下，特许经营机制体制不够完善导致社会资本难以真正进入市政基础设施领域，无法为投资者创造公平、透明的市场竞争环境以及可预期的投资回报。因此，迫切需要完善基础设施领域的投资回报机制。

二　民间融资渠道不畅

尽管我国政府相继出台了很多政策吸引民营资本进入城市公用事业领域，鼓励社会资本扩大投资。但是，由于目前我国城市公用事业投融资体制改革滞后，相关政策和激励机制不够完善，民间资本投资渠道受到制约，导致民间资本进入比较困难。同时，民间资本即使能够进入城市公用事业领域投资，由于政府职能的限制和各行业部门的配合欠佳，民间资本对基础设施的支持力度受限。此外，部分政府部门在审批手续和协调支持力度上对民间资本和国有企业区别对待。目前，国有企业和民间资本在土地、能源、用工、税收等方面也存在不平等的现象，客观上造成了投资环境的不公平。例如，国有基础设施运营企业的土地一般是划拨的，而民间资本企业一般需要招、拍、挂才能得到，需要缴纳土地出让金。

另外，市政基础设施领域的资金循环模式不够成熟，也是阻碍民间资本进入的因素之一。为解决城市建设融资问题，近年来，许多省市在基础设施重点领域成立了一批市政建设平台公司，但这些平台普遍存在股权融资少的现象，事实上，多是"债台"，没有以企业为主体形成"借、用、还"一体的投资、运营和资金回收循环体系，同时也带来了地方政府债务风险，实际上，重点建设领域投融资仍以政府为主导。同时，政府投资缺乏统筹，多头管理、分散支持的情况普遍存在，解决重大发展问题的合力不够。政府投资方式仍比较传统简单，直接投资、补助多，而资本金注入、基金引导放大方式偏少，不利于形成支持长期发展的"资金池"和凝聚合力的"拳头"，对全社会投资的引导放大作用也需要进一步发挥。引进社会投资者，进行专业化、规模化的投资运营势在必行。

三　城市公用事业投融资监管不够完善

第一，系统性不足。主要表现在对于公用事业重投资，而轻运营和后续监管。城市公用事业关乎国计民生，财政补贴及政府担保的银行贷款资金占很大一部分，但对于该资金的去向、使用及效果缺乏必要的评价和审查机制，导致公用产品多表现为数量上的增加，而质量和安全方面却存在风险。城市公用事业领域从前期投资到建设、运营、维护需要系统性的管理和监督，包括对民间资本安全生产投入和抗风险能力的监管、项目实施和运行情况的监管、生产服务价格和安全生产的监管及对工程建设质量、运营服务质量标准和检测的制度，否则城市公用设施建设和安全运行存在隐患，公用产品和服务质量不能得到有效保证。

第二，价格监管机制不完善。政府或者在成本信息掌握上存在缺陷，在监管方式上存在很大随意性，从而导致公用事业企业成本约束软化；或者定价过低而政府又不提供价格补贴，导致运营企业陷入困境。

第三，PPP机制不完善。PPP模式的本质就是风险共担收益共享。

公共部门和私人部门合作中存在风险和不确定性，多方利益的保障需要建立行之有效的风险防范机制和纠纷协调机制。由于缺乏专门针对城市公用事业融资的法律法规和资金监管机制，融资主体的不正当行为得不到有效监管，发生纠纷的可能性大大增加，严重影响了融资活动和项目建设的顺利进行；有关部门在处理公用事业融资纠纷时也会陷入无法可依的困境。当作为监管者的政府与企业发生纠纷时，又缺乏有效的纠纷解决机制，司法机构欠缺独立性。私人投资者起诉政府的诉讼请求很少受到支持，这无疑会大大影响私人部门参与城市基础设施和公用事业建设的信心。

第四，政府招商引资决策机制缺乏市场反应和应对能力。受传统投资建设和管理方式影响，相关政府监管部门的市场化融资、建设及运营意识还不够强，在公用事业领域的招商引资方面不能灵活应变，对于有资质的法人或组织的择优选择有可能大打折扣。

四 城市公用事业融资资金缺口较大

长期以来，我国城市公用事业投资资金供不应求，资金不足是制约我国城镇经济发展的主要原因之一。长期以来，我国城市公用事业投资总量少，投资比例偏低，欠账多。随着我国城市化的快速发展，未来城市公用事业融资需求将面临巨大压力。

随着城镇化进程的加快，公众对城镇基础设施数量和服务质量要求的逐渐提高，迫切需要完善城镇基础设施，提高城镇的现代化水平。一个体现全球城市化进展规律的"纳瑟姆曲线"研究表明：当一个国家的城市化发展大于30%的水平时，该国经济发展会出现第一个拐点，其经济发展将进入快速而增长强劲的阶段，该国将开始跨入工业社会阶段。一个必然的后果是该国将对公共服务的需求大幅度增长，因此会增加对公用事业的巨大需求，从而引致公用事业行业的大规模投资需求。1978年，我国的城镇化率只有17.9%，到2015年，我国城镇人口占总人口的56.1%（见表2-1）。从1978年的17.9%到2015年的56.1%，我国城镇化率以年均增长1.02个百分点的速度稳步提高，城镇化水平的持续提高带来城市基础设施、公共服务设施和住宅建设等巨大投资需求。

表 2-1　　　　　　2011—2015 年我国城镇化率　　　　单位:%、万人

指标	2011 年	2012 年	2013 年	2014 年	2015 年
全国总人口	134735	135404	136072	136782	137462
城镇	69079	71182	73111	74916	77116
乡村	65656	64222	62961	61866	60346
城镇化率	51.27	52.57	53.73	54.77	56.1

资料来源:《中国统计年鉴(2015)》。

长期以来,我国城市公用事业领域投资资金一直存在着投资总量少、投资比例偏低的问题。根据 1996 年联合国发展报告,发展中国家基础设施投资应占社会固定资产投资的 9%—15%,占 GDP 的 3%—5%[1]。而最近几年,我国城市市政公用设施建设投资占全社会固定资产投资的比重低于 5%,并逐渐呈现下降趋势,市政公用设施建设投资占 GDP 比重也从高于 3% 逐渐下跌,2015 年为 2.39%。

五　各级政府间公用事业供给职能不清晰

地方政府和上级政府职能划分不清,事权和财权不匹配。1994 年分税制改革的一个重大成果是中央财政收入占全国财政收入比重的大幅提升,财权集中和财力上移明显。财权与财力上移的政府间财政关系压缩了基层政府基建融资空间。事权隐性下移的政府间事权关系加剧了基层政府公用事业融资压力。在财权和财力上移压力下,基层政府的收支压力不断上升,这在一定程度上抑制了基层政府投资基础设施的自主性,压缩了基层政府基础设施建设融资的空间。当前,我国政府间事权划分存在界定不清、交叉重叠的问题,形成了各级政府间相互揽权和推诿责任的灰色地带。更为重要的是,由于我国政府权力被非均衡地分配在政府层级结构中,上级政府有合法权力控制下级政府,要求下级政府贯彻指定政策,这就造成上级政府事权被隐性地下移给基层政府,超出了基层政府财权和财力所能支撑的范围。这种局面的出现不仅加大了基层政府公用事业建设融资的压力,而且减少了

---

[1] 邢恩深:《基础设施建设项目投融资操作实务》,同济大学出版社 2005 年版,第 25 页。

公用事业建设的实际可能投入。

公用事业和基础设施投融资体制存在很多问题,其中之一是投融资主体缺乏规范:政府多部门融资,分散管理,融资决策主体、偿还主体、投资失误责任主体不明确。同时,中央和各级地方政府在城市公用事业建设的投融资活动中既扮演投资经营者,又扮演社会管理者的角色,容易出现监管错位、缺位。不规范的政府投融资体制引发无序融资与债务增长失控。例如,地方政府重点依赖的各种类型的政府融资平台公司在融资和投资决策上既接受地方政府主导部门的指令,也有平台公司的自主决策因素,容易导致决策主体与真正投资主体之间的权责不明,融资管理分散,甚至会形成部门间、平台间"融资锦标赛"现象。这种决策责任机制的缺失与融资行为的分散会逐渐形成一种"不借白不借"的扭曲负债观,导致政府性债务增长失控。

六 政府债务风险有加大趋势

在财力和事权不匹配的情况下,为了发展城市公用事业,地方政府的举债动机强,上马项目多,而地方人大和其他权力机构对地方债务的监督及控制作用不大,一些地方债务形成银行不良资产或出现偿债困难的风险较大。为解决城市公用事业建设融资问题,近年来,在基础设施重点领域成立了一批市政建设平台公司,但是,这些平台普遍存在股权融资少的现象,事实上,多是"债台",没有以企业为主体形成"借、用、管、还"一体的投资、运营和资金回收循环体系,同时也带来了地方政府债务风险。地方政府投融资平台公司债务未纳入预算管理,也无相应的财政管理制度,在一定程度上脱离人大监督,则进一步放大了财政风险。各地举债融资方式不一,且多头举债,举债程序不透明,不仅商业银行难以全面掌握,而且城市政府对融资平台的负债和担保状况也未必完全清楚,不利于风险的控制。地方政府性债务风险预警与防范机制建设不健全。在地方政府层面,除地方政府债券和各种财政转贷外,大部分地方政府性债务收支未纳入预算管理和监督,相关管理制度也不健全。2013年,我国审计署地方政府性债务审计结果显示,2013年6月底,地方政府性债务余额支出结构中,市政建设占37.5%,是所有支出中最大的一块(见表2-2)。

表2-2　　　2013年6月地方政府性债务余额支出投向情况

债务支出投向类别	政府负有偿还责任的债务	比重	政府或有债务	
^	^	^	政府负有担保责任的债务	政府可能承担一定救助责任的债务
市政建设	37935.06	0.375	5265.29	14830.29
土地收储	16892.67	0.169	1078.08	821.31
交通运输设施建设	13943.06	0.138	13188.99	13795.32
保障性住房	6851.71	0.068	1420.38	2675.74
教科文卫	4878.77	0.048	752.55	4094.25
农林水利建设	4085.97	0.040	580.17	768.25
生态建设和环境保护	3218.89	0.031	434.6	886.43
工业和能源	1227.07	0.012	805.04	260.45
其他	12155.57	0.120	2110.29	2552.27
合计	101188.77	1	25635.39	40684.31

资料来源：审计署：《全国政府性债务审计结果》（2013年12月30日公告）。

第三章　公用事业 PPP 项目"井喷"式增长风险及其治理模式转型

近年来，我国公用事业 PPP 项目数量及投资额都出现了"井喷"式增长，项目落地速度也稳步提升。PPP 项目的"井喷"式增长有助于缓解我国公用事业投资不足和对政府财政资金的依赖，也有助于缓解我国公用事业发展短缺状况，促进政府监管体制改革。但是，PPP 项目短期"井喷"式增长也给政府带来了巨大的潜在风险。在我国目前的 PPP 项目监管模式下，政府契约精神的缺乏和政策法规体系不完善以及政府监管体制机制不健全，已不能适应 PPP 这种市场化的运作方式，也无法有效应对和管理 PPP 项目"井喷"式增长带来的潜在风险。因此，必须加快政府监管模式的变革，从传统的监管治理模式尽快转变到基于平等合作和效率导向的契约治理模式，更好地应对 PPP 项目"井喷"式增长带来的挑战和风险。

国内外学者针对公用事业治理模式转型必要性的观点基本一致。PPP 的发展是市场机制日渐深化的过程，Guasch 和 Straub（2006）认为，PPP 项目的各个参与者通过契约关系建立合作，可以在一定程度上减轻政府的行政压力，提高公共服务的供给效率。沙凯逊（2008）提出，对建设项目的研究视角正在从传统的管理层面扩展到治理和体制的层面；张溯（2016）认为，要使 PPP 模式高效率运作，就需要完成从注重"形式"向注重"治理"的跨越。大量学者针对契约主体间的风险分担和利益分配的机制设计进行了优化研究，但针对治理模式转型如何实现的研究则较少；石莎莎和杨明亮（2011）提出，契约化的治理方式要结合柔性激励机制，才能更好地发挥作用；明燕飞和刘江（2011）从契约的整合、运作与分离三个方面提出了提高政府购买公共服务效率的措施。这些研究从主体间利益分配与风险分担角度优化契约机制设计，没有充分考虑各契约主体之间的契约网络关系，对治理模式转型的实现路径阐述也不具体。研究公用事业PPP项目治理模式转型问题对发挥市场机制发挥作用，构建诚信履诺政府和服务型政府，提高公用产品和服务供给效率，推动政府管理创新具有重要意义。

第一节 公用事业PPP项目"井喷"式增长的特征化事实

2013年7月31日，李克强总理提出："推进投融资体制改革，发挥市场机制作用，同等对待各类投资主体，利用特许经营、投资补助、政府购买服务等方式吸引民间资本参与经营性项目建设与运营。"11月，党的十八届三中全会提出，"允许社会资本通过特许经营等方式参与城市基础设施投资和运营"，标志着PPP受到国家层面的高度重视。自2014年以来，各地也陆续出台大量支持PPP发展的政策法规，PPP开始在中国"火爆"起来。

2014—2016年，我国PPP项目投资规模几乎每年都在成倍增长。根据《全国PPP综合信息平台项目库第四期季报》，截至2016年9月底，共计10471个PPP项目进入全国PPP综合信息平台项目库，总投资额12.46万亿元。

图3-1为各年度入库PPP项目数量与项目金额的变化情况。财政部示范项目232个，总投资额7866.3亿元。2016年9月，入库项目及投资额呈逐月增加趋势，月均增加项目386个，月均增加投资额4800亿元。

同时，PPP项目落地速度也在加快。PPP项目按生命周期划分包括识别阶段、准备阶段、采购阶段、执行阶段和移交阶段，项目进入执行阶段或移交阶段表示PPP项目落地[①]。截至2016年9月底，财政

[①] 项目落地率是指进入执行和移交两个阶段项目数之和与准备、采购、执行和移交四个阶段项目数之和的比值。

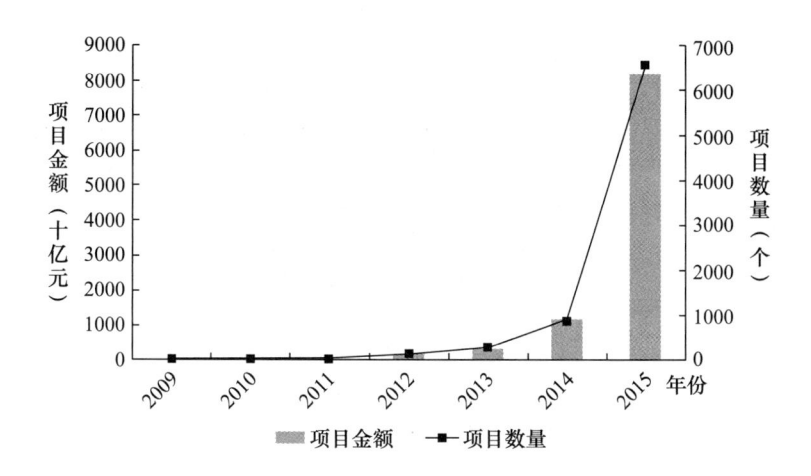

图 3-1 各年度入库 PPP 项目数量与项目金额的变化情况

资料来源：财政部 PPP 中心：《全国 PPP 综合信息平台项目库第四期季报》，2016 年 10 月 24 日，http://www.cpppc.org/zh/pppjb/4167.jhtml。

部 232 个示范项目中，处于执行阶段的有 128 个，项目落地率为 58.18%，与 6 月底的 48.40%、3 月底的 35.10% 和 1 月底的 32.70% 相比，落地速度明显加快；全国 10471 个 PPP 项目中，处于执行阶段的有 946 个，投资额达 1.56 万亿元，2016 年 1 月、3 月、6 月、9 月底项目落地率分别为 20%、22%、24%、26%，落地速度稳步提升[①]。

经过梳理分析，发现目前我国快速增长的 PPP 项目具有以下四个特征。

一 PPP 投资占公共投资比重偏高

PPP 模式通过吸引社会资本进入公用事业领域，能够减轻政府财政压力。由于政府具有负责提供公用产品的终极责任，PPP 投资占政府公共投资比重过高也会带来很多问题。我国当前 PPP 投资占公共投资的比重已经远远超过其他国家水平，澳大利亚、英国等 PPP 发展较为成熟的国家 PPP 投资占公共投资额的比重也控制在 15% 以内，澳大

---

① 根据《全国 PPP 综合信息平台项目库第四期季报》整理计算。

利亚 PPP 投资占公共投资额的比重为 10%—15%，英国为 10%—13%，德国和挪威为 3%—5%，加拿大和新西兰仅占 1%—3%。表 3-1 为我国部分省份 PPP 年均投资额占 2014 年基础设施投资比重。

表 3-1　　　　我国部分省份 PPP 年均投资额占
2014 年基础设施投资比重　　　　单位:%

地区	PPP 投资占基础设施投资比重	地区	PPP 投资占基础设施投资比重
宁夏	72.40	河南	3.07
青海	35.93	辽宁	3.07
海南	26.75	广西	2.93
云南	17.62	福建	2.88
吉林	11.25	河北	2.68
黑龙江	6.68	湖南	2.55
重庆	6.37	陕西	2.37
甘肃	5.15	广东	2.09
山西	4.28	北京	2.04
上海	3.74	浙江	2.02

资料来源：笔者根据财政部 PPP 数据库计算得到。

二　PPP 项目对财政依赖度过高

2015 年 4 月 7 日，财政部印发的《政府和社会资本合作项目财政承受能力论证指引》指出："每一年度全部 PPP 项目需要从预算中安排的支出责任，占一般公共预算支出比例应当不超过 10%。"我国 PPP 项目的投资回报机制包括使用者付费、政府付费和可行性缺口补助三类。截至 2016 年 9 月 30 日，全国共有 10471 个 PPP 项目纳入财政部 PPP 综合信息平台，项目总金额超过 12.46 万亿元。其中，政府付费项目 3214 个，项目投资额 4.3 万亿元；使用者付费项目 4518 个，项目投资额 5.1 万亿元；可行性缺口补助项目 2739 个，项目投资额 3.0 万亿元。10471 个入库 PPP 项目按回报机制统计如表 3-2 所示。

表 3-2　　10471 个入库 PPP 项目按回报机制统计

	项目数量（个）	占入库项目总数比重（%）	项目投资额（万亿元）	占入库项目总投资额比重（%）
政府付费	3214	31	4.3	34
使用者付费	4518	43	5.1	41
可行性缺口补助	2739	26	3.0	24

注：因为计算过程中的四舍五入，各分项百分比之和有时不等于100%；各分项投资额之和不等于总投资额。下同。

资料来源：笔者根据财政部 PPP 数据库计算得到。

由表 3-2 可知，政府付费和可行性缺口补助类项目数量比重合计为 57%，投资额合计为 68%。表明我国 PPP 项目对财政的依赖度很高，随着更多 PPP 项目的落地，财政将面临更大压力，政府付费类和可行性缺口补助类 PPP 项目的财政支出的实际值可能要超过 10% 的上限。

三　PPP 项目中的民营资本参与度偏低

PPP 模式中的社会资本既包括中央企业、国有企业，也包括民间资本和外资。无论非国有企业参与的 PPP 项目数量方面，还是 PPP 项目金额方面，国有企业参与度均超过半数。

截至 2016 年 6 月 30 日，财政部示范 PPP 项目处于执行阶段的 105 个落地示范项目中，签约社会资本 119 家[①]，这 119 家社会资本的分类及各类型企业所占比重情况如表 3-3 所示。

表 3-3　　119 家社会资本的分类及各类型企业所占比重情况

		国有企业	民营企业	混合所有制企业	外资企业	合计
第一批示范项目（13 个已录入签约社会资本信息）	企业数目(家)	8	7	0	1	16
	企业占比重（%）	50.00	43.75	0.00	6.25	100

---

① 财政部 PPP 中心：《全国 PPP 综合信息平台项目库季报》第 3 期，2016 年 7 月 11 日，http://www.cpppc.org/zh/pppjb/3678.jhtml。

续表

		国有企业	民营企业	混合所有制企业	外资企业	合计
第二批示范项目（69个已录入签约社会资本信息）	企业数目（家）	57	36	8	2	103
	企业比重（%）	55.34	34.95	7.77	1.94	100

资料来源：根据财政部 PPP 中心数据计算得到。

四 经济不发达地区 PPP 项目呈现出一些"异象"

PPP 项目的地域分布上显现出一些"异象"（见图 3-2），即越是经济相对不发达的地区，PPP 项目越多，申报 PPP 项目的动力就越足，而经济发达地区对 PPP 的热情却相对较低。

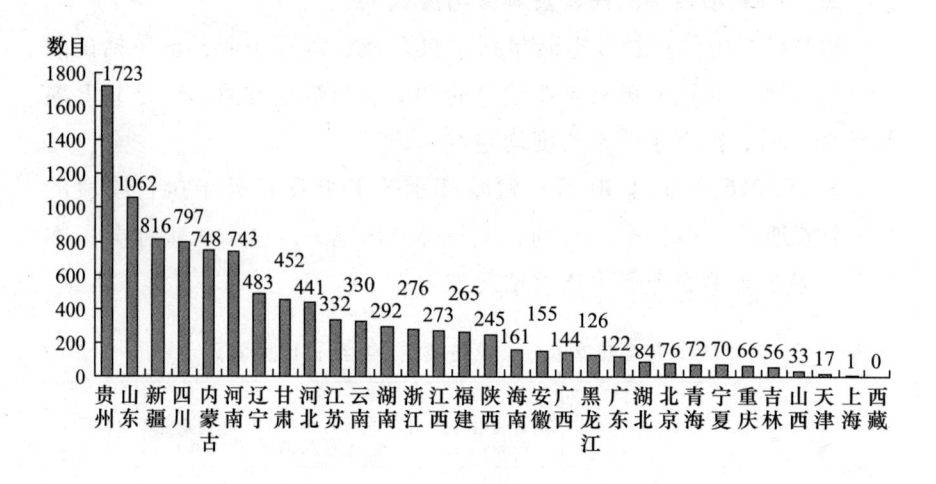

图 3-2 PPP 项目的地域分布

资料来源：笔者根据财政部 PPP 数据库计算得到。

PPP 投向基础设施项目，关系国计民生，政府负有兜底责任，PPP 对地方政府经济环境、政府治理能力、抵抗风险能力要求较高，而经济不发达地区难以保障过多 PPP 项目的后续开展。

第二节 公用事业 PPP 项目"井喷"式增长带来的潜在风险

目前，PPP 项目出现"井喷"式增长的状态，相当一部分是出于地方政府对增加投资进而拉动 GDP 的渴求。缺乏科学合理的论证程序和监管机制，势必加大政府面临的风险。总结 PPP 项目执行中可能给政府带来的风险，主要包括企业经营管理者腐败、企业技术水准不过关、企业利用垄断经营获得超额利润、联合体投标中的一方或多方发生兼并重组、出现竞争性项目、项目企业危害公众利益以及其他社会性风险导致无法履约等（见表 3-4）。

表 3-4　　PPP 项目"井喷"式增长带来的潜在风险

序号	风险类别	典型案例
1	企业经营管理者腐败	➢ 广日集团"塌方式"腐败案
2	企业技术水准不过关	➢ 兰州威立雅水污染事件
3	企业利用垄断经营获得超额利润	➢ 墨西哥国家电信公司垄断 ➢ 土耳其公用设施涨价事件 ➢ 澳大利亚"竞价售电"
4	联合体投标中的一方或多方发生兼并重组	➢ 英法海峡隧道项目：项目公司破产 ➢ 墨西哥收费公路工程项目：私营项目公司纷纷倒闭
5	项目企业危害公众利益	➢ 北京鸟巢 PPP 项目：项目公司过度商业化开发引发公众反对 ➢ 长春汇津事件：数百万吨污水直接排入松花江，引发严重污染 ➢ 天津双港垃圾焚烧发电项目
6	出现竞争性项目	➢ 福建泉州刺桐大桥项目 ➢ 杭州湾跨海大桥项目
7	其他社会性风险导致无法履约	➢ 国际政治局势突变导致湖南某电厂特许经营项目融资失败

快速增长的PPP项目之所以隐含风险主要原因有以下三个方面。

第一，因为PPP模式在我国起步较晚，地方政府尚未做好充分的准备，因专业人员和专业知识的限制，加上政府固有管理机制不灵活，往往缺乏提高基础设施运行效率的激励机制，与PPP模式很好地融合还需要一定时间。

第二，地方政府对PPP风险的认识不够深刻，一旦与之合作的企业违约并影响到PPP项目合约的执行，将会影响项目建设和运营效率，影响城市公共基础设施产品和服务供给，违背合约设立初衷，致使再谈判的成本上升，严重者会导致项目以失败告终，置政府于不利地位。

第三，尤其对于经济发展相对落后的地区，PPP项目过多可能导致政府承担的风险加大。我们统计了PPP项目数前10名省份的项目情况与地区发展情况（见表3-5），发现对于贵州、新疆、内蒙古、甘肃等地区生产总值相对较低、财政收入也较低的省份，PPP项目数和项目总金额反而越高，而政府对基础设施等公用事业负有终极责任，一旦项目出现问题，势必会造成政府承担较大风险；加之经济不发达地区市场化程度也不高，更加缺乏适用于市场化程度较高的PPP项目的管理思维和管理经验，出现问题的概率大大增加，导致将来政府面临的风险也高。

表3-5　各省份PPP项目情况与地区发展情况（PPP项目数前10名）

排名	省份	项目总数（个）	项目总金额（亿元）	地区生产总值（2015年，亿元）	财政收入（2015年，亿元）	市场化指数（2014年）
1	贵州	1723	14745.5286	10502.56	1503.38	4.85
2	山东	1062	12213.7872	63002.33	5529.33	7.93
3	新疆	816	4320.7641	9324.80	1330.85	3.49
4	四川	797	8555.4906	30053.10	3355.44	6.62
5	内蒙古	748	4835.3818	17831.51	1964.48	5.10
6	河南	743	8709.9962	37002.16	3016.05	7.00
7	辽宁	483	5539.1217	28669.02	2127.39	7.00
8	甘肃	452	6857.9139	6790.32	743.86	4.04
9	河北	441	4200.5359	29806.11	2649.18	6.19
10	江苏	332	6544.8414	70116.38	8028.59	9.63

资料来源：财政部PPP中心、国家统计局：《中国分省份市场化指数报告》（2016）。

第三节 PPP 项目治理模式及其存在的问题

PPP"井喷"式增长的同时给政府带来了巨大的潜在风险,我国目前的PPP项目治理模式不足以应对这些风险。在现有的以监管为主的PPP项目治理模式下,存在政府和其他PPP项目参与者的目标不一致、难以实现预先设想的项目目标、监管者有限理性、政府的治理能力和效率有限等诸多问题。

一 目前 PPP 项目的监管治理模式

公用事业 PPP 项目的监管治理是指政府作为单一治理主体,对公用事业 PPP 项目实行直接控制的一种治理模式。虽然也是项目合同中的委托方,但政府仍然拥有较高权威,实行层级控制。传统监管治理模式更多地落在政府域内,政府发挥主导作用,集权程度高,信息集中化程度高,市场发挥作用的空间有限,外资企业和民营企业仅作为社会资本方参与 PPP 项目建设和运营,用户的参与也有限(见图 3-3)。

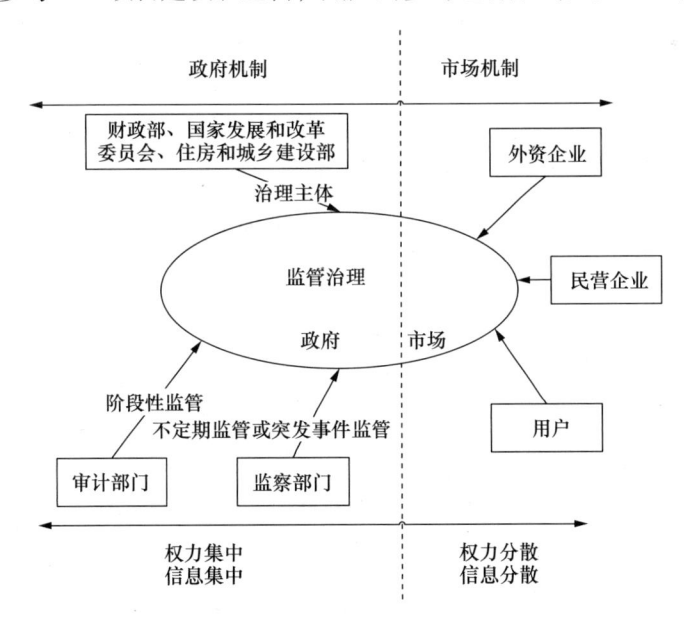

图 3-3 监管治理模式

二 目前监管治理模式存在的问题

（一）政策法规体系不完善

一方面，尚未建立起国家层面的 PPP 法律法规框架体系。2014 年以来，财政部、国家发展和改革委员会、住房和城乡建设部虽已密集出台众多国家层次的政策法规，但都是《PPP 合同指南》《PPP 操作指南》《PPP 示范案例》、PPP 综合信息平台建设等，虽然文件指导精神大致相同，但细节出入较多，可能会限制 PPP 项目的实施和推进，目前尚没有一部比较完善的上位法律对 PPP 工作进行统筹规划。

另一方面，地方层面的政策法规地区差异较大。根据北大法宝网站汇总的 2014 年以来 PPP 地方法规规章，2014 年各地共发布 PPP 政策法规 11 条；2015 年各地共发布 PPP 政策法规 64 条；截至 2016 年 12 月初，各地共发布 PPP 政策法规 54 条。

（二）政出多门导致管理职权交叉

目前，我国在推广应用 PPP 模式过程中，存在政出多门、政府各职能部门之间缺乏协调的现象，使地方政府及 PPP 项目实施机构无所适从，损害了政府部门的权威性，严重影响了 PPP 模式在我国的健康发展。在 PPP 职权划分上，财政部、国家发展和改革委员会、住房和城乡建设部各有侧重，但是，出台的相关政策部分存在差异，使 PPP 项目的实施面临部分问题。PPP 政策政出多门，地方政府在实施的过程中面临着选择问题，而且多头管理将导致项目决策和实施效率低下，企业往返于各个行政部门，势必会增加 PPP 项目的财务成本，降低公共服务的效率。

（三）缺乏有效的 PPP 风险防范机制和纠纷协调机制

PPP 模式的本质就是风险共担和收益共享，地方政府和企业在合作中面临众多风险和不确定性，多方利益的保障需要建立行之有效的风险防范机制和纠纷协调机制，而 PPP 模式在我国起步较晚，政府尚未做好充分的准备，因专业人员和专业知识的限制，加上政府固有管理机制不灵活，与 PPP 模式很好地融合还需要一定时间。此外，由于风险防范机制和纠纷协调机制的缺乏，PPP 参与主体的不正当行为得不到有效监管，发生纠纷的可能性大大提升，严重影响了 PPP 项目的有序开展。

尤其既作为PPP项目参与者和监管者的政府的违约风险问题很大程度上影响了社会资本对PPP项目的信心。因为政府缺乏契约精神，PPP应该是市场化思维，强调竞争和效率，但是，政府更多地考虑监管和控制，强调公正和公平，政府与社会资本目标的不一致要求行之有效的风险防范机制和纠纷协调机制以保证PPP项目的落地。此外，现有PPP项目的出台，基本上是政府作为主导者，最终运行却要靠市场机制的作用，很难达到预先设计的效果。

（四）市场机制未充分发挥作用

传统监管治理模式下，政府部门对PPP项目本身及各方参与者的行政干预程度较高，政府监管体制僵化，行政不透明，市场机制未充分发挥作用。PPP项目立项阶段的招投标以及后续运营阶段的具体情况都存在透明度低的问题，这就导致社会资本难以与政府部门进行平等协商，这也是现有PPP项目中国有企业参与度过高而民营企业参与度低的一个重要原因。

第四节　公用事业PPP项目的契约治理模式

传统监管治理模式已经无法有效应对我国PPP项目"井喷"式增长带来的风险，因此，必须尽快转变治理理念，建立基于市场机制的PPP项目契约治理模式。

一　契约治理模式的内涵

公用事业PPP项目的契约治理是指在市场机制框架下，政府部门基于公开、公正、公平、互惠、合作、信任、理性等原则，与民营企业、营利性组织、非营利性组织等签订协商合作的契约，并以契约作为内在协调机制，协调各方利益，整合资源发挥各主体的优势，形成多中心的治理网络体系，多元主体共同参与管理公共事务，保障公用产品和公共服务有效供给的一种治理模式。契约治理模式的实质是发挥市场机制在资源配置的决定性作用。通过治理主体的多元化，政府不是以权威的身份而是以平等主体的身份参与到 PPP 项目中，使政府权力从传统的"行政命令制"向"社会共享制"转变的过程，也是政府思维从注重"管理思维"向注重"契约思维"转变的过程。如图 3-4 所示，契约治理模式下，更多地依赖市场机制发挥作用，政府较少直接限制 PPP 项目，权力下放，而是发挥监督和服务作用。从广义角度而言，契约治理的含义不仅局限于一般意义上的公私合作契约方式，公共服务中契约化的组织机构设置也应纳入这一范围。

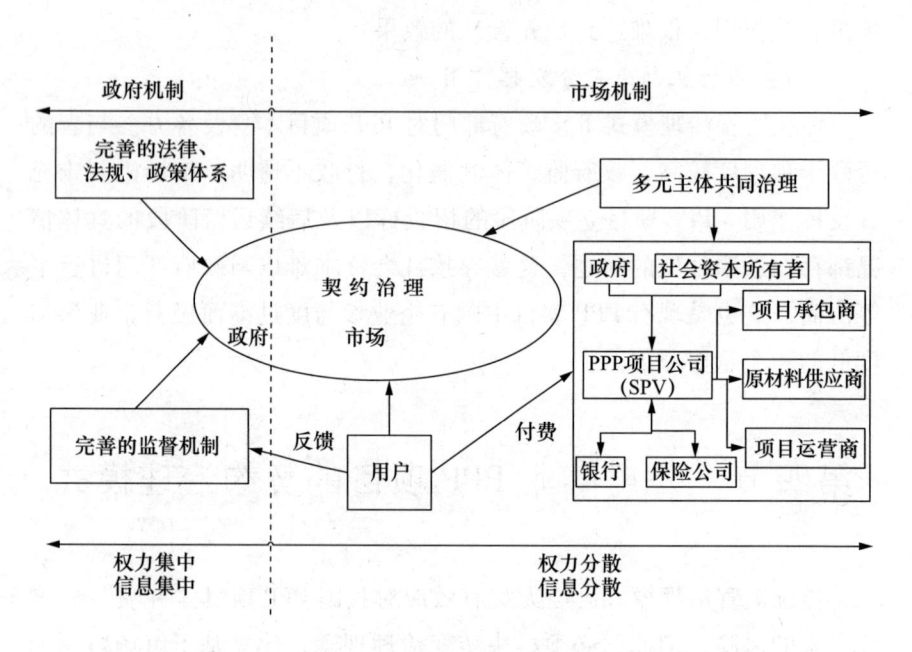

图 3-4 契约治理模式

二 契约治理模式的特点

契约治理的本质是一种市场治理，也是在市场机制的框架下，缔约双方在达成共识的基础上，政府部门与其他部门合作互动的治理模式。契约治理的缔约双方不是一种管制与被管制的关系，而是一种互惠互利、平等协作的关系。契约治理可以对公用事业 PPP 项目形成有效的指导和监督，制定规则约束和限制项目参与者的行为，控制违约风险，保障 PPP 项目的落地和执行，最终为全社会提供优质高效的公用产品和服务。与传统监管治理模式相比，公用事业 PPP 项目的契约治理模式有以下八个特点。

第一，治理主体多元化。契约治理的主体不仅包括政府部门，还包括社会资本所有者、金融机构等与 PPP 项目有直接或间接关系的其他部门。政府不再是唯一的权力中心，而是与其他部门之间的协商与合作关系，作为 PPP 项目契约网络的一部分整合社会资源，与社会资本所有者建立公私合作伙伴关系，多元主体通过契约的形式进行合作，共同负责对 PPP 项目进行治理，共同管理项目运行中可能出现的风险，为全社会提供公用产品和公共服务。

第二，治理结构扁平化。不同于传统监管治理官僚的、垂直的、权威的、等级森严的金字塔形治理结构，契约治理是双边或多边治理，治理结构呈现扁平化特征，治理层级减少，各契约治理主体之间地位平等可谈判，借助契约的形式参与公用事业 PPP 项目的治理，更接近于市场行为。

第三，权力中心分散化。契约治理模式的权力中心不是拥有绝对权威和控制力的政府部门，而是政府部门以市场化的激励机制与其他治理主体协调合作，使权力中心分散到多元主体，各主体间是平等与协作的关系，可以通过契约安排自主地参与公用事业 PPP 项目的治理中。它改变了政府以往行政命令的单方意志性和僵硬性，政府既作为公用事业 PPP 项目的管理者，又是重要的契约主体之一，是在平行的协商模式与垂直的权威模式相互交叉的条件下运作的，权力运行路径既包括政府原有的纵向垂直、以等级制为基础的传统模式，也包括政府与私营部门、非营利组织或其他部门间横向的以谈判合作为基础的协商模式。

第四，信息交流网络化。PPP 项目的多元治理主体之间通过契约网络进行信息交流，即形成了网络化的信息流，改变了传统监管治理中信息沿着垂直的权力路径由上而下传播的方式，信息传递更为准确、快捷、便利。

第五，行政干预程度低。在契约治理模式下，行政干预程度很低，政府的作用在于完善契约机制设计，规范 PPP 项目参与方行为，保障各方权益，维护公共利益，政府更多的是服务者的身份，而不完全是监管者的身份。

第六，风险控制能力强。契约治理模式下，政府法律、法规、政策体系趋于完善，多元主体的协商共治增强了决策的科学性。此外，还有完善的监督机制，风险控制能力大大提高，PPP项目失败的可能性减少。

第七，重视项目全生命周期的管理。契约治理要求对PPP项目全生命周期都以契约形式对各参与方职权和行为进行约束，最大限度地发挥契约机制和市场机制的作用。

第八，完善的再谈判机制。契约治理有合同约定，一方面，可以规定再谈判的触发机制；另一方面，在PPP项目执行遇到困境时，完善的再谈判机制可以继续推动PPP项目契约的履行。

第五节 我国PPP项目治理模式转型及其实现路径

一 我国PPP项目治理模式的转型

为应对PPP项目"井喷"式增长的风险，必须进行治理模式转型。虽然监管治理模式在我国延续已久，但诸多证据表明，这种治理模式早已不能适应PPP项目这种市场化的运作方式。首先，PPP项目是市场化思维，强调竞争、效率、收益最大化等；政府思考的规则可能是管控和控制、合规性和程序上的合法性，以及公正性和公平性，这将导致政府和其他PPP项目参与者的目标不一致。其次，现有PPP项目基本上是政府作为主导者，最终运行要靠市场，很难实现预先设想的目标。再次，经济学研究表明，政府是有限理性的，所有的合同都是不完备的，单纯依靠政府的领导权威和正式制度这种监管治理的思路难以对PPP项目风险形成有效控制。最后，在政府的治理能力和效率方面，政府要做市场化的决策，官员的本位和体制制约了其能力的发挥，包括谈判、反应能力、对市场情况的预设、前景预测、决策时候所能考虑时间的长短等。再结合PPP项目具有明显的契约属性，理应遵从市场规律，推行更为适合PPP项目治理的契约治理模式。

契约治理与传统监管治理模式在治理主体、治理结构、权力的运行路径以及信息传递方式等诸多方面均有所不同（见表3-6）。

表3-6　　　　　　PPP项目监管治理与契约治理的比较

	监管治理	契约治理
治理主体	政府部门作为单一治理主体	多元主体共同参与治理
治理结构	垂直的金字塔形治理结构	扁平化的契约网络治理结构
权力运行路径	权力集中，自上而下逐层递减	权力中心分散化，纵向权力路径与横向权力路径交叉
信息传递方式	沿权力层级垂直传递	沿契约网络快捷传递
行政干预程度	行政干预程度高	行政干预程度低
风险控制能力	风险控制能力有限	风险控制能力提高
各阶段重视程度	重前期立项而轻后续运营	重项目全生命周期的治理
再谈判机制	机制不完善，较少有再谈判	完善的再谈判机制

资料来源：笔者整理。

结合契约治理模式的内涵和特点，对公用事业PPP项目实行契约治理具有传统监管治理所不能及的优势。首先，多元主体共同参与的契约治理有助于减轻政府行政压力，提高治理效率。作为地位相对平等的治理主体，社会资本更有动力参与到对PPP项目的治理工作中，帮助政府分担一部分压力，各主体间复杂的责权关系也促成了相互制约和互相监督，可以有效地提高对PPP项目的治理效率。其次，扁平化的契约治理结构淡化了传统"公"和"私"之间的界限，实现了充分利用市场和社会力量提高公共管理水平，提升公共服务质量的目标。再次，权力中心的分散可以有效地规范PPP项目投资、建设、运用中的各方行为，能够有效地降低PPP项目失败的风险。PPP项目契约是为维护政府部门、私人部门以及金融机构等多方利益而制定的，兼有对各方的约束，以契约的形式进行合理的风险分担，明确各方应承担的风险、责任和应得收益，政府和社会资本都应高度尊重契约精神，遵守与落实契约中的各项约定。最后，网络化的信息交流降低信息获取成本，提升决策准确度。更为公开、透明的信息交流网络加强了多元治理主体之间的信息传递机制，有利于提高决策准确率，推动PPP项目有序执行。而且减少行政干预、提高风险控制能力、重视全生命周期的项目治理、完善再谈判机制可有效推进PPP项目活动有序开展，最大限度地控制风险、保障公众利益。基于此，为应对PPP项目"井喷"式增长的风险，必须在我国公用事业领域推行PPP项目的契约治理模式。

二 我国公用事业PPP项目治理模式转型路径

为实现我国公用事业PPP项目治理模式转型，主要路径如下：第一，由政府主导逐渐过渡到市场主导，在此过程中，政府部门权力适当分散和下放；第二，吸引多主体参与治理，以达到多元主体共同治理PPP项目；第三，由传统的行政命令式治理逐渐转变为协商式共同治理，制定PPP上位法律的同时，还应制定PPP规范与指南，注重行业或地区协调机制、中央—省—市协调机制的建立，以增强决策的科学性；第四，由目前的硬监管过渡到软监管，软监管方式通过法律和制度规则构建政府与市场之间关系领域和影响方式，减少了政府对市场的干预；当政府必须干预时，尽量降低政府干预对市场机制的不利影响。图3-5为公用事业PPP项目治理模式转型的实现路径。

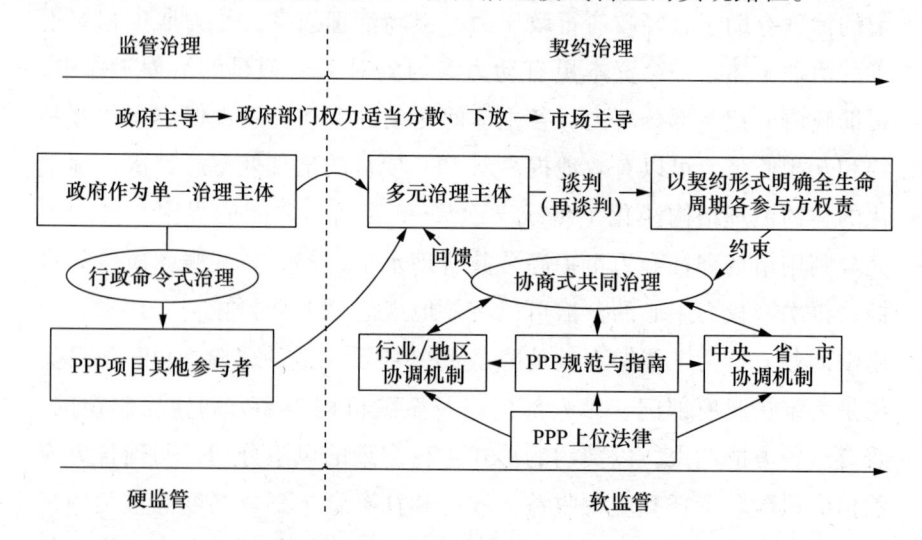

图3-5 公用事业PPP项目治理模式转型的实现路径

(一) 政府加强契约精神

我国政府以往对公用事业 PPP 项目的监管治理模式存在严重的契约精神缺失问题,应该意识到,PPP 是一种市场行为,是政府与其他主体间的协商与合作。因此,在公用事业 PPP 项目治理模式转型过程中,政府要加强契约精神的培育,特别是知法、守法、按规则办事,要为全社会营造良好的投资环境,统一市场准入,创造平等投资机会,为社会资本提供通畅的投资途径,加强全社会诚信体系建设,做到重合同、守信用,才能给社会资本和公众以信心,保障 PPP 更好地发展。

较早推行 PPP 模式、其成功经验也被广泛借鉴的英国政府严格遵从契约精神,重诺守信、不随意违约,使 PPP 项目有坚实的政治基础作为保障,而且当项目合约方之间产生矛盾和纠纷时,政府能够严格依照相关法律规定以及事先制定的契约对各方权责进行裁定,而不是依赖政府权威损害社会资本利益;加拿大、澳大利亚等国的 PPP 项目也不因地方政府换届而终止合同。这就给予社会资本充足信心,可有效地减少社会资本顾虑,吸引社会资本积极参与公用事业建设投资。

我国财政部、国家发展和改革委员会、中国人民银行联合发布的《关于在公共服务领域推广政府和社会资本合作模式的指导意见》(国办 42 号文)也明确指出,地方政府要"重诺履约"。可以建立地方各级政府信用评价体系,合同一旦设立,不随意更改。若必须修改,需征得各契约主体一致同意,以切实保障社会资本的合法权益。

(二) 进一步完善法律法规

鉴于我国公用事业 PPP 项目投资规模大、增长迅速且范围广,住房和城乡建设部、国家发展和改革委员会、财政部分别出台过关于城市基础设施特许经营以及 PPP 投资的部门法规,三部门规章有不少不一致和不协调之处。因此,在公用事业 PPP 项目治理模式转型过程中,应进一步完善法律法规,制定公信力高、覆盖面广、可操作性强的国家级 PPP 法律,要通过立法,在合同条款、收费机制、监督管理、经营权移转等方面进一步规范双方的权利和义务,共担风险。使政府、私人投资者形成稳定的预期,减少私人投资者的投资风险,同时对政府承诺和保障进行约束，使政府实现自己的承诺。

在发达国家，公用事业多是由议会立法进行管理，大到价格管制，小到听证会记录程序，都由议会立法规定。基础设施价格调整一般由基础设施管理委员会批准，其中特别重要的还须经议会批准。法国有专门针对PPP的法律，澳大利亚本身法律制度体系比较健全，可以规范和指导PPP项目良好运作；韩国的《PPP法》及实施细则认定16个部门中的48种基础设施为适合开展PPP项目。英国虽然没有专门针对PPP的法律，但根据PPP的阶段特点不断制定和完善相关规范性政策文件，注重对PPP监管体制机制的健全和完善，具体有《公共合同条例》《PPP/PFI采购合同管理指引》《关于公私协作的新指引：公共部门参股PF2项目的条款磋商》等。

另外，设立专业化的国家级和地方级PPP中心，组建PPP专家库和PPP项目库，为项目发起、项目准备、项目审批、项目日常运营以及项目验收等各个阶段提供政策咨询、融资支持和技术支持等。英国于2000年设立了合作伙伴关系组织（PUK）专门管理公用事业PPP项目，2011年将PUK与财政部PPP政策小组合并，成立英国基础设施局（IUK）。此外，英国、澳大利亚、巴西、德国、印度、墨西哥等许多国家，还设立了地方级的PPP中心，以更好地传达上级精神，对本地PPP项目加强指导。

PPP法律体系的制定和完善要把注意力重点放在与现有的法律法规的配套与衔接方面，同时修改、完善包括促进外国投资的立法、担保法、证券法、合同法、公司法、劳动法和其他方面规定中有关特许经营制度的相关条款，以适应特许经营制度在我国发展的需要。

（三）吸引多主体参与治理

契约治理的一个重要特点是多主体参与的共同治理，因此，公用事业PPP项目治理模式转型过程中要吸引多主体参与治理，尤其是吸引社会资本进入。公用事业PPP项目是包括政府、社会资本所有者、金融机构以及具体负责项目设计、施工、材料供应的其他公司等多方利益的结合体，理应是多元主体参与的共同治理。英国强调PPP项目在融资结构方面的多元化，政府部门要参与投资入股但不控股，社会资本包括私人参与者自身的资本金和市场上的长期债权投资资金。在制定政策和对PPP项目进行调整时，也广泛吸纳各利益相关方意见和建议，有效地保护各主体的合法权益。

同时还要增加社会公众参与治理的机会。具体做法是：进一步完善PPP信息化系统平台，增加项目执行过程中的透明度，引入公众监督机制。由财政部开发建设的PPP综合信息平台用于对全国PPP项目进行跟踪、监督，包括PPP项目库、机构库和资料库，具有录入、查询、统计和用户管理等功能。但是，信息公开披露的内容较少、项目落地率低等问题依然严重，可以进一步完善PPP信息化系统平台进行项目全程跟踪，充分利用社会公众监督机制，形成对公用事业PPP项目的全过程监控。此外，还可以实行民意调查、举报奖励、公开听证等措施，吸引多主体参与PPP项目治理。

（四）优化风险分担机制

公用事业PPP项目各参与方都存在违约风险问题，且风险贯穿于项目的整个建设和运营过程中，风险管理和分担的科学合理性是影响PPP项目成败的重要因素，各主体承担的风险应该与其预期收益相匹配，公认的PPP项目风险分担原则是由对风险最有控制力的一方承担相应的风险。此外，多数国家在公用事业PPP项目契约中设立了再谈判的触发机制和调解机制，以实现多个治理主体的风险共担，在PPP项目执行遇到困境时，为维护公众利益，各方积极寻找合作难以为继的原因，进行再谈判对合同进行修改和补充。

政府应该加强自身对PPP相关知识的掌握程度，能够对PPP项目各阶段可能出现的风险做出合理预测和控制，建立完善的项目风险分配机制。具体做法是：加强人员方面的培训和管理机制设计的完善，有关部门应严格按照预算管理有关法律法规，完善财政补贴制度，切实控制和防范财政风险。

对于公用事业PPP项目的风险控制，可行的办法是：设立契约进行风险分担和购买保险合理进行风险转移。PPP项目契约是为维护政府部门和私人部门双方利益而设立的，兼有对招标者和投标者的约束，通过设立契约进行合理的风险分担，明确双方各自应承担的风险、责任和应对收益，可以有效地规范企业在投资、建设、运营中的行为，限制部分企业利用垄断地位和信息优势牟取私利的做法，严防项目企业危害社会公众利益，降低PPP项目执行中的风险，政府和社会资本都应高度尊重契约精神，遵守与落实合同约定。而风险转移是指通过向购买保险等方式将风险转移给保险公司。随着保险产业的发展，投资运营风险和火灾、地震、金融危机等风险都有相应的险种可以投保，如果风险事件发生，可根据与保险公司的约定获取相应赔偿。

（五）逐步完善再谈判机制

由于PPP契约一般存在投资规模大、建设周期长的特点，且我国对于大规模发展PPP模式经验不足，伴随着市场经济形势的变化以及任何契约都是不完备的现实，若缺乏再谈判机制，很容易导致项目失败。在PPP项目执行遇到困境时，政府应当积极维护公众利益，寻找合作难以为继的原因，主动邀约企业进行再谈判，以继续推动PPP项目契约的履行，切实保障社会公众利益。

（六）鼓励PPP中介机构发展

对于PPP项目不能依约定执行且双方谈判破裂的情形，可以聘请独立的第三方机构进行协调，为解决项目问题提供咨询支持。独立的第三方机构不代表PPP项目合约任何一方的利益，通过丰富的经营和尽职调查能够从法律和公平角度出发，对项目协议和项目设立以来的执行情况进行评估，总结契约各方存在的问题，从更为客观的视角审视PPP项目合约执行困境，联合契约各方商定补充契约条款和后续合作改进建议。在联合体投标中，第三方机构也可对联合体内部企业间的矛盾进行协调，减少因联合体中个别企业产权变动而导致PPP合约提前终止的情况发生。

第四章　城市公用事业价格改革进展与问题

第一节　城市公用事业价格改革进展

经过40多年的改革，我国原来高度集中的计划经济体制已发生了根本性转变，绝大多数商品和服务的价格已经由市场竞争形成。逐步开始建立了以经济、法律手段为主，行政手段为辅的价格调控机制。城市公用事业价格改革主要分为以下三个阶段。

第一个阶段为计划经济时期。我国城市公用事业主要基于福利性质，其定价方式主要是国家统一管理和全环节政府计划定价模式，基本上属于政府的垄断管理机制。计划经济体制下，各类商品和资源都由政府定价，使其价格偏低，不能反映企业的实际成本。

第二个阶段为改革之初到1998年《中华人民共和国价格法》出台。我国主要理顺了城市公用事业的价格体系，原有的行政定价机制慢慢地向市场定价机制转变。公用事业服务价格改革在这一时期逐步到位，吸引了大量外资进入到公用事业的经营和管理中来。进入20世纪90年代，我国加快了包括价格管理体制在内的各种经济体制改革步伐，公用事业价格的管理逐步走向法制化、规范化。

第三个阶段为1998年5月1日《中华人民共和国价格法》出台至今，我国城市公用事业价格改革取得了一些进展。关系群众切身利益的公用事业价格实行政府指导价和政府定价，建立听证制度，听取消费者、经营者的有关意见。听证制度实施以来，不少城市都有因群众意见改变、暂缓、取消拟调计划的实践，这一举措推进了公用事业价格决策公开、公正。但是，政府与企业之间的信息不对称，公用事业价格水平并不能够真实地反映企业的生产成本。1998年9月，国家计委、建设部下发《城市供水价格管理办法》，明确规定了供水的成本、利润率和价格的组成。城市污水和垃圾处理收费政策的不断完善也吸引了国外投资者和国内民营资本的关注。2012年，以阶梯电价和城市水价调整为标志，城市公用事业价格改革不断深化。2015年10月15日，《中共中央国务院关于推进价格机制改革的若干意见》（以下简称《若干意见》）正式发布，《若干意见》中涉及关于进一步推进城市公用事业价格机制调整，全面实施居民用水用电用气价格阶梯价格制度。《若干意见》明确提出加强民生领域价格监管，保护消费者权益，并完善价格社会监督体系，鼓励消费者参与到价格监督中去。同时，对于阶梯电价等公用事业，政府仍会继续合理监督，确保城市公用事业价格制定过程合理。《若干意见》明确了推进价格机制改革的指导思想、基本原则、总体目标和重点任务，这是我国当前和今后一个时期深化价格改革的纲领性文件。因此，我国部分城市公用事业价格改革已经取得进展，见表4-1。

表4-1　我国部分城市公用事业价格改革进展

行业	政策出台时间	相关法律法规	改革主要内容	定价方式	监管部门
天然气	2013年6月28日	《关于调整天然气价格的通知》	建立新的天然气定价机制；中国的天然气价格形成机制由"成本加成"定价法向"市场净回值"定价法的改革全面展开	"市场净回值"定价法；居民阶梯用气制度	国家发展和改革委员会、国家安全生产监督总局、国家质量监督检验检疫总局
	2014年3月20日	《关于建立健全居民生活用气阶梯价格制度的指导意见》	促进天然气市场的可持续发展，确保居民基本用气需求，合理用气，节约用气		

续表

行业	政策出台时间	相关法律法规	改革主要内容	定价方式	监管部门
供水	2006年11月6日	《城市供水定价成本监审办法（试行）》	规范城市供水定价成本监审行为，提高政府制定城市供水价格的科学性	分类水价；成本加成监管机制；阶梯水价制度	水利局、水务局
	2013年12月31日	《关于加快建立完善城镇居民用水阶梯价格制度的指导意见》	完善资源性产品价格形成机制决策部署，加快建立完善居民阶梯水价制度		
供电	2013年12月11日	《关于完善阶梯电价的通知》	全面推行居民用电峰谷分时电价政策	实施居民阶梯电价制度	国家发展和改革委员会
供热	2007年6月3日	《城市供热价格管理暂行办法》	进行供热价格改革、加强供热价格管理，建立合理的供热价格结构	政府定价或政府指导定价；城市供热实行分类供热价格	住建部、国家发展和改革委员会、财政部、环境保护部

资料来源：笔者整理。

目前，我国城市公用事业价格主要是政府指导定价，但在价格制定过程中实行听证会制度。价格听证制度是对关系居民切身利益的政府定价召开听证会，听取利害关系人、社会各方和有关专家的意见，实现科学、合理、公正价格决策的规范性程序。

一 城市公用事业定价模式的改革进展

改革开放40多年来，我国初步建立了与社会主义市场经济体制相适应的公用事业价格形成机制。目前，城市公用事业定价模式基本上是以政府定价为主导，同时考虑市场因素，形成了以成本为基础，结合供求关系、社会承受能力的要求制定的公用事业价格，其价格水平的科学性和合理性在不断提高，同时也促进了城市公用事业的发展，满足了人民日常生活中对公用产品和服务的需求。

城市公用事业产品和服务大都具有很多技术和经济特性，例如，自来水、电、气和交通等在使用时，在不同时间、不同季节存在高峰期和低谷期，存在不同的使用量。其中，电、交通供给量不能随需求量变化而灵活变化，产品供给弹性很小，对即时需求依赖性很强，具有不可储存性。我国这类产品在定价上按不同时间实行峰谷平定价，以调节供求平衡。而现行的工业用电实行峰谷电价，部分居民用水实行阶梯式水价，其他都实行单一定价。因为城市公用事业产品和服务的特性中还有资源的稀缺性，如水、电、气，需要节约资源和能源，所以，在价格上按照不同使用量进行阶梯式定价，以达到节约资源和能源的目的。我国是资源和能源消耗大国，节约资源和能源对我国经济发展具有重大意义，针对我国居民使用量节节攀升的状况，我国城市公用事业价格更多地实施阶梯价格结构，同时利用价格杠杆进行调控，增强居民的节约资源和能源意识。

《中华人民共和国价格法》规定，重要的城市公用事业价格纳入政府定价行为之内，规范了政府指导价、政府定价的定价权限和具体适用范围，提出地方定价目录要按照中央定价目录规定的定价权限和具体适用范围，需经本级人民政府审核同意，报国务院价格主管部门审定后公布。《中华人民共和国价格法》的颁布使城市公用事业价格定价模式有法律可依，同时为城市公用事业价格改革发展奠定了法律基础。2006年5月1日颁布实施《政府制定定价行为规则》，该法规要求制定价格应当遵循公正、公开和效率的原则，定价机关应当按照法定的权限制定价格，不得越权定价。这进一步规范了政府制定价格行为，提高了政府制定价格的科学性，保证了我国城市公用事业定价模式的合理性、公平性和透明性，同时保护消费者和经营者的合法权益。

党的十八大特别是十八届三中全会以来，价格改革又取得了新的进展。一是政府定价大幅减少。全部电信业务资费、非公立医院医疗服务、社会资本投资新建铁路货运和客运专线价格、绝大部分药品价格、绝大部分专业服务价格都已经放开。新修订的中央定价目录与2001年目录相比，政府定价由13种（类）缩减到7种（类），具体定价项目压减了约80%。已完成修订的28个省份地方定价目录，具体定价项目平均压减了约50%（见表4-2）。二是新一轮电价市场化改革顺利启动，放开了跨区跨省电能交易价格。输配电价改革试点已由深圳市和蒙西电网扩大到安徽、湖北、宁夏、云南和贵州5个省份。根据煤电价格联动机制，2013年全国燃煤发电上网电价平均每千瓦时降低约两分钱，工商业用电价格平均每千瓦时降低约1.8分钱，减少工商业用户支出600多亿元。三是天然气价格形成机制进一步完善，实现了非居民用天然气存量气和增量气价格并轨。放开直供用户天然气价格后，实行市场调节价的天然气占消费总量的40%。上海石油天然气交易中心2013年7月1日试营业，此后3个月管道天然气和液化天然气累计成交量分别为4.5亿立方米和4.2万吨，交易金额超过10亿元，为下一步放开非居民用气价格做了积极的探索。四是铁路货运价格基本理顺。五是居民阶梯价格制度顺利推进。居民阶梯电价制度已在除新疆、西藏外的全部省份实施。26个省份的289个城市已建立居民阶梯水价制度，14个省份的58个城市已建立居民阶梯气价制度，其余城市正在积极有序推进。

表4－2　　　　　　　2015年5月6日中央部分定价目录

序号	定价项目	定价内容	定价部门	备注
1	天然气	各省、自治区、直辖市天然气门站价格	国务院价格主管部门	定价范围为国产陆上天然气和2014年年底前投产的进口管道天然气，直供用户（不含化肥企业）用气除外
2	水利工程供水	中央直属及跨省、自治区、直辖市水利工程供水价格	国务院价格主管部门	供需双方自愿协商定价的除外
3	电力	省及省以上电网输配电价	国务院价格主管部门	电力市场形成前，部分上网电价和销售电价仍由国务院价格主管部门制定。其中，上网电价定价范围为省及省以上电网统一调度的未通过市场竞争形成价格的上网电量；省及省以上电网未通过市场竞争形成价格的销售电量，由国务院价格主管部门制定定价原则和总体水平，省级价格主管部门制定各类电力用户具体价格水平

资料来源：2015年中央定价目录。

同时，2015 年，《若干意见》规范了政府定价程序。对纳入政府定价目录的项目，要制定具体的管理办法、定价机制、成本监审规则，进一步规范定价程序。《若干意见》明确，到 2017 年，竞争性领域和环节价格基本放开，政府定价范围主要限定在重要公用事业、公益性服务、网络型自然垄断环节。

二 城市公用事业价格听证制度改革进展

改革开放以来，我国基本理顺各种城市公用事业产品和服务的比价，价格体系趋于合理。

我国计划经济体制下的政府定价程序是一种"关门定价"，政府价格管理部门在调查研究的基础上，综合有关因素后提出调（定）价方案，报政府批准执行。这种定价方式最大的弊端是没有公开征求社会各方意见，政府定价过程不公开、不透明问题成为社会关注的焦点。为克服"关门定价"的弊端，提高政府定价的公开性和透明性，我国 1998 年实施的《中华人民共和国价格法》规定，对关系居民切身利益的政府定价实行听证会制度。该制度的定位是在政府价格管理部门决策之前征询经营者、消费者和有关方面的意见，论证政府调定价方案的必要性、可行性，是政府定价程序（政府定价程序包括受理调价建议并进行初步审查、调查、论证或听证、审查、决策、公告、跟踪调查和定期审价）的一个环节。这为政府价格主管部门听取社会各方意见提供了一个程序化、法制化的渠道，避免其"暗箱"操作，也为推进政府价格决策的民主化、规范化提供了制度基础，为政府价格决策的科学性、合理性提供了制度保证，有利于提升政府的"公信力"。

为规范价格听证制度，2001 年出台了《政府价格决策听证办法》，并于 2002 年进行修订。《政府价格决策听证办法》实施 6 年来，对规范政府定价听证行为，提高政府制定价格的科学性、民主性和透明度发挥了重要作用。2008 年修订为《政府制定价格听证办法》，具体包括听证会听证人的设立，听证会参加人的人员构成、产生方式、权利和义务等，听证程序和法律责任，更具可操作性。进一步规范了价格听证行为，提高政府制定价格的民主性、科学性和透明度。同时，2008年的《政府制定价格听证办法》规定，定价听证由政府价格主管部门组织，而定价机关包括有定价权的省（自治区、直辖市）以上人民政府价格主管部门、有关部门和经省级人民政府授权的市、县人民政府，实践中定价机关也是政府价格主管部门。政府价格主管部门既是听证会的组织者，也是定价主体，大权集于一身。如果政府价格主管部门是中立的第三方，定规则和当裁判于一身有利于其公正和高效地实现其职责；但实际上，政府与市场上的企业和消费者一样，运用其占有的资源获得与其他方博弈的经济权力。政府对自己所掌握资源的处分权具体掌握在政府官员手中，官员的个体利益最大化行为以及外部监督的不力会导致政府的中立立场和对社会公平目标的追求发生偏离，招致市场权利弱势方的不满。权力制衡和有效监督是政府中立立场和社会公平目标得以实现的保证。

2015年10月12日，《国务院关于推进价格机制改革的若干意见》鼓励和支持第三方提出定调价方案建议、参与价格听证。完善政府定价过程中的公众参与、合法性审查、专家论证等制度，保证工作程序明晰、规范、公开、透明，主动接受社会监督，有效约束政府定价行为。

三 城市公用事业价格监管机制改革进展

由于城市公用事业的公益性和自然垄断性，出于维护社会大众消费者利益的目的，需要政府对其价格水平和价格结构等定价决策加以干预。价格监管的主要任务包括核算城市公用事业企业的各项成本，并在保证企业一定回报的前提下，制定消费者可接受的城市公用事业价格水平。由于存在成本等相关信息的不对称，价格监管机构一直面临很多约束。这种约束主要体现在：一方面，无法核实和掌握企业提供的成本信息；另一方面，还受制于要考虑社会公平以及贫困人群负担能力的影响下，消费者可承担的价格水平有限。因此，价格定得过高，消费者负担过重，企业会获益；定得过低，消费者满意，企业则会亏损，这种亏损最终是要政府通过财政资金来补贴的。

过去，政企一体的公用事业供给和运营体制下，公用事业产品和服务几乎是免费提供给消费者，价格水平很低甚至是免费提供。价格监管体制是封闭的和僵化的。后来，随着我国社会主义市场经济体制的建立，政企逐渐分离开来，成立了专门的监管机构和企业，确定了价格监管的职责和程序。但此时的价格监管机制仍然受制于政企不分、政事不分和政资不分的限制，而且由于存在严重的信息不对称，监管机构也缺乏核实企业成本信息的人员和技术，一般就是在企业申报的成本基础上，加上5%—15%的合理回报。价格监管过程实际上成为被监管企业和监管机构之间的讨价还价的博弈过程。进入20世纪90年代以来，随着相关法规的出台和完善，消费者等利益相关者也得以参与价格监管过程，各方利益博弈的结果也较为均衡，更容易得到企业和消费者的认可和接受。目前，这种价格监管博弈还在继续，但是，程序更规范，过程更透明。随着我国经济体制改革的进展，价格监管机制也在不断进步，出台了专门的成本监审办法，而且监管机构的经验和监管技术手段也在进步，价格制定的过程更加规范和科学。

目前，在我国对城市公用事业价格进行监管的机构有以下几类：

（1）发展和改革委员会。负责本市城市基础设施特许经营的总体规划、综合平衡、协调和监督；负责细化完善政府投资体制；负责确定市级实施特许经营的城市基础设施项目，组织有关行政主管部门审查实施方案，报市人民政府批准；负责建立定期审价制度，建立成本资料数据库，对产品或者服务价格进行有效的监督管理，适时、适度地调整理顺价格收费。

（2）城市基础设施行业主管部门，区、县人民政府，以及市或者区、县人民政府指定的部门负责本市城市基础设施项目的具体实施和监督管理工作。市行业主管部门和区县政府等特许经营实施机关，负责编制特许经营实施方案，加强与社会专业服务机构、产业联盟的业务合作，公平择优开展招商工作并协调组织项目实施。市行业主管部门还要负责行业质量技术标准制定和运营监督，区、县人民政府负责在权限范围内确定并实施本区、县特许经营项目。

（3）财政部门负责制订购买服务实施方案，根据政府财力，逐步划定政府购买服务的范围，纳入市、区县财政结算支付体系。

（4）规划、国土、建设、环保、审计、监督等相关政府部门在各自的职责范围内依法履行监督管理的职责。相关政策主管部门还要负责细化各领域支持标准和政策。

（5）国资部门负责管理国有资本，推动协调市属国有企业引入社会资本进行多元股权投资和项目投资。

四 城市公用事业普遍服务改革进展

普遍服务的概念是美国电话电报公司（AT&T）总裁西奥多·维勒在1907年提出来的。当时为了重新实现AT&T的垄断经营，他提出了"One Network, One Policy, Universal Service"，即"一个网络，一个政策，普遍服务"的口号。实际上，"Universal"这个词的意思是全球的、无所不包的意思，西奥多·维勒的原意是鼓励AT&T争夺市场、维持垄断地位，在美国提供AT&T无所不包的服务。实际上，AT&T很快在市场竞争中取得了垄断地位。但1913年美国司法部在联邦法院对AT&T提出了第一次反垄断起诉，AT&T接受了司法部提出的条件，承诺在美国承担起普及电话服务。从此，"Universal Service"才带上了普遍服务的含义。源于电信行业的普遍服务理念，由于其实施过程中所体现出的社会公平性，以及在一定程度上缩小社会贫富差距的作用，普遍服务才逐渐成为各国管理公共事务的一项公共政策，成为政府向社会提供服务的一项义务。随着社会经济的发展，居民对城市公用事业产品和服务的需求不断提高。在具有公用产品属性的公用事业产品和服务领域实施普遍服务，将有益于满足居民对此类产品和服务的需求。

城市公用事业普遍服务可以理解为：在一国的领土范围内，公用事业企业以居民能够支付得起的价格向社会提供标准相同的产品和服务。公用事业普遍服务与电信等行业普遍服务的基本内容基本相同，但又有不同之处，原因在于公用事业涵盖了更多行业，各行业有自己的特点，具体实施普遍服务的标准也不尽相同。这里着重指出，公用事业普遍服务是指各行业所能提供的最低的服务标准，在这一标准下，让每位居民感受到社会赋予公民享用公用产品的权利，尤其是低收入群体享用带有政府对社会收入转移再分配效果的服务，并且这项服务的普遍性决定了其实施具有强制性，所有这些都体现了公用事业普遍服务不能单纯由市场决定，要靠政府对行业企业的生产运营监管来实现。

城市公用事业企业作为独立市场主体在追求自身利益最大化的生产经营过程中，又必须承担向全体社会公众提供同质同权的产品和服务的社会责任，不允许其区别消费群体、区分高投入低产出地域抑或是低投入高产出地域进行"挑肥拣瘦""厚此薄彼"的经营行为。公用事业普遍服务中这个"二律悖反定律"的存在，使政府监管机构加强对城市公用事业企业履行普遍服务义务的干预具备了一定的理论前提以及社会利益和伦理基础。当然，在现实政治经济生活中，监管机构实际上也是一个具有自己利益诉求的有限理性经济人，其管制决策和行为有时并不是根据社会公共利益或社会公共福利进行理性选择的必然结果，而是其谋求自身利益和效用最大化而与某些利益集团进行"交易和缔约"的自然过程。在监管者有可能被监管对象"俘获"，成为其"隐形代言人"的情况下，公用事业服务可能达不到维护社会公共利益和增进社会整体福利的目标，而成为利益集团进一步牟取高额垄断利益的工具。另外，由于公共利益理论所依赖的假设和前提本身有着明显的缺陷而导致政府监管机构采用过于僵化、严厉或者随意的手段对城市公用事业企业进行管制，从而对企业的自主经营权造成严重的损害，进而可能损害其提供普遍服务的能力和水平。

因此，为了确保政府监管权力与城市公用事业企业自主经营之间的平衡，必须为政府干预企业实施普遍服务设定适当的边界，寻求一种能够达到各方主体利益均衡的适度干预，缓解政府监管与企业自主经营权之间的紧张对立。

随着近年来我国经济社会的快速发展，我国城市公用事业普遍服务取得的成效还是比较明显的，基本上解决了供水、电力和电信等城市公用事业的全城市覆盖率和服务能力。加上城市低保制度和社会救助制度的完善，保障城市贫困人群的公用事业产品和服务消费问题也逐渐得以解决。部分农村居民进入城市，开始享受城市提供的比较完善的公用事业产品和服务。同时，电力等行业的"村村通"政策，也有效地解决了农村基本公用事业产品和服务的保障供应。

第二节 城市公用事业价格改革面临的主要问题

我国城市公用事业价格改革已经进行了很多有益的探索，取得了很多进展。目前，我国城市公用事业虽然仍然是以政府定价为主，但是，消费者等利益相关者开始参与价格制定过程中；同时，对于企业成本监审也出台了细致的规定。近年来，大部分市政公用事业都采取了阶梯价格定价方式，有利于资源的合理利用和消费的经济性合理性。总体而言，当前采取的针对城市公用事业价格体制的调整与改革，只是对部分地方性特点较强的城市公用产品下放了价格监管权限，对若干城市公用产品价格实行了国家指导价格形式，也对长期偏低的公用事业价格水平进行了一定程度的调整，引入了价格听证会、特许经营等一些模式和方法。但是，由于我国城市公用事业改革的滞后，公用事业价格改革还面临着一些体制机制方面的制约。

一 相关的法律和监督机制不完善

城市公用事业在国民经济和社会生活中的特殊性决定了其价格监管的重要性。目前，其价格的市场竞争机制以及资源配置和调节功能无法体现，政府的干预和监管介入太强，因此，需要专门的法律来协调政府与市场之间的关系。特别是需要制定专门针对城市公用事业政府干预和监管行为的法律与法规。但是，目前我国尚未出台专门的城市公用事业价格法律、法规，对城市公用事业价格监管的原则和方法主要是参照《中华人民共和国价格法》及其他法律、法规，针对性不强且可操作性差。

目前，与我国城市公用事业定价相关的法律和管理条例不完善，具体表现在以下四个方面。

第一，没有专门针对公用事业价格监管的法律法规，只是在《中华人民共和国价格法》给予公用事业相关的各部门法中涉及。在制定和调整城市公用事业价格时，对如何协调企业利益、消费者利益和国家财力三者之间的关系没有明确界定；公用事业价格是以完全成本还是不完全成本，不同行业的价格监管力度都没有清晰的规范。

第二，在这些法律法规中，公用事业的范围不明确。《中华人民共和国价格法》把自然垄断行业、公用事业和公益事业等提供的产品和服务并列在一起，列入国家定价的范围，界限不清。

第三，没用明确、规范的公用事业价格监管的原则、定价方法和监管机制。

第四，政府价格主管部门、公用事业企业和消费者在监管公用事业价格方面的责权有待于进一步明确。《中华人民共和国价格法》只规定政府价格主管部门在定价或检查时，企业必须提供真实的账目。但在实际工作中，当价格主管部门进行价格制定和调查时，公用事业单位往往从保护本部门、本行业的利益出发，提供虚假的信息，即使价格主管部门发现其中的漏洞，也没有相应的法律法规对其进行处理。

我国城市公用事业价格监督机制不完善主要表现在以下两个方面。

第一，从我国公用产品价格监管监督工作的现状看，一是缺乏对政府定价行为的监督。无论是已经通过的《中华人民共和国价格法》《中华人民共和国铁路法》和《中华人民共和国电力法》还是《城市供水价格监管办法》，都没有对政府定价和调价行为监督的内容。在现存法规中，只有若干对政府价格机构执法行为的监督规定，而且对象只限于物价检查部门的违规罚款，监督措施主要是申请复议和行政诉讼。可以说，对政府公用产品价格监管机构的监督体系尚未建立。二是对公用企业价格行为的监督流于一般化。《中华人民共和国价格法》规定的价格监督检查有关内容是面对全社会所有企业和商品的，没有针对垄断性公用企业价格行为监督检查的具体规定。《中华人民共和国铁路法》等法规对公用企业价格行为的监督，并未作为重要问题来对待，内容也比较薄弱，没有充分体现出政府对公用事业进行微观监管的要求。

第二，由于价格主管部门在定、调价过程中部门内和部门外的监督与约束机制不健全，使其在行使公共权力的过程中往往会由于公用事业企业及政府其他有关部门的压力，再加上客观上存在的价格主管部门与公用事业企业之间信息不对称的问题，往往会造成决策的失误。在实践中，由于价格主管部门提交的定、调价方案主要以企业提供的资料（未经独立的审核机构审核）为依据，以及客观存在的企业、消费者之间的信息不对称等问题，往往导致制定和调整的价格受到消费者质疑。公用事业价格听证会在定价程序中的地位不清，导致价格听证会在定价的具体实践中流于形式；公用事业企业及其主管部门、消费者各自的权利和义务不明，导致消费者在听证会中处于弱势地位，听证会的功能不能充分发挥。在《政府价格决策听证办法》颁布之后，各省份价格主管部门大都出台了实施细则。总体而言，价格听证会是按照法律程序组织召开的。公用事业价格听证会经过几年实践，取得了一些的成效和经验，但也存在一些不完善问题，主要是：听证会代表人员结构和知识结构的专业性不够，素质构成存在差异。消费者代表在很大程度上是以感性认识来看待问题，导致其作用很难发挥。同时，一些专家代表的选择是临时的、随意的，缺乏专业性和公正性，有时也难以在短时间内提出有针对性的建议。而听证代表的听证准备时间仓促和资料占有不全面、信息掌握不对称等，使在论证成本合理性时听证代表难以提出质疑的有力依据，也直接削弱了听证的效力。

二 价格听证制度中公众参与不足

公用事业价格听证制度在立法和实践方面虽然都取得了一定的进展，但该制度在运行中仍存在不少问题。不少地方价格听证不够公开、透明，引起人们对公用事业价格听证制度的质疑，也影响了政府的公信力。听证参加人遴选机制不明确，有明显的政府主导倾向。《政府制定价格办法》没有对听证参加人的资格给予明确的规定，只提到代表的选择要有广泛性和代表性。在实践中，各地在选择听证参加人时的标准不一，大多数地方比较关注听证参加人的政治身份。因此，人大代表、政协委员和政府工作人员常成为听证参加人的首选。

同时，听证参加人的产生方式比较随意，《政府制定价格听证办法》明确规定，听证参加人由下列方式产生：消费者采取自愿报名，随机选取方式，也可以由政府价格主管部门委托消费者组织或其他群众组织推荐。经营者与定价听证项目有关的其他利益相关者采取自愿报名随机选取方式，也可以由政府价格主管部门委托行业组织、政府主管部门推荐。专家学员、政府部门、社会组织和其他人员由政府价格主管部门聘请。政府价格主管部门可以根据听证项目的实际情况规定听证参加人条件。从听证办法可以看出，价格主管部门在选取听证参加人时有很大的可操作性，权限较大，价格主管部门可以主导整个听证会。大多数地方的听证参加人中的人大代表、政协委员、公务员、劳动模范等都有较强的政治背景，收入也较高，他们能理解和支持公用事业涨价方案，但与广大普通消费者的意见不相符，不能真正地代表民意。在选择听证参加人时，各个部门通常以指定的形式直接指定本部门中的中层干部，一般不公开选拔；消费者协会也直接指定某人，导致所选出的听证参加人通常与价格主管部门意见一致。而政府部门邀请的专家学者，在利益面前，很容易偏向企业经营方，成为经营方的利益代言人。

价格听证会是一个各利益方平等对话、理性沟通的平台，消费者可以自主表达自己的意见，与经营方展开辩论，维护自身的合法利益。然而，我国民主传统的先天性营养不良，也缺乏民主的训练，广大消费者的参政意识不强，缺乏主人翁的主体意识，也缺乏权利意识，不能与侵权行为抗争，维护自身的合法权益。此外，长期的政府定价让消费者觉得定价是政府的事，自己只要执行就行，这种思维定式让消费者不愿参加听证会。

目前，我国城市公用事业价格听证程序和内容的公开透明度也存在不足。听证会前的相关信息需要公开，听证的过程及结果也应公开。听证的过程公开则主要依赖媒体的参与，通过媒体直播听证的全过程，可以增强公众对价格决策的认可，刺激社会公众的参政积极性，提高政府的公信力。为了保障听证会的公平公正，听证组织者应对其他听证主体的行为进行规范，加以监督。有效监督经营方是否切实履行了信息披露和协助的义务，对听证参加人的身份要核实，选取过程和听证的过程也要全程监督，对没有切实履行义务的一方，听证组织者应有权对其进行处罚，优化公用事业价格听证制度运行中的环境氛围。

三 价格改革相关的配套政策并不完善

中国城市公用事业投融资政策改革作为价格改革的相关配套政策需要同时进行，否则价格改革只是画饼充饥。我国城市公用事业投融资政策并不完善，在我国现在的法律体系中，尚没有形成一套城市公用事业完整法律，这使城市公用事业各个法律、政策的制定缺少整体性和统一性，并且很容易产生法律上的冲突，严重阻碍城市公用事业投融资的发展。并且目前存在的城市公用事业相关政策没有针对性，如《关于加强市政公用行业市场化进程的意见》（2002年12月）强调形成城市公用事业市场化进程的推进，《关于完善社会主义市场经济体制若干问题的决定》（2003年）、《市政公用事业特许经营管理办法》（2004年5月）、《国务院关于鼓励支持和引导个体私营等非公有制经济发展的若干意见》（2005年2月）、《关于鼓励和引导民间投资健康发展的若干意见》（2010年5月）、《基础设施和公用事业特许经营管理办法》（2015年4月）等着重鼓励、支持非公有资本参与各类公用事业，并逐渐拓宽参与范围和领域，但对具体实施细则、程序、评价等缺乏说明。

随着非公有资本的参与，政府采购、政府购买服务等方式逐渐发展。《中华人民共和国政府采购法》（2002年6月）中所称采购，是指以合同方式有偿取得货物（指各种形态和种类的物品，包括原材料、燃料、设备、产品等）、工程（指建设工程，包括建筑物和构筑物的新建、改建、扩建、装修、拆除、修缮等）和服务（指除货物和工程以外的其他政府采购对象）的行为，包括购买、租赁、委托、雇用等。采购对象并没有明确区分公用事业与非公用事业，采购对象必须属于采购目录或达到限额标准，采购目录涉及公用事业较少，对公用事业的适用程度，指导作用不具有针对性。《中华人民共和国政府采购法实施条例》（2015年3月）对《中华人民共和国政府采购法》

进行了进一步解释说明，但是，对于城市公用事业鲜有涉及。《国务院办公厅关于政府向社会力量购买服务的指导意见》（2013 年 9 月）引导政府向社会力量购买服务，通过发挥市场机制作用，把政府直接向社会公众提供的一部分公共服务事项，按照一定的方式和程序，交由具备条件的社会力量承担，并由政府根据服务数量和质量向其支付费用。《政府购买服务管理办法（暂行）》（2015 年 1 月）进一步明确了购买参与主体、购买内容、购买程序及方式等，购买对象的范围进一步明确和扩大，包括公共教育、医疗卫生、公共交通运输、环境治理、城市维护等基本公共服务领域，还包括社会管理性服务、行业管理与协调性服务及技术性服务等。总体而言，这些政策都不是针对城市公用事业的，只是对城市公用事业有所涉及，并且涉及的内容规范也不是很清晰。

党的十八届三中全会以来出台的国有企业改革最新政策文件主要有《中共中央、国务院关于深化国有企业改革的指导意见》（2015 年 8 月）、《国务院关于国有企业发展混合所有制经济的意见》（2015 年 9 月）、《国务院关于改革和完善国有资产管理体制的若干意见》（2015 年 11 月）、《关于国有企业功能界定与分类的指导意见》（2015 年 12 月）、《企业国有资产交易监督管理办法》（2016 年 7 月）、《关于国有控股混合所有制企业开展员工持股试点的意见》（2016 年 8 月）等，这些政策文件从非国有资本参与混改、国有企业分类和分层改革、改革国资管理体制、企业国有资产交易、员工持股试点等方面制定了更为具体的规定，为全国各地推进国企混改工作构建了基础性的政策框架。《关于国有企业功能界定与分类的指导意见》（2015 年 12 月）提出，根据主营业务和核心业务范围，将国有企业界定为商业类和公益类。商业类国有企业以增强国有经济活力、放大国有资本功能、实现国有资产保值增值为主要目标，按照市场化要求实行商业化运作，依法独立自主开展生产经营活动，实现优胜劣汰、有序进退。公益类国有企业以保障民生、服务社会、提供公用产品和服务为主要目标，必要的产品或服务价格可以由政府调控；要积极引入市场机制，不断提高公共服务效率和能力。但具体的划分细则并不明确，城市公用事业企业的归类也不好判断。

政府作为城市公用事业的主要行政管理者，其职能存在缺位和越位现象：对基础设施建设统筹协调以及对公用企业最终产品和服务等方面的监管缺位，部分公共品的产品标准和服务体系空缺，对产品的评价机制仍未建立；在费用收缴中存在越位现象，政府部门及相关企事业单位拖欠费用问题比较严重，影响企业的正常运营和财务运转，而且直接助长企业间债务链的形成。这些问题主要来源于政府与企业之间的权责不清，政府未能正确、合理把握自身职能，导致行政管理效率不高。政府改革在不断进行中，20世纪80年代，主要围绕集权与分权的话题展开，分权被视为改革的方向；到了90年代，政府改革的话题转向"大政府"与"小政府"的讨论，"小政府"被普遍看好；2000年以后，随着政府改革主题的进一步深化，人们达成了新的共识：政府要该管的管，不该管的不管；权力该分散的就分散，该集中的就集中。党的十八大以后，新一届政府推出了新的政府改革，"大部制""转作风"以及以削减政府审批项目为核心的行政审批改革是目前推出的政府改革的主要内容。《国务院关于取消和下放一批行政审批项目等事项的决定》（2013年5月）明确提出，要减少和下放投资审批事项，减少和下放生产经营活动审批事项，减少资质资格许可和认定，取消不合法不合理的行政事业性收费和政府性基金项目。中央政治局出台的"八项规定"主要要求政府改进工作作风，密切联系群众。《2015年推进简政放权放管结合转变政府职能工作方案》（2015年）明确提出，要推进简政放权、放管结合和转变政府职能，深入推进监管方式创新，着力优化政府服务。总体来看，政府改革方面的相关政策比较少而且不够完善，现有的政策只能提供指导方向，缺乏可操作性。

四 价格形成机制扭曲

目前，城市公用事业价格大多是简单地按成本加合理收益形成的，只对成本的合法性做出判断，没有对成本合理性进行严格界定，导致其价格形成机制扭曲，价格既不反映价值，也不反映供求关系。

（一）以个别成本作为城市公用事业产品或服务的定价基础

《中华人民共和国价格法》规定，依据"社会平均成本和市场供求状况、国民经济与社会发展要求以及社会承受能力"来确定城市公用事业价格，但价格主管部门制定或调整城市公用事业价格的主要依据是企业上报的成本，这种成本是特定行政区域内城市公用事业企业的个别成本，而非合理的社会平均成本。以个别成本定价，混淆了市场价值和个别价值，缺乏科学性，导致成本约束软化，经营效率低下，不仅使企业失去降低成本的压力和动力，而且还会诱使企业虚报成本。

（二）城市公用事业价格没有反映完全成本

由于城市公用事业价格影响面较大，价格主管部门在制定城市公用事业价格时以保本微利为原则，往往会考虑价格变动对其他部门、行业及居民生活的影响，以增进社会福利，致使价格不能完全反映成本的变动。

（三）城市公用事业价格没有反映真实成本

受信息不对称、成本监审法规不完善、成本监审力量不足等因素的影响，价格主管部门难以准确掌握城市公用事业的真实定价成本，一些不合理的成本混入了定价成本中，导致价格虚高，如供水行业不但垄断经营，并且垄断信息，包括价格成本信息，以致价格主管部门很难掌握企业真实的成本信息，只能按照企业上报的成本定价。在这种情况下，所谓政府定价往往演变成企业与价格主管部门之间的讨价还价，结果是成本涨多少，价格就提多少，甚至出现价格上涨比成本提高还要快的现象。同时，在城市公用事业产品或服务价格形成中，对政策性因素和经营性因素的界定模糊不清，往往将城市公用事业企业经营效率低下和管理水平不足造成的经营性亏损也摊入定价成本中，让广大消费者"买单"，最终形成"成本增加→企业要求提价→成本再增加→价格再提高"的恶性循环。

（四）城市公用事业价格没有反映供求关系

按照经济学原理，供求关系的变化影响价格变动的方向和幅度；反过来，合理的价格能有效地平衡供求关系；价格必须反映供求关系，对供给不足的产品或服务实行偏高的价格，对供给充足的产品或服务实行偏低的价格，以发挥价格杠杆的作用，合理引导生产和消费，但价格主管部门在制定或调整价格时往往过多地考虑价格外的因素，致使一些城市公用事业价格没有反映供求关系。

（五）公用事业价格形式单一

目前，公用事业价格形式单一，没有形成合理的差价、比价关系，不利于节约资源、平衡供求矛盾。我们对水、电、气、暖等价格的制定和调整并没有准确反映供求关系。如煤气的消费具有较强的季节性，而目前的价格却是一年四季一价不变，由于忽略了季节差价，煤气生产总是被动地去适应需求的变化，造成旺季供不应求，淡季设备闲置，加剧价格矛盾。同样，自来水的生产和消费也具有季节性，受江河、水库水资源丰枯季节影响，但自来水并没有季节差价。无论是煤气还是自来水对同一类型的消费者，价格标准只有一个，产品单价与消费量无关，在价格不到位和实施财政补贴的情况下，这种与消费量脱节的一步计价，往往会出现多用多补贴、少用少补贴的不合理现象，一方面增加了国家财政补贴负担，另一方面在客观上助长了对资源的浪费。还有供电、供水、供气等都有高峰与低谷的区别，如果没有峰谷价格区别，就无法通过价格调节峰谷。近年来，各地政府开始实施的阶梯定价、计量收费等，无疑是平衡供求矛盾，保护环境，节约资源的有效尝试，在完善价格形成机制方面迈出了坚实的一步。但阶梯定价机制设计仍需进一步完善，而且需根据实际情况调整。

五 价格水平不合理

当前我国城市公用事业价格水平不合理具体表现在以下两个方面。

（一）价格偏低

价格偏低，无法使企业获得合理的利润，甚至价格弥补不了运营成本，更无法通过价格机制来回收固定投资部分。多年以来，城市公用事业企业的经营利润率一直低下，有的甚至因为价格弥补不了成本，企业亏损经营。尽管近年来政府不断调整价格，使公用事业价格呈上涨趋势，但也没有改变这种状况。以北京市供水行业企业为例，根据国家城市供水价格调整成本公开有关规定，北京市自来水集团2014年在其官方网站上公布了2010—2012年的企业基本情况表及成本费用，售水单位成本和主营业务净资产利润率见表4-3。

表4-3 部分公用事业企业利润率

		2010年	2011年	2012年
北京市自来水集团	售水单位成本（元/立方米）	2.98	3.17	3.19
	主营业务净资产利润率（%）	-10.73	-9.7	-10.19
	主营业务净利润（万元）	-63724	-68110	-76577

资料来源：北京自来水集团网站。

从表4-3中的数据可以看出，北京近几年供水行业利润率一直为负，说明供水企业一直处于亏损经营状态。据实际调查，北京供水、供气、公共交通等公用事业企业均处于亏损经营状态，价格低于成本费，这种入不敷出的经营状况不符合市场经济的运行规律，长期亏损经营严重阻碍了企业的发展。加之低效的运营管理与巨大的投资需求明显不匹配。近年来，公用事业投资一直处于国民经济各行业投资的前几名，如此大的投资与微薄的收益甚至亏损经营显然不相符。

（二）价格水平的高低没有体现城市公用事业产品价值的稀缺性

城市公用事业是国民经济中重要的基础产业，其产品一般实行国家定价。由于这些产品涉及人民的基本生活需求，具有一定的公益性，国家从关心民众生活的角度出发，采用公益低价的原则来制定其价格，如城市供水、城市供气、城市供暖等普遍采用较低的价格。这种价格水平虽然体现了城市公用事业的公益性，但是却忽略了其资源稀缺性的特点，没有体现城市公用事业产品稀缺性的商品价值。

例如水价，居民生活水费支出一般仅占家庭收入的1%以下，工厂企业水费支出一般仅占工业产品成本的0.1%—0.4%。世界银行或其他国际贷款机构，一般采用居民水费支出占家庭收入的比例不超过3%—5%作为现实可行的指标。根据国外资料分析，水费支出占家庭收入的比例不同时，对居民心理的影响或其承受能力不同。水费占家庭收入的1%时，对居民心理影响不大；当水费占家庭收入的2%时，居民有一定影响，并开始关心用水量；当水费占家庭收入的3%时，居民比较重视用水，并注意节约用水；当水费占家庭收入的5%以上时，对居民心理影响很大，并考虑水重复利用问题。因此，从体现稀缺性角度出发，我国现在制定的水价明显偏低，价格合理上涨存在一定的空间。

针对城市公用事业产品的资源稀缺性特点来说，应该积极实行节约资源。目前的价格体现不了资源的稀缺程度，不利于形成节约意识。资源短缺问题如果得不到有效解决，将会阻碍城市和经济社会的快速发展。

六　价格结构不合理

我国城市公用事业价格结构不合理具体表现在两个方面。

（一）公用事业定价方法缺乏灵活性

长期实行单一制定价成本加成定价法，各级政府的价格部门主要是用被管制企业上报的成本作为对城市公用事业产品或者服务的定价依据，这种成本一般是特定区域公用事业企业的个别成本，并不是合理的社会平均成本。实行单一制定价存在一些缺陷。

第一，自来水、电、气和交通等在使用时的需求量在不同时间、不同季节存在高峰期和低谷期。而且其中电、交通供给量不能随需求量变化而灵活变化，产品供给弹性很小，对即时需求依赖性很强，具有不可储存性。这类产品在定价上应该按不同时间实行峰谷平定价，以调节供求平衡。而现行的价格只有工业用电实行峰谷电价，部分居民用水、电、气实行阶梯式定价，其他都实行单一定价。单一制定价表现为价格的线性形式，没有将单价与消费量、消费时间、机器设备的利用状况等的不同相联系，因此，很容易出现在高峰时段供应不足，而在低谷时段供应过剩的现象。单一制定价显然不利于调节不同时间上的供需矛盾，造成高峰期出现拥挤现象，低谷期设备闲置。另外，单一制的定价也没有反映出时间和季节性的差别。

第二，城市公用事业还具有资源的稀缺性，如水、电、气，都需要节约使用，这就需要在价格上按照不同使用量进行阶梯式定价，以达到节约资源目的。随着我国居民生活水平的提高，居民生活中对于城市公用事业产品和服务的使用量将会大幅度增加。居民生活用电是未来一段时期我国电力市场上最有潜力的增长点之一。城市缺水现象也日趋严重，水资源短缺与用水浪费并存。这种单一制水价的价格结构不利于水资源的节约利用。目前的定价方法助长了用水浪费现象，因为用水越多意味着享受的社会福利越多，而付出的水费代价却很小。这也是造成许多水资源短缺地区用水效率低下、浪费现象严重的根源之一，同时造成供水成本增加，企业亏损加剧。近年来，由于干旱缺水和水源污染等原因，城市水源有距离城市越来越远、水质下降的趋势，这就使城市供水和水处理的边际成本不断增加，目前的水价无法反映单调递增的边际供水成本。而且由于城市化水平的提高，城市需水量也迅速增加，目前的水价的水费收入显然已无法弥补快速增长的成本支出，结果导致政府的财政补贴逐年增多，而供水行业却仍然处于亏损的状态，不利于供水事业的发展，更不利于水资源的优化配置与合理使用。我国是人均资源贫乏的大国，节约资源对我国经济发展具有重大意义，针对居民城市公用事业产品和服务使用量节节攀升的状况，应利用价格杠杆进行调控，增强居民的节约资源意识。

第三，电力和交通等部分城市公用事业产品的生产经营要注意其安全性。如电，由于居民生活用电具有时间性强、季节性强、负荷率低、随意性大等特征，大幅度增长的居民用电无疑会给电力市场的安全稳定运行带来一定压力。因此，在保证居民生活用电供应的前提下，如何提高用电效率、稳定用电负荷、促进电网安全等问题就显得尤为重要。交通运营也需要保证它的安全性，避免高峰时期人们过度拥挤，造成严重超载的发生。这就需要运用价格杠杆调整它们的峰谷。

第四，由于城市公用产品具有公益性，政府给予一定补贴，过多使用会挤占社会福利，拉大城市贫富差距，造成福利分配不均。例如，在我国收入较为平均的时期，单一计量水价被视为一种全民享有的社会福利，带有浓厚的"福利"色彩。但近些年来，随着经济的发展，我国城市居民之间的贫富差距不断拉大。高收入者为了追求更高的生活质量，对生活用水的消费会远远大于低收入者的用水量，以满足其日益多样化的用水需求，目前的水价虽然各地都已采取了阶梯定价方式，但由于起步阶梯区间过于宽松，各区间之间差距不合理，远未达到调节消费、节约资源的目的，已不适应当前经济发展的形势，也仍然存在高收入者过多地侵占用水福利的不公平现象。

相对于单一计量水价的缺陷，阶梯式计量水价具有补偿成本、合理收益、节约用水、公平负担等优点。从2002年开始，深圳、厦门等城市已陆续对居民生活用水实行了阶梯式计量水价，之后全国部分城市相继实行了阶梯式计量水价，但还没有全部实行，而且工业用水、商业用水大都实行单一计量水价制度。

（二）部分公用产品实行差别定价，但差价关系不合理

例如，电价当中的工业用电在实行峰谷电价时，现行峰谷分时电价实施中存在以下三个方面的问题。

第一，峰谷价格差幅小，没有完全达到削峰效果。现行办法规定，高峰时段电价和低谷时段电价按基础电价分别上浮50%和下浮50%左右，平段电价按基础电价执行。由于差别不太大，没有完全调动居民削峰的热情，刺激作用有限。从国外情况来看，部分发达国家的峰谷价比已经达到8—10倍，这种强大的刺激使电力使用者更愿意改变平常的用电习惯，从而充分发挥价格杠杆作用，达到"削峰填谷"的目的。

第二，时段划分缺乏灵活性，高峰时段仍然集中，负荷压力大。峰谷时段的划分是根据日负荷曲线的特点估计得到的，其理论依据尚不够全面、科学。同时，峰谷时段的划分没有充分考虑地域、季节及丰、枯水期的差别。目前，峰谷分时电价还只分为峰谷两个时段，时段长，缺乏灵活性，不能准确地反映发电成本和供电成本的变化及电力市场的需求状况。

第三，发电企业与供电企业之间的利益难以平衡。推行峰谷分时电价，发、供电企业之间的利益不一致。低谷电力市场消费量扩大，当上网电价固定时，发电企业多发多得。同时，电网缩小了负荷峰谷差，使运行成本降低。对供电企业来说，由于售电成本增加，售电量增加时，收益却没有增加。

与此类似的还有水价，在划分水量时存在不合理性。起始分段水价制定恰当与否，对阶梯式水价的成功与否有很大的决定作用。起始分段水量核定过多，起不到督促居民节水的作用，用水量过少，又会影

响居民的正常生活。而要使阶梯式水价达到促进资源优化配置以及回收水资源的开发运行成本的效果，必须严格控制初始分段的用水量。

另外，由于社会压力，起始分段的水量必须能保证家庭的基本用水量。根据国际基本用水标准，人均每天用水一般在25—30升范围内。也就是说，对于三口家庭，相当于每月4立方米左右。但是，在实际执行中，其实分段的用水量往往制定得过高，基本上无法起到促进节约用水、提高水资源利用效率的目的。阶梯式水价对促进水资源保护和水资源可持续利用的优势也无法发挥。

七　定价方法的科学性有待于完善

我国的城市公用事业一般由国家垄断经营，价格由政府直接定价或者批准。政府在制定公用事业价格时，既要考虑城市公用事业的公益性，又要保证企业有合理的利润，还要考虑价格对国民生活的影响，是否可以增进社会的福利，导致价格的调整并不能真正反映市场的供需和居民的生活需求。

我国城市公用事业没有明确的定价办法和标准，在实际工作中的定价原则和方法主要是参照《中华人民共和国价格法》第二十一条及相关法律规定，针对性不强且可操作性差，主要体现在以下四个方面。

第一，在制定和调整公用事业价格时，对如何协调企业利益、消费者利益和政府财力三者之间的关系没有明确界定。

第二，公用事业价格应以完全成本还是不完全成本作为定价依据没有明确界定，导致以不同成本定价监管的效果差别很大。

第三，没有明确规定公用事业的合理利润率标准。根据《中华人民共和国价格法》，政府定价或指导价格原则上按社会平均成本定价，价格的制定以实现激励企业提高效率、降低成本、社会福利最大化为目标，但是，目前我国价格制定缺少合理价格形成的基础，价格也没有起到促使企业降低成本、提高效率的作用。

第四，未能积极和合理利用市场对价格的调节作用，城市公用事业价格总体上相对稳定而单一，对企业而言缺乏差异和激励，价格上限、标尺竞争等市场化定价方法并不成熟，不仅使企业在定价中缺乏自主性，还影响着城市公用事业价格市场化的进程。

第五章　国外城市公用事业价格改革经验借鉴

发达国家在价格监管的具体实践中具备完善合理的法律体系，拥有健全严格的监管与监督机制，并根据本地的实际情况实行多种价格监管方法，例如实行激励性价格监管，在非自然垄断环节上放松监管，引入竞争机制，促进企业降低成本，提高效率。在价格监管结构上采取灵活多样的差别化价格监管，反映城市公用事业在消费量与成本等方面的区别，并调节供需，节约资源。同时，国外的消费者参与程度也很高。这些经验都值得我国借鉴。

第一节　完善的法律体系

发达国家的城市公用事业和公用产品价格监管模式改革有一个鲜明特点："以立法为先导。"在政府重大改革措施出台之前，颁布公用事业监管改革法规，明确规定改革的目标模式、主要内容和步骤等问题，使监管体制改革具有明确的法律依据，避免在改革中出现"无法可依"的混乱现象。

一　美国

美国没有专门的公用事业价格法，有关公用事业定价的法律规定散见于各个公用事业管制的法律法规当中。但是，美国对公用事业定价的形成机制和监管体制是比较完善、独立的。联邦和各个州各自在职权范围内根据宪法对各类公用事业的价格监管立法，建立了相对健全的对公用事业进行价格监管的法律体系。同时，在对公用事业定价的监管体制上，美国在联邦和州单独设立独立的监管委员会。各委员会通常由 5—7 名中立的委员组成，委员会下设担当行政事务的秘书处和反映消费者意见的听证会等组织。联邦政府的公用事业价格监管机构有通讯委员会、能源委员会等。州政府的监管机构有公用事业委员会（Public Utilities Commission，有些州称为公共服务委员会，Public Service Commission）等，州政府以下的行政区域有的设置了权力比较有限的管制机构。这样，美国在上下级政府管理要求相一致的情况下，州及州以下的行政区域各自管理辖区内的公用事业价格，而联邦政府则管理州与州之间的公用事业价格。

根据美国法律的规定，公用事业委员会兼具准立法、准司法和行政的职能，以使其能有效地建立和执行行政管制。公用事业委员会被授予管制公用事业的利润、价格和服务水平，并监督执行情况。通常，公用事业委员会并不直接决定公用事业服务价格，而是确定公用事业公司的利润率，再由公用事业企业根据利润率具体决定某种服务的价格。为了防止可能出现的偏差，公用事业委员会有权检查监督公用事业公司确定价格的过程和价格是否适当。

以美国水价为例，美国政府水价监管政策规定，水务公司既不能盈利也不能亏损，但要保证水务公司的全成本收回（包括制水、处理、储存、配送和债务成本、资本支出、遵守监管要求提高所带来的成本及其他运营维护成本）。美国水价制定的总原则是全成本收回，全成本包括运营成本和资本成本。前者主要是指企业年运营和维护成本；后者是指企业投资资产回报。在该原则下，水务公司在制定水价时还要遵循合理利润原则、用户公平负担原则和提高资源配置效率原则等。每个工程分别制定自己的价格，水价制定的方法有服务成本定价、支付能力定价、机会成本定价、边际成本定价和市场需求定价等，不同工程、不同用户、不同用水类型的水价制定方法不同，但普遍采用服务成本定价法。

二　英国

英国关于公用事业的价格监管并没有统一综合的机构进行执行，实际上，由非政府公共机构来负责对公用事业企业行政监管的执行和具体落实。因此，英国政府通过立法确定了各类公用事业企业监管机构的地位，以更有利于保障消费者的权益。

英国对公用事业的改革是以电信业为开端、以立法为先导的。2003年通信法取代了1984年英国电信法而成为英国电信管制的根本性法律文件。新法确立了电信监管机构（OFCOM）的法律地位，并依据欧盟的管制框架新指令对英国的电信监管体制进行了其他重大革新。英国政府于2000年出台新的公用事业法，重新组建两个行业的监管机构：天然气与电力市场办公室（OFGEM）和水务监管机构（OFWAT）。前者的主要任务是促进行业竞争，保护消费者利益，监管输气管网的垄断收费业务等；后者的主要任务是促进水务行业竞争，保护消费者利益等；英国水务行业的私有化过程是以系统的政府立法为先导，使私有化具有法律依据和实施程序。目前，英国实施的《水法》强调水资源的可持续利用，其指导思想是保证英国有可持续发展的水源。这些法律法规相继对英国的电信、煤气、自来水、电力等主要基础设施产业进行重大改革，逐步建立起公用事业价格监管的严密法律制度体系。这些法律同时规定，各个公用事业分别建立一个法定的独立的政府监管机构，由负责各行业的国务大臣委任一名总监，担任监管办公室主任。通过立法确立公用事业特许经营企业法人的独立地位，引入市场竞争机制，开放广阔的市场，刺激企业自主提高生产效率，争取经济效益，并在一定程度上保障社会公民的基本福利，推动社会的稳定发展。

三 日本

在日本，对公用事业进行了专门的立法，同时也设立了专门的公用事业价格监管机构：各级政府主管部门和高层次会议。各级政府主管部门主要是物价局、经济企划厅、运输省和通产省，高层次会议主要是物价问题阁僚会和物价稳定政策会。公用事业定价的程序是先由公用事业企业按照政府制定的定价原则做好调整方案并提出申请；再由政府主管部门对调节方案进行审核，召开价格听证会，做出价格决策；最后由企业负责向社会公布和实施。

日本对公用事业没有规定具体的定价方法，但有一个总原则：总成本定价是指在保证公用事业有效经营中用一定的成本加上合理的利润。此外，日本还会对具有不同生产特点、消费特点的不同公用事业产品规定不同的销售价格形式，例如，在公共交通领域采取了单一价格形式，而在电力、煤气、水等公用事业领域则采取了两部制定价格形式。以日本的水价制度为例，日本的水费由固定费用和变动费用两部分组成，即消费者超过规定的基本用水量后就对其实行阶梯收费方式，如果消费者用水量越多，收费率就越高，这样，水费就随着使用量的增加而动态增加。

四 德国

德国公用事业价格改革以立法为先导。以电信业为例，1989年，德国将邮电业拆分为电信、邮政和邮政银行三个部分，同时开放电信业的终端设备市场和文本、数据传输业务市场；1992年开放了移动通信市场，引入了数字移动通信业务；1994年成立电信股份有限公司，允许私人购买其股份；1996年颁布了《电信法》，以法律制度确立电信业改革的权威性和正当性，并建立了专门的监管机构即邮电管制局，负责电信业的市场价格监管。2004年6月22日，德国议会通过了2004年《电信法》(Telecommunications Act, TKG)，包括所有关于通信隐私、数据保护和公共安全的规定。同时，该法第110条要求通信服务提供者自费部署实施通信监控所必需的技术设施。

德国联邦政府对公用事业的监管只有框架立法权，具体的立法权是由各州政府享有。同时，德国对公用事业进行价格监管的机构包括联邦政府的经济部和州政府的经济部。联邦政府经济部的职责是制定相关的价格管理法律法规和方针政策，直接干预价格构成，间接控制和观察、监督价格，协调地区之间的价格平衡；州政府经济部的职责是听从联邦政府经济部有关价格的指示，在本州范围内制定价格政策；反卡特尔局独立行使价格监督职能。

第二节 健全的监管与监督机制

尽管发达国家公用产品价格监管机构的设置不尽相同，但在职责权限划分上却存在明显的共性,健全完善的监管和监督机制是城市公用事业实现社会福利的最大保障。国外的经验表明,拥有独立的监管机构可以确保公用事业服务的透明性和可问责性。

一 独立监管机构

美国和英国的监管机构都可以称为独立监管机构,因为它们在组织机构与人员、经费等方面都相对独立。独立的政府监管机构是城市公用事业有效监管的条件。既有利于确保独立监管机构有相应的监管权力,实现集中监管;也有利于避免独立监管机构受到其他因素的干扰,特别是政治干扰。

美国公用事业政府监管是一种"分层监管模式",联邦和州分别设立监管机构。联邦监管机构旨在通过对联邦范围内公用事业与公共服务的监管,确保全国性公用事业服务的透明性与可问责性。例如,联邦邮政监管委员会负责对全美的邮政服务进行监管;联邦核能委员会主要监管对象是全美核能的安全使用。美国各州内公用事业的独立监管机构具有悠久的历史,监管范围随着经济社会发展而不断扩展。州公用事业监管机构的职责是监管电话、电缆通信服务,电力、煤气、石油和其他设施的企业,目的是保护消费者权益。由于历史和发展路径不同,目前美国各州公用事业监管机构的名称并不统一。亚拉巴马、阿肯色、特拉华、佛罗里达、佐治亚等21个州称为"公共服务委员会",阿拉斯加、科罗拉多、新墨西哥、田纳西、印第安纳5个州称为"监管委员会";加利福尼亚、夏威夷、爱达荷、爱荷华等18个州称为"公用事业委员会";华盛顿州称为"公用设施和交通委员会"。虽然各州公用事业监管机构的名称不尽相同,但其内部构成具有一致性,一般包括两部分:①全职委员,由立法机构选举产生,由州长进行任命。各州全职委员数目不尽相同,一般为3—7名,任期为4—6年。比如,密西西比州公共服务委员会全职委员是3名,都由立法机构选举产生,每届任期4年;阿肯色州公共服务委员会全职委员3名,由立法机构选举后经州长任命产生,每届任期6年;阿拉斯加州监管委员会由5名全职委员构成,一届任期6年;亚拉巴马州公共服务委员会由3名全职委员组成:1名主席和2名州范围内选举的副手，每一个委员任期4年。②雇佣职员。雇佣职员包括行政性法律专家、工程师、财政分析家、电讯专家、税收分析家、专职律师、行政人员、消费者权益保障人员以及支持性职员（部门内的行政人员等）。这些雇佣职员又都归属到公用事业监管机构内的不同部门中。

英国对公用事业的监管由一个非政府部门公共机构来行使，而不是一个政府机关，这个机构是以总监为首脑的一个办公室。英国非政府公共机构主要是相对于中央政府及其组成部门的外围组织而言的。所有的公共机构对于中央政府部门以及议会控制而言，都享有相当程度的独立性。英国独立监管机构的组成人员在专业方面也有特殊要求，如大多数总监长期身为经济学家或者会计师，其中有些人还做过多年的学者。其他工作人员大部分都是各方面的通才，另外还有相当数量的经济学家、会计师、工程师和科学家。

二　对监管机构进行约束

不少国家都通过建立对监管机构的监督约束机制以保障有效监管的实施。对于城市公用事业监管来说，建立约束监管机构监管行为的制度，包括规范立法约束程序、建立行政约束机制、健全司法审查机制和完善社会监督机制对有效监督体系的构建是极其重要的。

发达国家大多通过健全和遵循开放、透明的监管程序，建立了对监管者的监督约束机制。在英国，城市公用事业的监管机构除各行业监管办公室外，还包括竞争委员会这个对所有行业都拥有监管权力的综合监管机构。如果各行业的监管者和被监管企业在修改经营许可证条款等方面发生冲突，企业可以向竞争委员会求助。如果竞争委员会发现实际状况没有违背公共利益，监管者就不能变更被监管企业的经营许可证条款。竞争委员会拥有大约30名兼职成员（他们大多来自商业、法律、学术界等专业部门）和1名全职政府雇员。在每起公用事业冲突案件中，竞争委员会将会挑选任命4—6个委员会成员进行处理和裁决。

德国各公用事业虽然没有自己独立的监管机构，但采用了一种综合的监管模式，建立一个综合的监管机构。对于公用事业监管，联邦政府的职责主要是制定相关监管法律，具体监管职能交由独立监管机构以及各州依法实施，最为重要的两个监管机构是联邦网络服务署和联邦卡特尔局。两者之间建立了监管分工和合作机制，联邦网络服务署从行业和网络角度进行跨行业监管，联邦卡特尔局则主要从企业行为和市场竞争角度开展专业化监管。

第三节　科学合理的价格监管

国外城市公用事业价格监管变革以美国、英国等发达国家较为典型，基本上经历了从严格监管到以激励性监管和放松监管、引入竞争为主要内容的价格监管改革的转变。

一　英国水价监管

英国是开展水价制度改革比较早的国家，对水价的管理处于世界前列。英国的水价由水务监管局管理，通过制定价格上限的方式对水务公司收取水费，从而实现水资源使用的宏观调控。英国水价管理的特点是定价机制科学，明确反映成本，价格调整及时，水价还包括排污控制和污染防治费用。

例如，负责英格兰和威尔士地区经济监管的机构是水务办公室，该部门于1989年成立，是一个非部委的政府机构，直接向英国议会和威尔士议会负责，其工作独立于政府。目前的正式名称是水务监管机构（WSRA）。总部位于伯明翰，现有人员约200人。该机构的运行管理经费主要来源于水务公司缴纳的特许经营执照费，执照费由水务公司缴纳给政府，然后通过财政拨付。该机构是英格兰和威尔士水务行业私有化后代表政府对水的价格进行宏观调控的最重要机构。其主要职责和任务是保证当地水务公司履行法律职责，其主要工作包括：设定最高供水价格，以保证英格兰和威尔士地区的水务公司能为该地区用户以合理的价格提供优质高效的供水及排污服务；使水务公司能够正常融资；保护消费者利益；提高经济效率；促进有效竞争。具体工作包括：确定水价原则，颁布水价费率标准，审批各水务公司上报的水价；监督水务公司的财务和投资；每五年一次对水价进行评估和调整水价上限和幅度，规定下一个五年的服务职责；对水务公司的服务确定量化指标进行评估和监管，定期公布各水务公司服务状况和水平等。

关于水价调整，先由各水务公司向水务办公室提交一份资产管理计划，请求批准其所希望设定的价格界限。最后由水务办公室确定。价格调整的主要参考因素是：通货膨胀率的变化、水务公司当前的工作效率和对未来效率的预期、未来达成的协议中包括资本投入在内的职责及法定义务（如遵守新的环保标准进行的额外资本投资）的影响、公众希望减少对改进服务的支出费用、供求关系可能产生的影响等。

就伦敦地区的水价构成而言，以该地区最大的供水公司——泰晤士水务公司为例，其制定的水价主要采用两种计价方式：按水量表计价和按财产计价。计量水费的主要构成是按年计算的基费和按用水量计算的容量费以及环境服务费。基费主要包括供水基费和排水基费以及环境服务费等。按财产计价方式通常按住房类别计价收费，以不同的居住地位置分为一般、最高和最低三个等级。这种计价方式的水费构成主要包括供水费、排水费和环境服务费。

从2016年4月1日泰晤士水务公司提供的账单看，对于没有水表的用户，泰晤士水务公司根据用户的房屋课税价值乘以当地费率来确定水费，对于供水服务和污水处理服务制定有不同的费率，并且不同的地方费率也不相同（见表5-1）。费率与用户的房屋课税价值相关，与用水量及人数无关，房屋课税价值是由当地政府决定的，房屋课税价值考虑的因素包括房子的规模、条件及服务的可用性。例如，某用户的房屋课税价值是250英镑，费率是79.12%，那么他的水费是250×79.12%，即197.80英镑。污水处理服务的费用与水服务的计算相同，如果用户的财产只有地表水排水，就不需要按污水处理费率支付固定费用每年46.10英镑。

表 5-1　　　　　　　不同地方政府区域的用水费率

地方政府区域	水（便士）	废水（便士）
Aylesbury Vale	109	78.12
Barking & Dagenham	71.22	51.24
Barnet	77.73	54.83
Basingstoke & Deane	91.49	67.17
Bexley	79.34	55.57
Bracknell	N/A	67.17
Brent	71.22	51.24
Brentwood	N/A	54.83
Bromley	79.34	55.57
Broxbourne	77.73	54.83
Camden	71.22	51.24
Cherwell	109	78.12
Chichester	91.49	67.17
Chiltern	79.12	56.82
Cotswold	109	78.12
Crawley	N/A	67.17
Croydon	79.34	55.57
Dacorum	79.12	56.82
Dartford	79.34	55.57
Daventry	N/A	78.12
Ealing	79.12	56.82
East Hampshire	N/A	67.17
East Hertfordshire	77.73	54.83
Elmbridge	91.49	67.17
Enfield	77.73	54.83
Epping Forest	77.73	54.83
Epsom & Ewell	79.34	55.57
Gravesham	79.34	55.57
Greenwich	79.34	55.57
Guildford	91.49	67.17
Hackney	71.22	51.24

续表

地方政府区域	水（便士）	废水（便士）
Hammer Smith & Fulham	71.22	51.24
Haringey	77.73	54.83
Harlow	N/A	54.83
Harrow	N/A	56.82
Hart	91.49	67.17
Havering	N/A	51.24
Hertsmere	N/A	56.82
Hillingdon	N/A	56.82
Horsham	91.49	67.17
Hounslow	79.12	56.82
Islington	71.22	51.24
Kennet	91.49	67.17
Kensington & Chelsea	59.47	35.68
Kingston	79.34	55.57
Lambeth	79.34	55.57
Lewisham	79.34	55.57
City of London	59.47	35.68
Luton	N/A	54.83
Merton	79.34	55.57
Mid Sussex	N/A	67.17
Mole Valley	91.49	67.17
Newbury	91.49	67.17
Newham	71.22	51.24
North Hertfordshire	N/A	54.83
North Wiltshire	109	78.12
Oxford	109	78.12
Reading	91.49	67.17
Redbridge	71.22	51.24
Reigate & Banstead	91.49	67.17
Richmond	79.34	55.57
Runnymede	N/A	67.17
Rushmoor	N/A	67.17
St Albans	N/A	56.82

续表

地方政府区域	水（便士）	废水（便士）
Sevenoaks	79.34	55.57
Slough	79.12	56.82
South Bedfordshire	N/A	56.82
South Buckinghamshire	79.12	56.82
South Northamptonshire	N/A	78.12
South Oxfordshire	109	78.12
Southwark	79.34	55.57
Spelthorne	79.12	56.82
Stevenage	N/A	54.83
Stratford	N/A	78.12
Surrey Heath	N/A	67.17
Sutton	79.34	55.57
Swindon	109	78.12
Tandridge	79.34	55.57
Tewkesbury	N/A	78.12
Three Rivers	N/A	56.82
Tonbridge & Malling	N/A	55.57
Tower Hamlets	71.22	51.24
Uttlesford	N/A	54.83
Vale of White Horse	109	78.12
Waltham Forest	71.22	51.24
Wandsworth	79.34	55.57
Watford	N/A	56.82
Waverley	91.49	67.17
Welwyn Hatfield	77.73	54.83
Westminster	59.47	35.68
West Oxfordshire	109	78.12
Winchester	N/A	67.17
Windsor & Maidenhead	91.49	67.17
Woking	N/A	67.17
Wokingham	91.49	67.17
Wycombe	79.12	56.82

注：N/A 表示缺数据。

资料来源：泰晤士水务公司（Thames.Water）。

确定费率之后,水费总额中还包含一部分固定费用,固定费用主要有制定账单费、处理付款费用、债务管理和咨询费用,对于污水处理用户,还包括提供表面排水和公路排水的费用。对于家庭用户,水务服务的固定费用是 31.3 英镑,污水处理固定费用是 55.05 英镑。如果用户没有连接公司的地面排水系统,可以减少 26.19 英镑的污水处理固定费用,也就是 28.86 英镑。

对于有水表的用户,水费的多少取决于用水量和固定费用,泰晤士公司以立方米为单位对于水量进行测量和收费,2016 年,每立方米水为 128.37 便士,用于废水是每立方米 81.60 便士。固定费用包括读水表费、制定账单费、处理付款费用、债务管理和咨询费用,固定费用还包括维护和更换水表。对于家庭用户,固定收费是水务服务 20.86 英镑和污水处理服务 70.13 英镑,如果用户没有连接公司的地面排水系统,可以减少 26.19 英镑的污水处理固定费用,也就是 43.94 英镑。对于不适合或是无法安装水表的用户,还提供了其他评估家庭费用的方法,评估家庭费用方法是基于财产或卧室的数量;对于那些独自生活的人,有一个固定承担费用。具体情况如表 5-2 所示。

表 5-2　　　　　　　　评估家庭费用明细　　　　　　　单位:英镑

序号	卧室	水	废水
1	0/1	127.55	81.08
2	2	139.02	88.37
3	3	160.39	101.95
4	4	177.40	112.76
5	5	200.10	127.19
6	1(单身)	93.17	59.22

资料来源:泰晤士水务公司(Thames Water)。

此外,需要支付 31.3 英镑的水务服务固定费用和 55.05 英镑的污水处理服务固定费用。

二 美国电力价格监管

美国能源资源十分丰富,分布也较均匀。产业信息网发布的《2015—2020年中国电力生产市场评估及未来发展趋势研究报告》显示,2004年,美国发电量为4168.1太千瓦时,2014年发电量为4297.3太千瓦时,近十年来,美国发电量呈现波动性增长(见图5-1)。

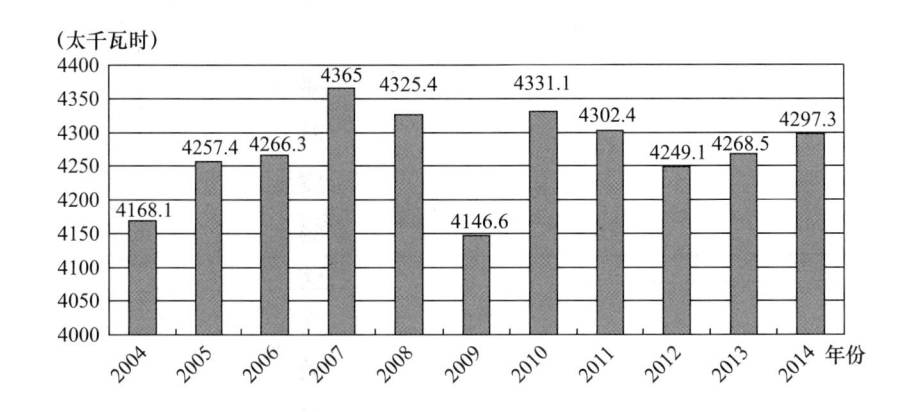

图5-1 2004—2014年美国发电量统计

资料来源:《2015年美国电力工业总体发展概况分析及市场展望》,中国产业信息网(chyxx.com),2015年10月22日。

电力体制改革之前,美国基本上是单一垄断的电力市场格局,即一个地区只有一个电力公司生产、输送、零售电力并负责系统的运行调度。电价基本上是依照成本加固定毛利率核定,这种模式使传统的电力公司很难有积极性去改善电厂的运营效率。经过多次改革,美国电力市场打破了单一垄断格局,引入了市场竞争机制。不仅对于不同的用户有不同的用电价格,不同的州根据各自市场的需求和供给情况可以单独定价。由表5-3可以看出,近十年来,居民用户用电价格最高,而工业用户用电价格最低,从所有部门的用电价格可以看出,美国在2006—2015年的电价浮动不大,处于稳定缓慢上升状态。

表5-3　　　　　　　　最终用户的平均电价　　　单位：美分/每千瓦时

年份	居民用户	商业用户	工业用户	交通运输	全部部门
2006	10.40	9.46	6.16	9.54	8.90
2007	10.65	9.65	6.39	9.70	9.13
2008	11.26	10.26	6.96	10.71	9.74
2009	11.51	10.16	6.83	10.66	9.82
2010	11.54	10.19	6.77	10.56	9.83
2011	11.72	10.24	6.82	10.46	9.90
2012	11.88	10.09	6.67	10.21	9.84
2013	12.13	10.26	6.89	10.55	10.07
2014	12.52	10.74	7.10	10.45	10.44
2015	12.67	10.59	6.89	10.17	10.42

资料来源：美国能源信息管理局。

从各州来看，各州电价各不相同，每个州基本上都有自己完善的电力市场，从而形成不同的价格，并且差异较大，从所有部门的用电价格来看，2016年2月1日夏威夷州电价最高，达到22.92美分，路易斯安那州最低，为7美分。

表5-4　　　　　　　　不同用户用电价格　　　单位：美分/每千瓦时

区域	居民用户 2016年2月1日	居民用户 2015年2月1日	商业用户 2016年2月1日	商业用户 2015年2月1日	工业用户 2016年2月1日	工业用户 2015年2月1日	交通运输 2016年2月1日	交通运输 2015年2月1日	所有部门 2016年2月1日	所有部门 2015年2月1日
康涅狄格州	20.68	21.88	16.14	17.41	13.54	14.26	11.63	16.13	17.96	19.32
缅因州	17.83	16.66	12.32	15.59	9.23	12.19	—	—	13.90	15.30
马萨诸塞州	19.78	21.70	15.99	17.77	13.30	14.91	8.07	8.45	17.07	18.98
新罕布什尔州	18.37	19.49	14.78	16.47	12.71	14.14	—	—	15.93	17.45
罗得岛	18.78	20.16	16.08	20.36	13.68	19.31	17.96	17.72	16.94	20.16
佛蒙特州	16.89	16.54	14.30	14.35	9.95	10.40	—	—	14.14	14.36
新泽西州	15.48	15.49	11.84	12.85	9.84	12.76	8.52	9.67	12.98	13.82
纽约州	16.76	19.78	13.35	15.96	6.09	7.83	11.74	13.23	13.63	16.34
宾夕法尼亚州	14.02	13.04	9.58	9.96	7.05	7.98	8.26	8.84	10.58	10.73

续表

区域	居民用户 2016年2月1日	居民用户 2015年2月1日	商业用户 2016年2月1日	商业用户 2015年2月1日	工业用户 2016年2月1日	工业用户 2015年2月1日	交通运输 2016年2月1日	交通运输 2015年2月1日	所有部门 2016年2月1日	所有部门 2015年2月1日
伊利诺伊州	11.94	11.90	8.48	8.73	6.35	6.64	6.49	7.72	8.96	9.23
印第安纳州	10.53	10.63	9.41	9.63	6.54	6.70	9.67	9.43	8.58	8.83
密歇根州	14.88	13.77	10.59	10.43	6.69	7.11	11.21	11.35	10.88	10.56
俄亥俄州	12.03	12.04	9.84	9.87	6.82	6.80	7.33	11.96	9.73	9.87
威斯康星州	14.09	13.85	10.81	10.78	7.64	7.76	14.55	—	10.79	10.83
爱荷华州	10.94	10.69	8.56	8.31	5.25	5.41	—	—	7.79	7.80
堪萨斯州	12.57	11.72	10.25	9.67	7.45	7.45	—	—	10.22	9.81
明尼苏达州	12.14	11.58	9.51	8.97	7.03	6.84	10.00	9.19	9.72	9.25
密苏里州	9.23	9.37	8.13	7.96	6.07	5.62	6.32	6.54	8.33	8.25
内布拉斯加州	9.83	9.69	8.56	8.47	7.20	7.04	—	—	8.60	8.45
北达科他州	9.41	8.70	8.96	8.30	8.27	8.68	—	—	8.83	8.57
南达科他州	10.34	10.24	8.90	8.80	7.13	7.16	—	—	9.15	9.10
特拉华州	12.99	13.50	10.66	11.00	7.98	10.28	—	—	11.21	12.09
哥伦比特区	12.78	13.14	12.43	11.61	9.07	8.04	9.78	8.67	12.41	11.68
佛罗里达州	11.34	12.09	9.64	10.24	7.73	8.52	8.88	9.55	10.37	11.06
格鲁吉亚州	10.52	10.74	9.47	10.21	5.06	6.12	4.28	5.06	8.91	9.55
马里兰州	13.98	13.14	10.96	11.59	8.33	10.01	7.93	9.59	12.24	12.29
北卡罗来纳州	10.77	10.68	8.70	8.59	6.01	6.29	7.97	7.89	9.16	9.17
南卡罗来纳州	11.90	12.03	10.09	10.34	5.67	6.11	—	—	9.38	9.60
弗吉尼亚州	10.89	11.01	8.15	8.53	6.69	7.27	7.60	8.37	9.27	9.53
西弗吉尼亚州	10.68	9.15	9.47	8.06	6.55	5.91	—	—	8.98	7.85
亚拉巴马州	11.50	11.23	10.95	11.15	5.34	5.96	—	—	9.03	9.36
肯塔基州	9.71	9.57	9.31	9.24	5.22	5.53	—	—	7.99	8.08
密西西比州	10.32	11.06	9.82	11.06	5.60	6.69	—	—	8.61	9.66
田纳西州	9.61	9.85	9.77	10.08	5.53	6.14	—	—	8.83	9.20
阿肯色州	9.13	9.09	7.97	7.91	5.49	5.76	8.52	11.57	7.63	7.74
路易斯安那州	8.47	8.81	8.42	8.75	4.72	5.45	8.48	7.18	7.00	7.56
俄克拉荷马州	9.63	9.46	6.96	7.17	4.35	5.12	—	—	7.20	7.52
得克萨斯州	11.06	11.70	7.62	8.10	5.02	5.89	5.43	5.34	8.10	8.88

续表

区域	居民用户 2016年2月1日	居民用户 2015年2月1日	商业用户 2016年2月1日	商业用户 2015年2月1日	工业用户 2016年2月1日	工业用户 2015年2月1日	交通运输 2016年2月1日	交通运输 2015年2月1日	所有部门 2016年2月1日	所有部门 2015年2月1日
亚利桑那州	11.46	11.58	9.87	9.66	5.33	5.97	8.04	7.79	9.44	9.52
科罗拉多州	11.26	11.70	8.77	9.68	6.62	7.03	9.49	10.61	9.02	9.62
爱达荷州	9.66	9.41	7.59	7.81	5.91	5.91	—	—	8.04	7.90
蒙大拿州	10.52	10.33	9.87	10.06	4.79	5.03	—	—	8.68	8.70
内华达州	12.20	13.47	8.67	9.76	5.13	5.79	8.05	8.77	8.11	9.09
新墨西哥州	11.26	12.53	9.37	10.39	5.12	5.86	—	—	8.60	9.60
犹他州	10.61	10.47	8.29	8.31	6.02	5.78	10.05	10.05	8.26	8.01
怀俄明州	10.59	10.43	9.14	8.70	7.04	6.89	—	—	8.21	7.97
加利福尼亚州	17.69	17.15	13.81	13.98	10.41	10.68	8.75	10.20	14.53	14.39
俄勒冈州	10.37	10.43	8.88	8.87	5.90	5.79	9.21	9.15	8.86	8.78
华盛顿州	9.21	8.65	8.53	8.19	4.62	4.59	10.40	9.12	7.86	7.43
阿拉斯加州	19.84	19.31	17.64	17.33	14.03	14.58	—	—	17.64	17.48
夏威夷州	26.77	30.62	23.68	27.69	19.66	23.70	—	—	22.92	26.95

资料来源：美国能源信息管理局。

20世纪70年代石油危机以后，能源和环境问题日益受到重视，发达国家对居民生活用电基本上实行递增制，即用电越多，电价越高。美国作为阶梯电价实行较早的发达国家，其阶梯电价制度经历了几十年的不断发展和完善，已经较为完备，可作为我国阶梯电价制度进一步完善的参考。

美国从20世纪70年代中期开始实行阶梯电价收费机制，一大特点是在阶梯定价基础上对夏季和冬季实行价格双轨制：在用电需求量相对较大的夏季，电价稍高一些；在用电需求量较小的冬季，电价就稍低一些。美国电价主要包括传输费用和供应商费用两大类，传输费用又包括客户收费、配送费用、转换费、输电费用、能源费和可再生资源费，其中客户收费是固定的，不随用电量的变化而变化。所有用户都有选择供应商的权利，具有配电资格的供应商名单十分详尽，提供着各种有竞争力的供应商费用,如果用户不进行选择,可以享有基本服务。基本服务有固定价格和每月的变价两个价格选项,固定价格又分为冬季价格和夏季价格。表5-5是美国新罕布什尔州、缅因州和马萨诸塞州电力传输费用明细情况。

表 5-5　　　　　　　　电力传输费用明细情况　　　单位:美元/每千瓦时

	新罕布什尔州	缅因州	马萨诸塞州
客户收费	7.00/米·月	7.01/米·月	7.02/米·月
配送费用	0.10212	0.10212	0.10212
转换费	0.00420	0.00420	0.00420
输电费用	0.02462	0.02462	0.02462
能源费	0.00250	0.00250	0.00250
可再生资源费	0.00050	0.00050	0.00050
传输费用	0.12554	0.12554	0.12554

资料来源:http://www.unitil.com,2015年12月1日。

由表5-6可以看出,同属于新英格兰的新罕布什尔州、缅因州和马萨诸塞州只有固定的客户收费金额不同外,其余项目是相同的,这表明美国各州拥有独立的电力市场和定价权外,相同属性的地区也是趋同的,或者是统一管理的,这也体现了市场和政府调解作用的统一效果。

表 5-6　　　　　　　　供应商费用明细　　　　单元:美元/每千瓦时

	新罕布什尔州	缅因州	马萨诸塞州
固定价格			
2015年6月1日至 2015年11月30日	0.11191	0.11191	0.11191
2015年12月1日至 2016年5月31日	0.12239	0.12239	0.12239
2016年6月1日至 2016年11月30日	0.07878	0.07878	0.07878

续表

	新罕布什尔州	缅因州	马萨诸塞州
每月变价			
2015年6月1日	0.11068	0.11068	0.11068
2015年7月1日	0.11387	0.11387	0.11387
2015年8月1日	0.10961	0.10961	0.10961
2015年9月1日	0.10827	0.10827	0.10827
2015年10月1日	0.10970	0.10970	0.10970
2015年11月1日	0.11994	0.11994	0.11994
2015年12月1日	0.12763	0.12763	0.12763
2016年1月1日	0.15390	0.15390	0.15390
2016年2月1日	0.15069	0.15069	0.15069
2016年3月1日	0.10725	0.10725	0.10725
2016年4月1日	0.09401	0.09401	0.09401
2016年5月1日	0.07900	0.07900	0.07900
2016年6月1日	0.07821	0.07821	0.07821
2016年7月1日	0.08217	0.08217	0.08217
2016年8月1日	0.07908	0.07908	0.07908
2016年9月1日	0.07367	0.07367	0.07367
2016年10月1日	0.07786	0.07786	0.07786
2016年11月1日	0.08168	0.08168	0.08168

三 美国天然气价格监管

欧美国家的天然气工业经过几十年的发展，有的国家已经建立了竞争性的天然气市场，有的国家正在向竞争性的天然气市场过渡。在天然气工业发展的不同阶段，市场开放程度不同，所采取的天然气定价机制也不同。

目前，国际上天然气井口价的定价方式主要有成本加成法（正推法）和替代能源净值回推法（逆推法）两种。所谓成本加成法，是指天然气井口价格由天然气生产商的生产成本加合理利润组成，这种定价方式在垄断经营时期使用较多。该方法更多地考虑保护企业的利益，并不考虑终端用户是否愿意选择使用天然气，并且不适合天然气储量有限且成本较高的国家。所谓替代能源净值回推法，是指计算天然气井口价格时，不考虑生产商的生产成本，首先根据最终用户使用的天然气替代能源（石油、煤、电等）价格确定天然气终端用户的价格，然后采用倒推法，减去终端用户与井口之间的天然气有关成本（包括运输、配送、负荷及管理等），从而得出最终井口价格。这种定价方式更多地考虑消费者的利益，在消费者有较大选择空间的情况下，这种定价方法更可行。

美国长期以来就是天然气的生产和消费大国，其国内有广泛和深入的天然气物流和贸易基础，在天然气定价中，较好地将两种定价机制结合在一起，已经建立了成熟完善的天然气短期交易市场，是世界上最大的、真正竞争性的天然气市场。其中，大量天然气通过短期合同进行现货交易，交易签订的合同价格主要是通过市场交易中心，由众多买方和卖方竞争形成。通过长期合同交易的天然气，价格主要以公布的现货或者期货价格为依据，而现货市场和期货市场的价格则由市场供求关系决定。进口管道气和LNG的价格通过交易中心价格倒算得到，因此，交易中心的价格是天然气产业链各环节价格的联结点。通过这种方式，美国成功地实现了天然气价格的市场化。

从供给来看，近几年来，美国天然气的产量丰富，不仅能够满足需求，也有利于天然气价格的稳定。从全国范围来看，美国天然气的产量是庞大的，从美国各个州的产量来看，各个州的天然气产量相差较大，新墨西哥州是天然气产量最丰富的，蒙大拿州的产量相对匮乏。但是，从纵向来看，各个州每年的天然气产量都比较稳定（见表5-7）。

表5-7　　　　2011—2015年市场生产的天然气分布情况

单位：百万立方英尺

年份	阿拉斯加州	加利福尼亚州	堪萨斯州	蒙大拿州	新墨西哥州	北达科他州	俄亥俄州
2011	356225	250177	309124	74624	1237303	97102	78858
2012	351259	246822	296299	66954	1215773	172242	84482
2013	338182	252310	292467	63242	1171640	235711	166017
2014	345331	252718	286080	59930	1180808	326537	518767
2015	343430	222680	292450	57218	1247083	460406	1014848

资料来源：美国能源信息管理局。

从需求方面来看，美国天然气不同区域的价格是各不相同的，这也是市场机制调节作用的结果。从横向来看，美国各个州的民用天然气年均价格相差很大。2015 年，价格最高的是夏威夷州，达到 40 美元/千立方英尺；最低的是伊利诺伊州，价格为 7.95 美元/千立方英尺，可见相差之大。从纵向来看，每个州相对 2014 年价格都有所浮动，但幅度不大，基本维持稳定（见表 5-8）。

表 5-8　2014—2015 年不同区域民用天然气平均价格

单位：美元/千立方英尺

年份	亚拉巴马州	阿拉斯加州	亚利桑那州	阿肯色州	加利福尼亚州	科罗拉多州	康涅狄格州	特拉华州	哥伦比亚特区
2014	14.59	9.11	17.20	10.39	11.51	8.89	14.13	13.21	13.05
2015	13.95	9.68	17.04	11.20	11.38		12.47		12.52

年份	佛罗里达州	格鲁吉亚	夏威夷州	爱达荷州	伊利诺伊州	印第安纳州	爱荷华州	堪萨斯州	肯塔基州
2014	19.02	14.45	47.51	8.54	9.59	9.02	10.02	10.59	10.62
2015	19.29	15.06	40.00	8.62	7.95		8.49		10.94

年份	路易斯安那州	缅因州	马里兰州	马萨诸塞州	密歇根州	明尼苏达州	密西西比州	密苏里州	蒙大拿州
2014	10.89	16.90	12.21	14.50	9.33	9.89	9.49	10.83	9.11
2015	10.71		12.05		8.78	8.84	9.71	11.59	8.21

年份	内布拉斯加州	内华达州	新罕布什尔州	新泽西州	新墨西哥州	纽约州	北卡罗来纳州	北达科他州	俄亥俄州
2014	8.77	11.44	16.27	9.69	10.13	12.54	11.88	8.86	10.16
2015	8.94	11.82		8.37	8.58	11.20			9.49

年份	俄克拉荷马州	俄勒冈州	宾夕法尼亚州	罗得岛	南卡罗来纳州	南达科他州	田纳西州	得克萨斯州	犹他州
2014	10.10	11.72	11.77	15.14	12.65	9.27	10.13	11.16	9.48
2015	10.26		14.23			8.21	9.69	10.65	9.72

年份	佛蒙特州	弗吉尼亚州	华盛顿州	西弗吉尼亚州	威斯康星州	怀俄明州
2014	14.68	12.07	10.59	10.21	10.52	9.34
2015	14.56	11.58	10.61	10.46		9.19

资料来源：美国能源信息管理局。

此外，美国的天然气不仅在各个区域价格不同，对不同的天然气用户也区别定价，美国的天然气用户主要包括居民、商业、工业、发电几大类，不同的用户使用天然气的价格明显不同。总体来看，居民用户对天然气的需求比较少并且固定，价格也比较高；而发电用户和工业用户的需求相对比较大，价格也稍高（见表5-9）。

表5-9 2011—2016年全国平均天然气价格

单位：美元/千立方英尺

年份	居民用户	商业用户	工业用户	发电用户
2011	11.03	8.91	5.13	4.89
2012	10.65	8.10	3.88	3.54
2013	10.32	8.08	4.64	4.49
2014	10.97	8.90	5.55	5.19
2015	10.38	7.89	3.84	3.37

资料来源：美国能源信息管理局。

从图5-2不同天然气用户价格趋势图可以看出，2011—2015年，天然气的价格变动趋势保持一致，发电用户和工业用户的价格显著低于居民用户和商业用户。

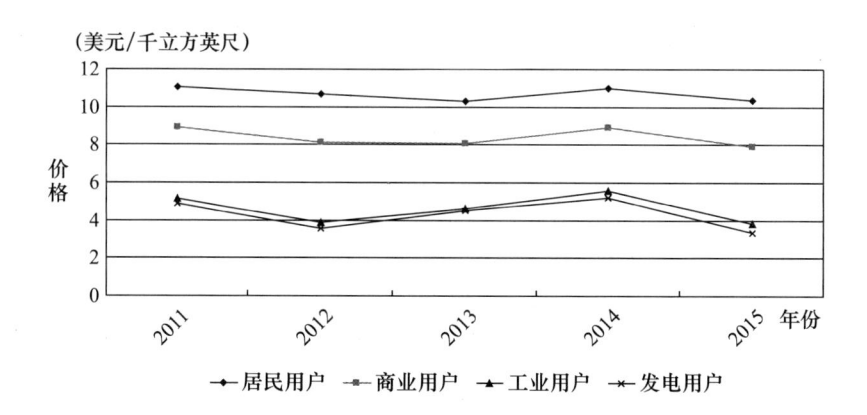

图5-2 不同天然气用户价格趋势

四 伦敦公共交通价格监管

伦敦交通管理局（TfL）是负责大伦敦地区交通系统的政府机构。主要负责伦敦地区的主要公路网络和各种轨道网络系统，包括伦敦地铁、伦敦地面轨道、道克兰轻轨和 TfL 轨道（TfL Rail）。同时，TfL 还和国家交通部（DfT）一起负责轨道之间的互联互通建设，以及建成后的特许经营管理。2015—2016 年度，TfL 的预算为 115 亿英镑，其中，40% 来自价格收费，23% 来自政府拨款，20% 来自借款，9% 来自收入，8% 来自轨道互联线路收入。尽管 TfL 预算有限，人员也紧张，但是，对伦敦地区交通价格监管还是卓有成效的。

最近几年伦敦发展迅速，尽管经济有所衰退，但是，对于交通系统的整体需求是增长的。2015 年，伦敦人口为 860 万，2015 年的人口数量比 2000 年高出 19%，比 2008 年高出 10.3%，2008 年以来的增长速度超过了市长交通战略（MTS）的预期，这也在一定程度上反映出伦敦对交通系统的需求高出 MTS 的预期。在过去的 15 年里，尽管人口快速增长，伦敦仍然经历了公共交通、行走和骑自行车的强劲增长，而汽车的使用却处于下降趋势。自 2000 年以来，伦敦实现了 11% 的需求由私人交通尤其是汽车向公共交通、走路和自行车的转变，这在任何一个城市都堪称壮举，2008 年的转移率是 3.3%。这反映出政策的一致性，鼓励公众使用公共交通、走路和自行车。

公共汽车是伦敦交通的成功典范之一，在 2000—2001 年度到 2013—2014 年度的 13 个年度中，伦敦公共汽车旅行的数量增长了 59.9%，里程数增长了 73.9%。相对于巴士服务的增长速度，对其需求相对放缓。2014—2015 年度，使用地铁的人数是有史以来最高的，超越了伦敦奥运会期间的水平。相对 2008 年，地铁里程增长了 14%，仍然不能满足需求。伦敦的人口持续增长和城市密度不断提高，从而驱动对高容量地铁模式的需求。伦敦电车最初于 2000 年开业，并且网络相对稳定，乘客里程自开业以来保持平均 4% 的增长率。在 2008—2009 年度内，伦敦地铁的乘客里程增加了 102%，火车的增长率为 143%，而 2014—2015 年度，增长率仅为 2.5%。2014 年，汽车在伦敦的千米数上升了1.8%，伦敦市中心的交通量增长了1.4，仅仅占伦敦交通的30%，而伦敦市外，交通量增长了1.9%。此外，伦敦外的交通已经连续增长3年。最近几年，在伦敦骑行已经成为潮流和趋势。2014年，在伦敦平均有645000人骑行，相比于2013年增长了10.3%，骑行不仅能够避免交通阻塞，还能够增强体魄。

2008—2009年度，伦敦交通局（TfL）已经显著降低了乘客里程的运行费用，反映了交通网络的发达和运行效率。虽然自2008—2009年度，伦敦的巴士票价一直在上升，但仍比1999—2000年度低14%；相反，英国的公共交通票价在过去十年一直在稳步上升，最近才稳定在高于1999—2000年度25%的水平。同样，虽然伦敦的地铁票价保持相对稳定，但是，英国的实际铁路票价整体上已经上升了19%。一个真实的票价指标是每千米行驶的实际支付金额，不论是巴士还是地铁，应该为乘客支付全部成人票价，包括为通货膨胀和相应的实际巴士及地铁乘客千米支付的总实际票价。2014年，平均成人复合巴士和地铁票价为20.3便士1千米，2013年也是这个水平（见表5-10）。

表5-10　　　　　　　　　公共交通票价水平　　　　　　单位：便士/千米

年份	2008	2009	2010	2011	2012	2013	2014
票价	18.8	19.8	20.0	19.9	19.9	20.3	20.3

资料来源：TfL Customer Experience。

第四节　消费者的参与程度较高

在城市公用事业监管博弈中，消费者和企业是两个不同的利益集团，它们会对政府监管者产生一定的影响力。但是，消费者个体数目多，政府监管法规对消费者造成的有利或不利影响由每个个体分散享受或承担，对个人的影响不大，所以，消费者往往缺乏为本利益集团积极努力的动力。而根据威廉姆森的利益集团理论，人数较少的小集团由于构成人数较少，更容易组织起来达成协调一致的共同行动，来维护集团的共同利益。企业这个利益集团一般规模较小，而且每个企业都能敏锐地感觉到政府监管法规对其可能造成的有利或不利影响，这就使企业利益集团容易采取共同一致的行动。因此，消费者利益集团对政府监管者的影响力较弱，而企业利益集团对政府监管者具有较强的影响力。此外，政府监管者及其实施代表官员也是"经济人"，也追求部门私利或个人利益的最大化。

英国等经济发达国家非常重视在城市公用事业建立社会监督机制，其主要政策措施包括在城市公用事业建立专业消费者组织。这些专业消费者组织主要负责与消费者直接沟通，反映消费者要求和呼声，它们在保护城市公用事业的消费者利益方面发挥了广泛的作用。

同时，也会通过建立和健全听证会制度保障消费者等利益相关者的参与和利益。美国、日本、英国、法国、澳大利亚等国家在制定和调整城市公用事业有关消费者、企业等各利益集团的政府监管法规（特别是周期性地调整价格监管政策）时，都实行听证会制度，接受社会大众的监督。其程序是：首先是力求公开，政府把某一监管法规草案公布在互联网等大众媒体上，以广泛征求社会的议评；其次是反复修改，政府将企业等各利益集团的意见加以总结，并据此对监管法规草案进行修改；再次将这些修改意见与公众见面；最后征求意见，作为制定有关法律规章的依据。

例如美国，在美国价格听证被称为费率听证，听证的主持机构是联邦或者各州的监管委员会，监管委员会是一种相对独立的机构，通过国会的立法而成立，并向国会负责。由于价格听证会要对涉及的复杂数据进行核实和计算，因此，需要较长的准备时间，一般是提前60天通告。在美国，公用事业价格听证的参与方，包括与此案件有利害关系的个人团体和按照法律规定需要通知的有关政府部门。他们鼓励更多的人参加听证会，任何人只要认为与这个案件有利益关系都可以申请参加，在一般情况下，这种申请都会获得同意。

我们应当注意到，中国对政府监管的社会监督也日益重视，但与英国等国家相比较，还存在较大差距。例如，近年来，中国各地试行的价格听证会至少存在两方面的缺陷：一是听证会缺乏广泛性和代表性，参加听证会的人员由政府主管部门指定，实行封闭式听证，难以代表社会各方的利益；二是缺乏反馈性，通常是举行一次性听证会，没有将有关信息进行反馈就正式制定有关政府监管政策。因此，听证会制度还没有发挥应有的社会监督作用。在政府监管的社会监督组织方面，中国虽然有全国性的消费者协会和地方性消费者协会，但是，还没有像英国那样在各城市建立专业消费者组织，由于中国各级消费者协会缺乏城市公用事业的专业知识，因而往往难以有效地维护消费者利益。因此，中国城市公用事业监管体制改革的一个重要内容是：建立代表消费者利益的社会监督组织，并形成有效的社会监督机制。

第六章　城市公用事业价格决策中的消费者参与

　　城市公用事业是我国国民经济中重要的基础设施，不仅能推动社会经济发展，也为人民提供相应的生活服务，与每一位城市民众的生产和生活息息相关。因此，随着我国经济社会的不断发展，城市公用事业的每一步发展和改革也备受普通消费者的关注。近些年来，我国对城市公用事业的发展和管理也非常重视，各地不仅逐年加大对其投资，并不断改进公用事业的运营管理，取得了很好的成效。但是，随着城市公用事业的发展，普通民众和消费者参与企业治理的程度仍然不高，目前，还缺乏有效的参与机制。在城市公用事业的改革发展过程中，随着人民生活水平的提高，消费者的参与意识在不断提高。作为城市公用事业非常重要的利益相关者，消费者不仅是企业提供服务的最终用户，有权对企业提供的产品质量和服务水平给出评价；同时，利用政府财政投资运营的国有企业也理应受到全民的监督和管理。因此，城市公用事业的发展进步不能脱离消费者的有效参与和发挥相应治理功能，不断地给予相关企业意见或建议。并且企业通过消费者参与，对其发展也是有着很大的帮助。本章将对比分析英国与我国目前公用事业的消费者参与情况，并以供水行业为典型案例进行分析。通过借鉴国外经验来完善我国公用事业的消费者参与治理机制和管理水平，并提出相关的意见或建议。

　　消费者的参与主要包括以下几个方面：企业发展过程中的改革决策参与；企业产品及服务的价格制定方面的参与。这一部分主要研究在价格听证方面，消费者代表参与价格听证并提出自己的相关建议或意见，给予企业定价一个合理的参考，保证企业产品或服务价格的公平；参与者也有必要了解企业发展动态及相关信息，企业因此必须对消费者进行信息公开，让消费者及时掌握相关信息动态，以便更好地满足消费者利益；再就是监督投诉机制，消费者有权对自己购买的产品或服务进行不满意的回馈及对该企业进行监督，在遇到不满时需要一个沟通渠道，消费者对于企业的监督和投诉也有助于企业不断改善并提高自己的产品或服务质量。因此，完善城市公用事业的消费者参与机制是在基于各利益相关者参与的情况下，权衡和满足不同利益相关者的需求。企业通过完善利益相关者治理框架，促进企业的良性发展，不仅使企业发展更好，也将让消费者等利益相关者的生产和生活更加便利和满意。

第一节 城市公用事业参与式治理框架

20世纪60年代初，阿诺德·考夫曼首次提出"参与式民主"概念，之后参与式民主在西方普及开来，很多学者便开始思考政府或企业如何有效地为消费者提供服务，如何才能更好地治理。到20世纪90年代，很多学者就提出了"参与式治理"这一概念，希望能在一定程度上改变一下政府或企业的治理"瓶颈"和现状。"参与式治理"要求消费者广泛地参与到与自己相关的企业决策中来，参与到企业的一些决策、服务、监督中来，不仅能更好地促进企业的发展，也使消费者的权利能得到更好的保障。

一 消费者参与治理的可行性

一直以来，无论是政府还是企业，采取的都是传统治理模式，都是依照严格的官僚层级，所制定的决策措施都是自上而下推广的产物。这种治理模式的缺陷在于：所提出的方案或命令都无法很好地满足消费者的需求，无法很好地占领消费市场，也很难平衡各个利益相关者的权益。消费者作为企业的利益相关的一个群体，有权利为自己的权益发出声音，而不是得到服务却不满意。而且企业在发展过程中一贯按照自己的模式发展，会存在一些难以及时纠正的问题。为弥补这种缺陷，消费者参与被引入以影响决策过程。其对于企业治理决策的意义在于弥补企业制定决策过程中的不足，使企业运作能够真正体现消费者对于其利益的追求，消费者亲自参与到决策制定过程中，当决策能够更多地反映他们偏好的时候，就能促进消费者对该决策甚至对该企业的认可和肯定。因为，如果决策有自身的投入并在一定程度上反映出自己的偏好，反对它就是反对自己，而且更能迎合消费者。

目前，全球经济已经进入信息时代，信息技术极大地促进了文化、知识、信息的传播，为人们充分表达意愿提供了技术条件，促进了公众的民主意识、民主观念、民主要求。同时，传统的管理层垄断信息的局面被打破，丧失了从垄断信息到垄断决策管理权力的优势，传统的科层制所固有的或衍生的理性化、部门分割的管理体制将受到冲击，工业社会所形成的代议制民主正在受到挑战。在信息社会，社会组织管理中的代议制民主、间接民主开始向参与民主、直接民主演变，由传统的金字塔形组织管理结构向网络型组织管理结构转变。在信息经济时代，几乎所有的大企业和公众企业都采用了多种方式创造条件让利益相关者参与企业的治理，特别是消费者参与企业的内部治理，这样才能保证企业发展的全面性和可持续性。

目前，中国也进入了一个"群体性事件"高发的年代，如果一再漠视群体的利益，就会在一定程度上造成危机。让广大消费者群体通过参与治理参与到与自身利益切实相关决策的制定中来，在提高企业服务效率和质量的同时，也能在一定程度上缓解社会矛盾。

二 消费者参与方式

消费者参与企业的治理过程对于企业各利益相关者都是有益的。消费者参与企业运作的各个环节，对各方面来说都是利大于弊，不仅消费者可以增加自己的消费者剩余，降低消费者损耗，而且可以降低企业成本，创造更多企业价值。为了使消费者更好地参与企业治理，通过不同渠道进行利益表达，以充分发挥消费者的主动性（见图6-1）。

（一）参与价格听证

企业的基本目标是追求利润最大化，因此，企业在制定产品价格时，往往是在通过考虑自己的生产成本的前提下来制定能使其达到最

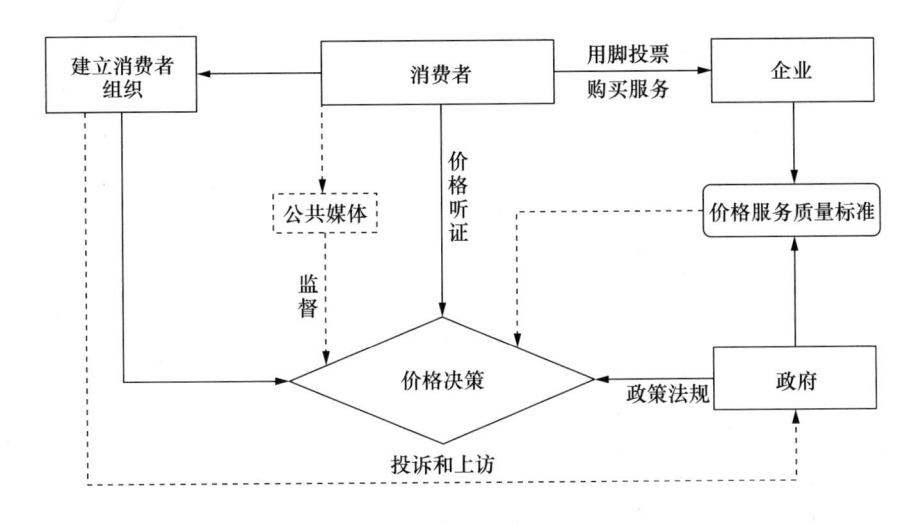

图 6-1 消费者参与价格决策框架

大化效益的价格。价格是过高还是过低，影响不大，只要能抓住一大部分客户群体就可以了。而且，特别是对于垄断行业来说，它们可以利用其产品的稀缺性及不可替代性来给产品定高价。因此，消费者成为被动的价格接受者。为更好地维护自己的权益，了解企业定价以及制定合理的价格，消费者应积极参与到价格听证当中，为定价提出自己的意见或建议，制定出合理的价格。

（二）建立消费者组织

当一个个体很难进行利益表达时，可以联合起来共同进行利益表达，这样会提高表达力度。消费者可以参与到消费者组织当中或者自己组织建立合法的消费者团体。针对某一个行业或企业设立消费者团体，团体中的成员应该具有代表性和代表力度，能够很好地传达所有消费者的心声，并且在合法合理的情况下维护所有消费者的权益。

（三）通过公共媒体进行监督

改革开放以来，中国的公共媒体态度发生了很大的变化。由宣传体制转变为宣传与新闻并存的体制；由意见（评论）取向的新闻事业逐渐向信息（新闻）取向的新闻事业。得益于此，公共媒体的舆论监督在中国已经变成了一个公共话语权。公共媒体参与到价格决策对其进行监督可以保证价格制定程序中的公开透明，使价格更接近于消费者的承受力。

（四）通过不同渠道进行利益表达

在信息时代，网络、媒体等都很发达，消费者可以将自己的利益表达诉诸网络或者媒体，通过网络联系企业，表达自己的一些看法和观点，深入参与企业治理，维护自己的合法权益；或者通过媒体进行诉说，表达自己的真切想法，不仅给企业以很好的外部监督，也能最大限度地给消费者权益提供保障。

（五）用脚投票

"用脚投票"一词源于股市，即投资者除有表达其意愿的"用手投票"以外，还有另一种选择权，那就是选择离开、置之不理的态度——卖掉公司股票。在此将"用脚投票"引用到产品市场之中，就是消费者可以自由随意地选择自己的供应商。如果感到对一家企业的产品和服务质量都不满意，可以选择退出对这家企业产品的购买，转而选择另外一家更好的。但这种方法对于垄断企业的消费者来说恐怕有一定的困难性，因为如果退出该企业就很难再选择另外一家有如此规模的同类企业了。对于这种情况，政府可以设立相关制度，大力鼓励公众使用"用脚投票"权而不会影响消费者的正常需求。这样，既给予消费者更多的权利，同时也很好地约束了企业，哪怕是垄断行业也会受到一定的影响。例如 2009 年 9 月，英国在医疗体制改革中打破原有的分区就诊制，允许公众自由地选择全科医生，远离那些服务质量不好的社区全科诊所。这一改革有助于英国医疗系统的竞争。

第二节 供水行业消费者参与治理存在的问题

一 消费者参与机制不够完善

近几年来，我国不断倡导以消费者为中心的理念，许多供水行业都已改善了自己的消费者参与价格决策和投诉的方式，但是仍有不足。在某些供水企业的网站上发现，虽然能够为消费者解答疑难，但是，周期较长，一两天，甚至十天之后才得到回复，解决问题不够及时，而且有些问题的回复流于形式，并不能真正解决消费者遇到的困难和问题。虽然通过电话和网站都可以进行投诉，但是，对于消费者的投诉，企业是否做到了对所投诉的问题和相关人员的失误进行相应惩罚以及单位进行相应改善，消费者并不得知，也没有得到相应的反馈。消费者在投诉过程中并没有得到一个很完善的投诉指导，而是点开"在线服务"或者"投诉"栏，填上自己的基本信息及问题，一切就都石沉大海了。然而，对有些消费者来说，知道走官方渠道的投诉得不到回应，走法律途径又耗成本，维权意识也比较差，常常也就不了了之。企业就是抓住了消费者的这个心理，对于一些投诉都是草草了事，并没有认真去考虑消费者的感受，造成消费者参与机制缺失或弱化。

二 价格听证中缺乏有效的消费者参与机制

作为社会公益和政府服务的特殊领域，公用事业在价格形成上既不能忽视市场规律，完全由政府财政来"买单"，也不能只靠供需和成本核算彻底依靠市场调节。应该是在政府管制下同时考虑消费者参与，在整个定价过程中都应考虑到企业、消费者的利益，建立互动的公众参与机制。因此，价格听证就成为比较好的定价手段，是实现公用事业价格有效管制的重要途径。科学的价格听证要求消费者有效的参与。而对于供水行业来说，其不仅拥有一般公用事业的性质，而且还有一些特殊性质。我国自来水属于缺乏弹性的产品，因此，其价格的合理性对人民生活的影响比较大的，就必须要将消费者也融入价格听证当中，才能更好地对自来水的价格进行监管。

从世界范围来看，听证已经成为各国法律制度中普遍存在的程序法律制度，不同种类的听证都有不同的特征，都会在一些问题上给予适当的解决。公用事业中的价格听证属于行政决策听证。1997年《中华人民共和国价格法》规定了价格听证，即"制定关系群众切身利益的公用事业价格、公益性服务价格、自然垄断经营的商品价格等政府指导价、政府定价，应当建立听证会制度，由政府价格主管部门主持，征求消费者、经营者和有关方面的意见，论其必要性和可行性"。2001年，国家计委根据该规定制定了《政府价格决策听证暂行办法》。但是，从舆论反映的情况来看，不少价格听证会存在"听证走过场""听证会成涨价会"等问题，消费者不能很好地从听证会中获得自己希望的公正价格。2009年，北京水价上调的时候就举行了水价听证会，在会上多数代表都表示对水价上涨表示理解，但在某代表走访256个家庭，召开了四个不同层面的座谈会后，多数居民表示反对水价上调，但最终还是上调了水价。这就出现一个问题，参与听证会的代表是否能真正地代表广大消费者的心声？对于水价上涨原因的了解程度到底多少？或许只是走走形式，都不得而知，而普通消费者对于供水行业的信息又了解甚少，在信息不对称的情况下举行听证会的意义不是很大。

在公用事业价格听证中，基本的关系是消费者利益集团与企业讨价还价、管制机构居间裁判的关系，而消费者利益集团代表的是消费者，然而这些代表是如何选出的，是以什么样的标准选出的，是否能真正地代表消费者的心声，值得推敲。有一些消费者代表免不了会与企业之间有利益关系，会使其在做决策时倾向于企业。并且，消费者对整个行业来说都是属于外行中人，一些法律及相关知识比较少，意识比较薄弱，在信息获取方面都比较局限，在听证会当中，只能根据自己的一些生活判断来给予意见或决策，但通常会被企业说服，处于被动地位。另一些情况在于消费者参加听证的成本比较高，无论是时间成本还是金钱成本，都会有一定的影响，迫使消费者失去参与听证的积极性，意愿也不够强烈，导致听证会是企业的主导会场。基于消费者的信息能力、参与意愿来说，公用事业价格听证的消费者参与不够，我国相应的消费者参与机制也不是很完善。

三 消费者无法获得充分的信息

公用事业的发展需要充分听取和吸纳各利益相关者的意见和建议，如果孤军奋战，则不能很好地为消费者提供服务，导致其发展滞后。普通的水资源用户，对于供水行业的一些基本信息的了解不是很全面，就会过高估计该行业的发展而给予很大的期望，但是却得到自己并不满意的服务,而且供水行业企业也没有做到对消费者的充分调查了解,提供服务不到位,便容易引起纠纷。目前,供水行业信息公开存在很大问题。消费者不仅无法获得服务水平和质量的信息,也无法获得相关企业、行业发展的信息。这种局面的存在主要原因在于政府和企业信息公开工作的滞后。一方面,政府监管职责缺失导致法律法规缺乏信息公开的具体要求;另一方面,企业的垄断地位使其不愿公开相关信息或提供与信息相关的服务。

在北京自来水集团网站以及上海市自来水公司等大型国有企业的网站上,虽然会看到有公开的水质报告,但是,对于普通消费者来说,很多指标都是不清楚的,水质到底合不合格,消费者并不了解;而且对供水行业的运作情况也不是很了解,网站上更多的信息是该供水公司都做了些什么活动,参加了什么会议,获得了什么奖项,这些信息对于消费者来说没有什么意义,因为那只是在宣传公司,并没有站在消费者的角度去给消费者提供有用的信息。消费者属于消费群体,只会对自己所获得的商品或服务有一定的认知或评价,但是,对于这件商品或服务的来源,其价格的定价过程,其企业的发展和文化、态度等都应该有一个全方位的了解。

第三节　英国供水行业消费者参与治理机制

英国供水监管体系十分系统和完善,对于供水行业的改革和提升也是其他国家所不能及的。对于供水行业改革的方向主要体现为产业私有化,目的是提高资源的有效配置;同时,英国还拥有一套独立而统一的监管机构,能够形成透明公正的监管机制,对于消费者来说,能够提高其信誉和对其的忠诚度。

一　英国供水监管机制

英国的供水是一种完全私有化的模式,属于专营模式的一种。政府将供水企业的资产与社会资本进行转换,也就是产权的私有化。在这个过程中,私人企业全过程提供服务,包括供水的基础设施,建设和运营在内的所有服务，政府来履行监管责任。在全面推进供水市场化改革之前，英国花费了十多年时间，进行立法、建立独立的监管机构、完善公众参与体系等法律和制度建设，这也是英国成功实现完全私有化模式的重要前提。由于该模式的准入竞争相对缺乏，运营过程成为监管的重点。英国模式的监管权属于中央，并建立了全国统一的独立监管体系。监管机构主要分为以下三个层级。

（一）中央管理机构

中央政府中的水资源及产业的主管部门是环境、食品和乡村事务部（DEFRA），DEFRA 是 2001 年 6 月由以前的农渔食品部（MAFF）和环境、交通和区域部（DETR）的环境和乡村事业局组建而成的新政府部门，其主要职能是统一管理环境、农村事务和食品生产，重点负责农村、环境等政策制定，参与欧盟和全球相关政策制定。在涉水方面，该部主要从宏观上进行管理，具体包括两个方面：一是负责国内相关水政策法律的制定。此外，DEFRA 还代表英国在欧盟水政策制定和实施的安排上进行谈判，反映英国的利益要求和立场；同时根据欧盟的政策法律制定本国的政策法规，提交议会通过后实施。二是对水务监督管理机构的宏观管理，负责制订监督管理机构的改革计划，并且对改革效果进行评估，适时调整改革方案。

DEFRA 的管理团队包括：环境、食品和农村事务国务大臣；1 名国务大臣（国家食品、农业和环境部长，负责农业的未来规划、动物保护计划、空气质量、地方环境质量和环境法规等）；3 名副国务大臣，即国家海洋和自然环境部长，负责海洋环境、渔业、自然环境政策、土地管理、英格兰的农村发展规划（农业环境和森林规划）、国家公园等；环境、食品和乡村事务部长，负责废物和回收利用、可持续发展、碳预算、农村事务、苏格兰农村发展规划的部分管理工作、全球环境安全监测等；副国务大臣，代理国务大臣处理有关事务，管理农业工资委员会等组织。

此外，还有一个由十人组成的管理委员会协助管理，其责任是为 DEFRA 提供团体战略方面的领导帮助。该委员会主席为常务秘书，其他 9 名成员中有 3 名为非在职成员。

DEFRA 还领导着 30 多个非政府部委公共机构，分为执行机构、咨询机构和征税机构三类。

（二）监督管理机构

在英格兰及威尔士地区，有三个监督管理机构具体承担涉水事务的监管工作，分别从环境机构、水务办公室和饮用水监督机构三方面对水务行业进行监管。

1. 环境机构

环境机构（Environment Agency，EA）是依据《1995 年环境法》于 1996 年 4 月 1 日正式成立的，是一个非政府部委的公共机构（ND-PBs），目前受环境、食品和乡村事务部领导，同时也对威尔士议会负责。该机构的领导团队由环境机构委员会组成。其主席和成员由环境、食品和乡村事务部大臣任命，只有一个成员由威尔士议会任命。环境、食品和乡村事务部大臣还负责该机构在环境和可持续发展方面政策的审批，在英格兰地区的经费预算和政府拨款审批，以及管理和收费制度的审批。

该机构的主要职能包括：污染的预防和控制，放射性物质管制，垃圾及废弃物管理，水资源管理、水质、土质、洪水风险、航行、娱乐、自然保护、渔业等方面的管理。其管辖范围包括英格兰和威尔士地区 1500 万公顷土地、3.6 万千米长的河流、5000 千米长的海岸线（约 200 万公顷水域）。在水质和水资源管理方面，主要工作包括：负责监测水量和水质变化，在英格兰和威尔士地区的河流上建立了 15000 个水文站和 6000 个地下水监测站；负责防洪，防洪区域长达 36000 千米，并制定防洪政策；负责监管排污，控制污染源恢复生态环境；负责取水管理，发放取水许可证，并对 45000 个取水口进行监管；负责水环境保护、控制水域开发，保护野生动物的栖息地；制定水资源发展规划和发展战略；审查水务公司的发展计划并报 DEFRA 审批；监督水务公司节水措施的实施；负责对流域管理机构相关事务的管理等。

环境机构总部位于布里斯托市（Bristol）和伦敦之间，负责机构的综合管理，包括制定发展政策、战略、经营目标和业绩管理。该机构在英格兰设有 7 个区域办公室，在威尔士设 1 个区域办公室（威尔士环境机构），在英格兰和威尔士还设有 22 个地区办公室，区域和地区办公室负责环境机构的具体工作。该机构现有人员约 11000 人。2016—2017 年度预算为 13 亿英镑。

2. 水务办公室

负责英格兰和威尔士地区经济监管的机构是水务办公室（Office of Water Services，OFWAT），水务办公室于 1989 年成立，是一个非部委的政府机构，直接向英国议会和威尔士议会负责，其工作独立于政府。总部位于伯明翰，现有人员约 200 人。该机构的运行管理经费主要来源于水务公司交纳的特许经营执照费，执照费由水务公司交纳给政府，然后通过财政拨付。该机构是英格兰和威尔士的水业私有化后，代表政府对水的价格进行宏观调控的最重要机构。其主要职责和任务是保证当地水务公司履行《1991 年水工业法》规定的法律职责，其中重要工作之一是设定最高供水价格，以保证英格兰和威尔士地区的水务公司能为该地区用户以合理的价格提供优质高效的供水及排污服务；使供水行业能够正常融资；保护消费者利益；提高经济效率；促进有效竞争。具体工作包括：确定水价原则，颁布水价费率标准，审批各水务公司上报的水价；监督水务公司的财务和投资；每五年一次对水价进行评估和调整水价上限和幅度，规定下一个五年的服务职责；对水务公司的服务确定量化指标进行评估和监管，定期公布各水务公司服务状况和水平等。

关于水价调整，先由各水务公司向水务办公室提交一份资产管理计划，请求批准其所希望设定的价格界限。最后由水务办公室确定。价格调整的主要参考因素有：通货膨胀率的变化、水务公司当前的工作效率和对未来效率的预期、未来达成的协议中包括资本投入在内的职责法定义务（如遵守新的环保标准进行的额外资本投资）的影响、公众希望减少对改进服务的支出费用、供求关系可能产生的影响等。就伦敦地区的水价构成而言，以该地区最大的供水公司——泰晤士水务公司为例，其制定的水价主要采用按量水表计价和按财产计价两种方式。计量水费的主要构成是按年计算的基费和按用水量计算的容量费以及环境服务费。基费主要包括供水基费和排水基费以及环境服务费等。按财产计价方式通常按住房类别计价收费，以不同的居住地位置分为一般、最高和最低三个等级。这种计价方式的水费构成主要包括供水费、排水费和环境服务费。

在保护弱势群体方面，依照《1999年水务行业（价格）（弱势群体）监管条例》，各水务公司都制定和颁布了服务区内弱势群体服务收费政策。在接受完全或主要在英格兰经营的水务公司所提供的服务并满足一定资格的条件下，读表计费用户可以申请按弱势群体价格支付水费，这种价格使弱势群体用户的最高支付水平不超过该地区的平均家庭水费。

3. 饮用水监督机构

饮用水监督机构（Drinking Water Inspectorate，DWI）是1990年英国供水业实行私有化之后成立独立的组织，受环境、食品和乡村事务部领导，由政府直接拨款，主要职责是保护及检查英格兰和威尔士的饮用水质量标准。主要工作是监督水务公司供应饮用水的数量和质量。每年组织对水务公司提供的饮用水进行多达300万次的检测，这些检测由独立的实验室完成，然后向DWI汇报。此外，他们还负责处理消费者投诉并调查与水质相关的事故。调查结果出来后，他们有权对相关责任公司进行处罚。按照新《水法》的要求，将中断与DEFRA的隶属关系，新设立饮用水总检察官，拥有较大的监管权。

（三）相关利益团体的监管

相关利益团体包括水务公司和消费者两方面组织，英国水务公司协会（WATERUK）是水务企业自行建立的非营利机构，相当于我国的水务行业协会。采用会员制，凡是受政府监管的水务公司可自愿交纳会费加入。每一个会员单位在协会中拥有一个代表席位，会员单位的代表共同组成行业委员会，委员会每年定期召开会员大会，确定行业中的重大事项，并清理与议会和政府交涉的事项及原则。WATERUK不仅在国内事务中积极发挥作用，而且在欧盟议会中也与其他国家的类似组织共同组成泛欧联盟，作为欧洲议会的院外集团影响欧洲议会的决策，争取行业利益。此外，水的消费者也组成了利益团体，这就是名为水声（Water Voice）的消费者协会，是消费者利益的代表，它不仅监督水务企业的经营行为，而且代表消费者直接向水监管机构甚至是议会反映消费者的利益要求，从而影响公共决策。水声以前隶属水务办公室管理，新《水法》实施后，将中断两者的隶属关系，水声成为自我管理的利益团体。

英国对于供水行业先后颁布了《自来水法》《自来水产业法》和《水资源法》，这三部法律是英国供水行业政府监管体制的核心。其有自来水务办公室对英国供水行业实行经济监管；有国家江河管理局对供水行业的环境进行监管；同时还有饮用水监督委员会。

二　规范的听证制度

英国《1973年水法》规定水务局可以对完成的劳务、提供设备和争取的权利所花费的成本确定不同的水价标准，即不会向任何一个阶层的公民给予过分的优惠，也不会不适当地歧视任何一个阶层的公民。水务局向用户收取水费采用计量收费和非计量收费两种方法。计量收费是根据所用水量缴纳费用，包括供水水费、排污收费、地面排水费和环境服务费等费用。非计量收费主要针对居民用户、商业用户和第三产业用户，收费的内容包括供水、排水和环境服务费。英国水务行业监管体制中建立了规范的听证制度。监管机构会将行业监管的重大事项公开咨询各方利益相关者的意见，通过信息公开、召开咨询会和听证会，接受各方质询、意见反馈，并对行动方案进行修改。最后通过并实施的价格或其他重要决策，都是经过多轮利益相关者充分博弈的结果。规范的听证制度是英国供水行业协调发展的保障。

在英国政府水服务监管办公室建立的同时，每一个区域都设置独立的消费者社团，由地方行政人员和一般民众代表组成，成员一般是8—12名。消费者社团对供水公司提供的具体服务效果进行监测，与消费者进行直接沟通，代表消费者向水服务监管办公室或企业提出改进意见，定期向国务大臣和公众发布本行业的市场运行状况。消费者社团参与水管理，这是英国水行业以及其他公用事业监管体制的一大特色。

三　信息公开：企业网站做到人性化

英国泰晤士水务公司网站上有许多与消费者相关的信息，若消费者搬家请及时告知，消费者的账单处理情况、消费者的问题解决、消费者的水表问题、消费者的供水及污水处理问题，每一项都紧紧围绕消费者展开，让消费者感受到企业是在为自己服务；网站上还有视频以及针对不同残疾人而设的联系方式，真正地做到了让消费者参与进来。消费者可以从其供水公司的网站上获得想要的信息，公司的定期年报会挂在网上供消费者下载，让消费者充分了解公司发展情况；还会有各种各样类似说明书的信息，针对消费者在生活中遇到的一些不懂的问题进行解释，文字说明能力不够强的会加上视频以供更好地理解，给消费者提供足够多的信息获取途径。

四　合理有效地解决消费者争议问题

在消费者投诉方面，英国水务行业的做法能给我们提供很好的借鉴。他们通过监管机构以及企业为消费者提供了多种争议解决手段和方法，能快速、合理、有效地解决消费者争议问题。例如，英国泰晤士水务公司在解决客户投诉上很用心，根据不同用户设置了不同的投诉方式，能够很有效、友好地解决消费者的投诉问题，主要采用电话、网站、邮件等方式。并且针对客户投诉的问题进行分类，提供不同的联系方式。如果消费者对于公司提供给自己的账单及费用存在不满就可拨打0845-6410020，该电话从周一到周五，早八点到晚五点在线接听；如果消费者对供水或污水处理服务不满意，可拨打0845-9200800，此电话24小时开通；如果消费者无法拨打电话，可以给该公司写信（公司已给出详细地址）；同时还可登录公司网站进行留言，他们会及时给出反馈；消费者提出问题后可留下联系方式，该公司会及时给予回复，回复期限不会超过10个工作日。如果客服中心在10个工作日内未给予答复，消费者可以根据公司的消费者保障计划申请30英镑的赔款；如果消费者申请过期了，无须再申请，该公司会自动安排。

如果消费者对于客户服务中心的答复不满意，可以再次进行投诉，客服主管或者其他工作人员同样会在10个工作日内再次给予解决；但是，如果消费者对二次答复仍然不满意，消费者可联系水务消费者委员会（Consumer Council for Water），该公司在网站上也给出了水务消费者委员会的电话、网站和地址，以及该委员会对于消费者的帮助。

不仅如此，该公司还很人性化地对不同的消费者提供不同的联系方式。例如，如果消费者是一位聋哑人或者听力不大好，可以采用文字服务，通过文字电话或者传真，而且不用担心字迹或者语言不同问题，该公司会采用计算机解释语言去了解消费者想要告诉公司的内容。该公司还提供有紧急专线。英国泰晤士水务公司这一套完善的消费者投诉流程功归于他们有一个很好的理念——以消费者为中心。

第四节　完善城市供水行业消费者参与治理机制

我国在对于供水行业的改革以及治理方面，可以借鉴英国的监管方法，增加监管机制的透明度，加入消费者参与机制，保持与消费者的密切联系，能够不断改善以满足消费者的需求，还能提高企业绩效及行业发展水平。

一　规范供水定价程序与加大信息公开力度

科学合理的供水决策程序是制定合理供水价格的关键，水价的制定应该真正兼顾消费者和供水行业双方的利益，改变现阶段监管部门倾向于保护供水企业和忽视消费者的不足，改革后的定价程序应进一步提高价格制定的消费者参与程度。主要思路如图 6-2 所示。

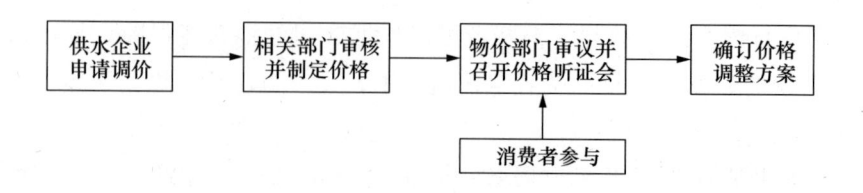

图 6-2　供水行业定价程序

首先由需要调价的供水行业企业提出调价申请及调价方案，递交相关部门审核，制定合理价格后递交物价部门审议，并由物价部门召开价格听证会，在这个听证会中最重要的是消费者的参与，物价及相关部门也应充分听取消费者代表的意见或建议来最终确定相关调整价格。

在规范的价格调整程序下也应提高透明度，政府监管机构应有效督促相应企业定期提供相应的价格信息，在网站上加开专栏公布相关有效信息，并可定期为消费者进行讲座或者在小区、居委会等进行公开信息活动，提高消费者的信息掌握能力，激励消费者参与的积极性以及参与的话语权能力，为老百姓搭建一个很好的话语权平台，不仅贴近民生，还能督促企业完善其服务制度。还可以建立专业的供水行业消费者协会，这样的协会不是由政府建立的，而应完全来自老百姓，还可以采用律师、技术专家和经济学家作为该消费者协会的顾问，为消费者参与听证会议提供比较专业的建议。

二　加大宣传及与扩大消费者咨询渠道

在浏览我国一些城市的供水企业的网站时发现，新闻事务信息较多，而与消费者的互动平台较少，有些几乎没有设立，这让消费者感觉是在浏览一个新闻网站，并不是一个服务企业的网站。英国的网站就相对人性化许多，几乎都是围绕着消费者的需求而设定的。因此，我国供水行业企业网站可以设置相关的视频宣传，给予消费者最直观的信息输入，以及不定期地走进居民生活中，了解他们的用水情况，听取消费者对于供水质量及服务的意见或建议。虽然在网页上设置了用户留言，但反馈时间较长，而且文字表述毕竟没有视频讲解以及现场咨询直观，因此，采用视频、电话、邮件及网络平台等方式让消费者积极参与其中对整个行业的发展都是有利的。

三　完善消费者投诉通道

英国消费者争议问题的解决机制是比较完善的，针对不同的人群具有不同的解决办法。我国消费者投诉机制也应逐步完善，可以开设答疑专线和投诉专线，分类解决问题。中国供水行业企业也应该加强用户申诉处理机制，建立"消费者友好"的争议解决机制，加强用户申诉中心的机构建设，从经费、人员等方面予以保证，并提高办事效率；强化用户中心行政协调力度，对用户反映的企业损害用户权益问题的事件要加大力度纠正；对于用户反映的服务质量问题认真分析处理，并规定有效回馈期，制定逾期惩罚机制，提高企业对消费者的服务意识。

我国城市公用事业的市场化改革还有很长的路要走，需要积极引导消费者参与，以服务为导向，以消费者为中心，建立完善的消费者参与机制，明确的信息公开制度，让消费者较好地与企业发展融合，为企业发展提供保障，并让企业在发展中不断创新，迈向更好的未来。

第七章　城市公用事业价格改革目标与路径

第一节　城市公用事业价格改革的目标

按照劳动价值论观点，价格应该以价值为基础，反映供求关系，而价值是凝聚在商品中的一般劳动时间。现代经济学认为，价格是商品稀缺性通过市场交易双方的信息掌握而对供求力量对比做出的反应。城市公用事业作为与广大的普通消费者息息相关的行业，其定价应体现以下五个方面的目标。

一　有利于提高效率

（一）刺激企业提高生产效率

对于受到政府严格监管的城市公用事业，其政府监管的实质是在几乎不存在竞争或竞争很弱的产业或业务领域中，政府通过一定的监管政策与措施，建立一种类似于竞争机制的刺激机制，以刺激企业提高生产效率。

因此，政府决定的价格监管作为一种重要的监管手段，其监管功能不仅仅是通过制定公平合理监管价格，以保护消费者利益，实现分配效率，而且要刺激企业优化生产要素组合，充分利用规模经济，不断地进行技术革新和管理创新，努力实现最高生产效率。

（二）实现外部经济效率

定价机制应能使企业在追求微观个别效益的同时，具有外部经济性，对环境和下游产业产生适当的积极影响，促进经济的可持续发展，即溢出效应。

（三）促进社会分配效率

城市公用事业领域通常由一家或少数几家企业垄断经营。由于这些企业拥有市场垄断地位，如果不存在任何外部约束机制，它们就会成为市场价格的制定者而不是价格接受者，就有可能通过制定垄断价格，把一部分消费者剩余转化为企业剩余，从而扭曲分配效率。这就要求政府对城市公用事业的价格实行监管，以促进社会分配效率。

二 有利于社会公平

政府监管城市公用事业价格的基本原因是在公用事业价格形成上存在市场失灵，如果不加以监管，垄断企业便会制定垄断高价来获取高额利润，从而直接导致社会收入分配不公平。因此，政府制定监管价格以保证收入公平分配便成为最直接的监管目标。社会公平的目标主要体现在普遍服务原则与适当负担原则两方面。普遍服务原则就是公用事业对所有服务的需求者，应尽可能地提供相应服务，满足其需求；公用事业不能在允许经营范围内进行歧视性的市场选择，不能只对具有短期财务效益的需求者提供服务，而对短期不具备财务效益的需求者采取歧视性价格或消极提供服务。这是公用事业企业的社会义务，体现社会公平原则。适当负担原则是指公用事业的定价应能使消费者具有支付能力，应能使消费者的负担适当。同时，应尽可能反映不同消费者的消费特性差异而导致的生产及传输成本差异。

三 保证合理收入，吸引投资和促进行业发展

公用事业定价应能提供投资者与其承担风险相适应的报酬水平，保证企业获得合理收入或保证企业财务稳定。如何吸引资金投向这些行业是保障其发展的前提，按照资本资产定价模型，资本总是追逐利润的，而且资本的回报要求与其承担的风险成正比；否则，如果行业内不能获得与其风险相匹配的收益率，资本就会退出该行业。随着我国经济社会的发展，对城市公用事业的需求具有一种加速增长的趋势。为适应这种大规模的、不断增长的需求，就需要城市公用事业的经营企业不断进行大规模投资，以提高市场供给能力。这就需要政府在制定监管价格时，考虑到使企业具有一定的自我积累、不断进行大规模投资的能力。

四 实现社会福利最大化

政府只有在实现社会福利最大化的目标下制定的价格，才能使政府、企业、消费者达到均衡。因此，政府对公用事业监管的目标还应包括实现社会福利最大化。

五 节约能源，实现社会可持续发展

由于部分城市公用事业具有资源稀缺性特点，因此，在提供这类公用产品时，应考虑到节约资源和能源。例如，电力、自来水等就是一种稀缺的公用产品，所以，在价格制定上要体现这一点。

第二节 城市公用事业价格改革的基本原则

城市公用事业不同于一般商品，它具有供给侧自然垄断性和需求侧社会公益性，对价格形成提出了特殊要求。城市公用事业价格形成应遵循以下五项基本原则。

一 受益原则

如果公用事业的受益者不是全体社会成员，而是某类社会群体或社会成员，因而其费用支出不应由全社会负担，而是由受益者负担。在公用事业价格形成上运用受益原则时，应注意两点：一是收费项目的确定与当事人受益面直接相关，不能"为定价而定价，为收费而收费"；二是收费的最高限度不能超过受益量，受益者的负担量要与他们的受益量对称。

二 效率与公平的统一

根据"谁受益，谁付费"原则确定公用事业价格，实质是反映公用事业具有"私人性"的一面，并体现市场机制运行的效率。但是，城市公用事业具有社会公益性，属于服务于普通民众需求的公共物品，是维系普通民众生产生活的必需品。如果完全按照市场机制定价，贫穷的消费者将无法负担，从而影响其生产生活。此时，就需要政府来保证社会公平，通过低价或免费供应贫穷消费者。而且，由于公用事业存在不同程度的外部效应，这些外部效应并不与个人需要相

对应，而是体现了社会公共需要，且外部效应难以用货币来计量。因此，根据受益原则确定的公用事业价格，并不能全面反映实际的受益程度，导致受益与负担的脱节。在公用事业价格形成中，应根据公用事业存在的不同性质、不同程度的外部效应，辅之以税收或补贴的办法，从而实现效率与公平的统一。公用事业价格形成如果只考虑效率，不考虑公平，不考虑社会效益，将有失公用事业的公益性特点。

三 补偿成本和合理收益原则

合理的公用事业价格形成必须贯彻补偿成本和合理收益的原则。因为在一般情况下，成本是产品价格形成的最低界限。如果公用事业价格高于成本，等同于向受益人收税，加重了其额外负担，违背了公用事业的公益性特征。如果公用事业价格低于成本，一方面，政府必须提供较多的财政补贴，加重财政负担；另一方面，必然影响公用事业提供的数量和质量。合理的利润能激发企业的积极性，有能力扩大再生产。贯彻补偿成本和合理收益原则，是以平均成本为标准还是以边际成本为标准，这要根据不同的公用事业的类型来选择。

四 考虑消费者的消费需求和付费意愿

公用事业价格形成要考虑公用事业价格对消费者的消费需求和付费意愿的影响。如果某项城市公用事业产品价格导致消费过度，产生拥挤现象、资源浪费或负外部性，给社会带来不良影响，表明公用事业产品价格大大低于消费者的消费意愿，应给予适当提高；反之，如果某项公用事业价格导致消费不足，表明这项公用事业价格大大高于消费者的消费意愿和承受能力，应给予适当降低，因为公用事业的供给能力在短期内不能显著增加，而设备容量闲置也会造成浪费，减少社会福利。另外，有些公用事业产品带有正外部性，消费量的减少也会带来社会福利的减少。总之，公用产品价格也要适当反映产品的供求关系。价格不仅要与生产成本相近，还要调节需求水平和需求结构，使之服务于国家的资源和环保目标，促进资源节约。

五 公开和公正原则

公用事业的特殊性还要求其价格形成必须公开、公正。如果不将其价格放置在公开和公正的环境中形成，那该价格必定会在不完全竞争或垄断环境下形成。这与一般的商品和服务价格形成不一样，后者基本上是受市场竞争制约的，因而其价格形成不需要在公开和公正的环境下形成。实际上，在市场竞争领域，企业的价格决策、价格形成是企业的商业秘密。为什么公用事业价格制定和调整要经过听证会程序，其原因就在于公用事业具有的供给侧自然垄断性和需求侧社会公益性。因此，必须按公开和公正原则，确立公用事业价格形成的程序、制度，规范整个价格管理体制。

第三节 城市公用事业价格改革的约束条件

公用事业定价的约束条件是指影响公用事业定价的客观因素。大致来说，公用事业定价的约束条件有生产约束、市场约束、财务约束和可操作性约束四个方面。

一 生产约束

大多数城市公用事业都具有网络性，需要建设提供产品和服务的传输网络（如供水和供气管道、电力线路等），所需投资量大，投资周期长，而且具有资本密集等特点。公用事业生产能力一经确定，一般具有稳定性，扩充生产能力的难度大，周期长。例如，一个电厂形成后，其生产能力相对固定，而大幅度扩充的办法只能是新建电厂或扩建机组，这个周期平均至少需要三年左右；一个城市管网形成后，其传输能力也基本确定，如果设计的传输能力不能满足增长的需求，进行改造的难度较大，只能通过新建管道来解决。这种生产能力的约束使公用事业不能在短期内对较大的价格波动或需求波动做出生产能力的调整。当需求出现显著波动或变化较大时，生产能力不处于最优状态，会出现过剩或不足。价格机制的灵活调节供需出现一定的时滞现象。

二 市场约束

公用事业的生产能力具有稳定性，但其市场状态却具有不同的形态。例如，在成熟的城市区域，由于消费者的需求稳定，所需的供气、水、电基本稳定。但是，随着中国经济社会的快速发展和城市化进程的快速推进，城市公用事业市场也在发生着快速的变化，往往导致消费需求增长快于公用事业生产能力的增长速度，出现严重的供应不足。例如，对一条公路来说，在快速发展期具有多变性，接近或达到运输能力后，出现稳定，只能通过另建一条满足超过的需求，周期较长。对于新型发展区域来说，市场约束十分明显，如果一个区域的需求增长为指数分布：

$Q = Q_0 AX$

式中，X 为年数，A 为增长率，Q_0 为起始需求量，Q 为期末需求量。

可见，公用事业设施要么面对漫长的生产过剩；要么面对漫长的生产不足，这使市场风险骤然增大。

市场约束的另一个表现是需求密度，即单位投资的需求经济价值。如城市供水、气、热、电等，存在投资的利用系数差异，高密度的工业需求、商业需求远比分散的小规模的居民需求具有经济性。如果某个发展区域工业需求较少，由于通常常住人口少（旅游城市是例外）导致居民需求及商业需求狭小，投资的内部经济性较差，但是，从改善投资及生活环境、吸引外来资金及人口角度，具有很大的外部经济性。

三 财务约束

由于市场约束、生产约束等原因，当财务收支与现金平衡存在困难时，财务风险会立即显现。在新发展的城市和区域，这一因素尤其明显。由于市场的规模开始时明显不足，导致平均成本较高。如果从短期角度出发，以平均成本为基础制定较高的价格，会导致需求萎缩，不能吸引投资与人口的增加，不能扩充需求；如果长期延续较低的定价，则会给企业造成巨大的财务风险。

对于新发展的城市和区域，政府总是希望尽早进行城市基础设施和公用事业设施建设，作为推动区域经济发展的第一动力，而且希望各种设施的使用费较低，低于周边的成熟城市。但实际上，新发展城市和区域相对于成熟市区，风险更加明显，其需求量更难以预测，不确定性大；需求密度开始时通常较低，将带来较大的公用事业投资和运营方面的财务风险。

四　可操作性约束

价格的可操作性，其实就是可持续性问题。政府定价偏高，会给消费者带来损失，出现显著的净福利损失；即使政府将价格定得较低，也会存在非价格垄断，即较少的供给和较差的服务，企业在供货和付款方面制定有利于自己而不利于消费者的规则，让消费者付出排队等待等非货币的代价。

解决这一两难困境的办法，就是政府在自然垄断市场结构中，尽可能效仿市场建立一个模拟竞争的制度环境，使企业仿佛置身于一个市场制度中，同时解决"定价"和"竞争压力"问题，从而既可避免了市场的弊端，又可借用了市场的力量。

第四节　城市公用事业价格形成机制

随着市场经济的发展，我国产品价格实行了市场化改革，政府开始放松监管。由于私人产品价格已由市场形成，受其影响，我国公用事业的价格形成机制中开始引入市场机制，市场机制在资源配置和调节市场供求方面显示出它强大的作用。

一般来说，在城市公用事业领域，由于存在自然垄断和公共物品特性，市场机制的运行并不完善，当市场的功能不能得到有效发挥时，政府应该介入市场，对资源进行配置。市场在公用事业供给中的低效率或无效率导致的市场失灵现象，成为政府干预资源配置的理论基础，即提出了政府干预经济以消除偏离（最优）帕累托效率状态的问题。同时，城市公用事业还有一种市场失灵：外部性的存在使自由竞争的结果缺乏效率，竞争环境改变后，理性个体的行为可能会产生无效率的结果；实际市场中，交易成本、市场垄断势力、利益集团的存在等也会产生无效率。所有这一切都是市场失灵的表现。在存在市场失灵的时候，私人部门不能很好地解决资源配置问题，此时往往需要公共部门的介入。即要靠政府行为来纠正这种失灵，公用事业的市场失灵为政府监管的必要性提供了根据。

然而，政府在介入微观经济活动、配置资源过程中也存在政府失灵，即政府在制定和执行过程中会出现低效率现象。一方面，政府在制定政策时，由于缺乏足够的信息或者缺乏足够的能力，以致不能正确地预测政策产生的作用或无法用恰当的政策工具解决实际问题，从而导致政府失灵。另一方面，政策执行过程也是可能导致政府失灵的一个重要环节。根据执行主体不同，政策执行时出现的政府失灵分为两种情况：一种情况是政府自身在执行过程中出现了失灵，另一种情况是政府的代理人在执行过程中出现失灵。

就出现政府失灵的原因来说，一方面，政策的执行要求复杂的制度，制度的低效率以及制度的不完善会导致政府失灵；另一方面，政策在执行过程中不会是一帆风顺的，很有可能遇到来自私人部门的阻力。私人部门和政府的讨价还价会导致政府的实际执行过程偏离政策，进而导致政府失灵。再就是政府对其下属各机构的活动往往缺乏足够的控制能力，因而各机构的活动是否按照政策制定者的初衷进行是很大一个问题。相对来说，政府的代理人出现失灵的情况要比政府自身出现失灵的情况更为普遍。政府的代理人一般包括下级政府和其他一些受委托的公共部门，其中最重要的是下级政府。由于制度不完善，委托—代理关系中存在信息不对称，所以，作为委托人的上级政府对下级政府或其他代理人无法进行有效监督。一旦监督出现问题，政策的执行就必然出现问题。政府在矫正市场失灵的同时，也可能由于行为不当而影响市场的正常运行并导致市场效率的下降，因为确定合理的政策边界是非常困难的；政府的权力有可能引发以权谋私的现象；由于政府没能有效地约束自身的行为而导致顽固的官僚主义；由于政府运作的实际成本和风险都由普通消费者承担，而其收益又由普通消费者来"买单"，所以政府自我改革的积极性不高。

但总的来说，随着市场的不断发展，政府已不再是简单的守夜人，政府的职能应该是扶植市场的发展，为市场竞争创造环境，提供市场成熟的空间。对于政府失灵的问题，需要设计一个合理的价格监管制度，即放松监管，引入竞争机制。当政府能够以此为目标，并且在能力上与此相匹配时，政府失灵问题就能得到较好的解决。否则由失灵的政府来监管失灵的市场，最终将导致比单独的市场失灵更糟糕的后果。

从以上分析中可以看到，市场经济发展到今天，公用事业价格的形成不是市场或者政府单纯某一方来决定，而是市场与政府共同作用的结果，在市场方面是企业与消费者之间进行平衡。这样，就形成了企业、消费者和政府三方对公用事业价格的博弈。

一 影响城市公用事业价格形成的经济因素

影响城市公用事业价格形成的经济因素很多，大致可分为行业发展阶段与市场规模的影响、不同市场结构的影响、不同需求特性的影响和历史及产权结构的影响等方面。

（一）行业发展阶段与市场规模的影响

一个行业从其发展历程来看可划分为创立期、成长期、成熟期和衰退期。一般来说，公用事业的发展阶段与城市的发展阶段基本一致，与城市经济的发展速度正相关，而城市发展速度和人口的增长速度与投资的增长速度高度正相关。因此，可以将城市分为新发展地区与成熟地区两类。在成熟地区，经济及人口的增长比较平稳，公用事业运营已有一定时间，存在一定的积累，城市建设的任务主要是改造性的，如北京、上海、广州等城市中心区域；而新发展区域处于人口及投资的高度集中状态，增长速度明显大于周边地区，城市建设任务繁重，新增的基建投资巨大，如 20 世纪 80 年代及 90 年代初的深圳、珠海、天津开发区、广州黄埔开发区等，90 年代后的上海浦东及目前的广州南沙等地区非常典型。

对于中国而言，城市公用事业的市场规模巨大。由于其城市公用事业已具有经济规模，且公用事业企业具备一定的积累，因此，应该逐步建立以接近边际成本的定价方式，边际成本应考虑维护成本及边际生产能力的扩充所需的投资成本。其原有投资基本是国有投资，因此，应采取政府授权经营方式，并核定新增投资及计入成本方式，部分通过一次性的容量收费。

(二) 不同市场结构的影响

市场结构首先表现为市场的竞争性，从深层次来说，主要是产业本身及其周边环境的竞争关系，按照波特的竞争力分析模型，产业内的竞争取决于五类因素，具体如图7-1所示。

```
                    潜在进入者
                    新进入者的威胁
                         ↓
   供方议价实力   产业竞争对手   买方议价实力
供方 ─────────→              ←───────── 买方
                现有企业间的争夺
                         ↑
                 替代产品、服务的威胁
                      替代品
```

图7-1 驱动产业竞争的力量

以上五种作用力共同决定产业竞争的强度及产业利润率。就某一区域如北京市公用事业来说，产业内竞争程度较低。买方相对处于弱势地位，特别对普通市民更是如此，但是，随着消费者自主权意识的提高，这一弱势地位有所改善；供方实力基本不强，但个别行业例外，例如城市燃气上游产业具有较强议价能力；由于这些行业具有较为稳定的收益，潜在进入者有逐步增加趋势，包括民营及外资逐步加入竞争队伍，预计潜在进入者将逐步加大行业的竞争；替代品较少，但随着技术进步，替代品有增加趋势。总之，目前北京市公用事业竞争程度较低，但有增强趋势，为逐步利用市场来调节供需创造了条件。

市场结构的结果表现为产业内竞争者的数量及竞争方式，经济学将其分为垄断型、寡头垄断型、垄断竞争型和竞争型，实际上，北京公用事业主要表现为区域性行政垄断特点，可以视为一种寡头分占市场的格局。

不同市场结构及特性的公用事业行业应该采取不同的价格管理手段，从而具有不同的定价机制。对于竞争性较强的行业，应该让市去解决定价问题，逐步放松监管，鼓励公平竞争；对于竞争性较弱的行业，应在鼓励竞争因素形成的同时，建立科学合理的定价管理体制。

（三）不同需求特性的影响

市场的需求特性主要包括需求的自然增长率与需求的价格弹性。

由于我国经济正处于高速发展期，城市化进程较快，公用事业的自然增长率较高。对于增长率越高的行业，无疑更有条件经受短期的亏损，而通过长期收益加以弥补，因而定价决策应该是立足长远的动态盈亏平衡；对于增长率较低的行业，则以短期平衡为出发点。

产业的需求价格弹性是价格决策的重要依据。公用事业行业价格弹性较低，但部分存在替代竞争的产业具有较大的价格弹性。如燃气供应，由于燃气与电存在较大的替代性，国际经验数据分析及技术经济比较后认为，当电、气等热值价格比在 2∶1 左右时，处于竞争的临界点。毫无疑问，当价格处于这一阶段时，价格弹性会突然增大，产业的竞争性急剧加大，这时，降低价格具有扩大利润的作用。

（四）历史及产权结构的影响

我国城市公用事业领域大部分为国有投资，产权结构单一，现代企业制度尚未完全建立，企业政企不分、产权不明。政府的行政隶属关系既是造成目前状况的原因，同时也是促进改革的力量，为推进重组与产业重构提供了条件。

一些领域，比如地铁建设与运营、自来水厂、污水处理厂、垃圾处理、热力供应、独立发电厂、停车场、道路桥梁等通过大量引进建设—经营—移交（Build - Operate - Transfer，BOT）、移交—经营—移交（Transfer - Operate - Transfer，TOT）、公私合作伙伴关系（Private - Public - Partnership，PPP）等方式进行建设，主要采取用成本加成机制确定价格，其产权相对明晰，今后移交政府所有后，应采取公开选择、特许经营的方式进入下轮的运营管理。

二　城市公用事业价格形成机制模型的建立

我们首先考虑在市场完全竞争、信息对称的理想状态模型。完全竞争、信息对称情况下价格的形成机制模型如下：政府、企业和消费者三者的目标分别是：政府追求社会福利最大化，企业追求利润最大化，消费者追求效用最大化，可用公式表示为：

社会福利函数最大化为：

$$\text{Max} V = \int [P_a - C'(Q)] dQ - C(0) \tag{7.1}$$

式中，P_a 为政府定价，$C'(Q)$ 为边际可变成本，$C(0)$ 为固定成本。

企业利润最大化模型为：

$$\text{Max} V = P_b Q - C(Q) \tag{7.2}$$

式中，P_b 为企业的生产价格。

消费者效用最大化模型为：

$$\text{Max} V = U(Q) - P_c Q \tag{7.3}$$

式中，$U(Q)$ 为消费者获得的收益，P_c 为消费者购买时的价格。

三个公式分别求最大化，一阶求导：

式（7.1）求导得：

$$P_a = C'(Q) \tag{7.4}$$

即价格等于边际成本，说明价格等于边际成本时社会福利达到最大化。

式（7.2）求导得：

$$P_b = C'(Q) \tag{7.5}$$

即价格等于边际成本时企业利润达到最大化。

式（7.3）求导得：

$$P_c = U'(Q) \tag{7.6}$$

即价格等于边际效用时消费者效用达到最大化。

当三者价格一致时，企业与消费者进行交易，社会福利实现最大化，可用公式表示为：

$$P_a = P_b = P_c$$

把式（7.4）、式（7.5）和式（7.6）代入得：

$$P = C'(Q) = U'(Q)$$

即价格等于边际成本、等于边际效用时，这个结论符合完全竞争市场机制的原则,由市场形成的价格与政府实现社会福利最大化目标的价格是一致的,此时,政府监管没有必要。

由于公用事业本身除商品属性之外还有其特有的属性,存在外部性、垄断、信息不对称等,所以,价格的形成不符合完全竞争条件,它是在政府监管下政府、企业和消费者三者之间对产品价格的博弈,政府监管的好处是可以弥补外部性、垄断、信息不对称带来的不良后果。

下面我们考虑政府监管下的价格形成机制。

假设7.1:存在外部性。

社会总福利函数为:

$$\text{Max} V = \int [P_a - C'_1(Q)] dQ - C(0) \tag{7.7}$$

式中,P_a为政府定价,$C'_1(Q)$为边际可变成本,$C(0)$为固定成本。

企业利润最大化模型为:

$$\text{Max} V = P_b Q - E(Q) - C_2(Q) \tag{7.8}$$

式中,P_b为企业的生产价格,$C_2(Q)$为企业成本,$E(Q)$为生产的同时产生的外部性。当$E'(Q) > 0$时,存在负外部性;当$E'(Q) < 0$时,存在正外部性。

消费者效用最大化模型为:

$$\text{Max} V = U(Q) - E(Q) - P_c Q \tag{7.9}$$

式中,$U(Q)$为消费者获得的私人收益,$E(Q)$为消费的同时产生的外部性,P_c是消费者购买时的价格。当$E'(Q) > 0$时,存在负外部性;当$E'(Q) < 0$时,存在正外部性。

三个公式分别求最大化,一阶求导。

式(7.7)求导得:

$$P_a = C'_1(Q) \tag{7.10}$$

即价格等于社会边际成本,说明价格等于边际成本时社会福利达到最大化。

公式(7.8)求导得:

$$P_b = C'_2(Q) + E'(Q) \tag{7.11}$$

当 $E'(Q) > 0$ 时，存在负外部性，企业只考虑了自己的成本 $C_2(Q)$，而没考虑他生产时带来的负外部性，给社会带来了福利损失。但从社会角度来讲，企业生产活动的社会成本包括他自己的成本 $C_2(Q)$ 和损失 $E(Q)$，由于个人边际成本小于社会边际成本，企业有激励生产的产量多于社会合意水平的产量，直到边际效益与边际成本相等。但是，企业的这种个人最佳选择对整个社会来说是边际收益小于边际成本的，所以，没有实现整个社会福利最大化。当 $E'(Q) < 0$ 时，存在正外部性，企业生产自己在得到收益外还给社会带来福利，个人边际成本大于社会边际成本，企业生产的产量少于社会合意水平的产量，也没有实现整个社会福利最大化。

对式 (7.9) 求导得：

$$P_c = U'(Q) - E'(Q) \tag{7.12}$$

式中，$U'(Q)$ 为私人边际收益。当 $E'(Q) > 0$ 时，存在负外部性，消费者消费的同时给他人带来了损失，所以，消费者消费得到的个人收益大于社会总体收益，消费者的消费量高于社会合意消费量，有动力消费更多，直到边际收益等于边际成本，没有实现整个社会福利最大化。当 $E'(Q) < 0$ 时，存在正外部性，消费者消费的同时带来外部收益，消费者得到的个人收益小于社会总体收益，消费者的消费量低于社会合意消费量，没动力消费到社会合意消费水平，也没有实现整个社会福利最大化。

从联立的三个公式可以看出，如果三者都追求各自的目标，只有当三者定的价格一致时，才能达成一致，企业与消费者进行交易，社会达到福利最大化，此时的价格为均衡价格。可用公式表示为：

$$P_a = P_b = P_c$$

把式 (7.10)、式 (7.11)、式 (7.12) 代入得：

$$C'_1(Q) = C'_2(Q) + E'(Q) = U'(Q) - E'(Q) \tag{7.13}$$

即当 $E'(Q) > 0$ 时，社会边际成本等于个人边际成本加负外部性，等于个人边际效用减负外部性（社会效用）；当 $E'(Q) < 0$ 时，社会边际成本等于个人边际成本减去正外部性，等于个人效用减去正外部性

（社会效用）。在政府监管下形成的价格克服了外部性带来的影响，既鼓励了存在正外部性的企业与消费者进行生产和消费，也抑制了存在负外部性的企业和消费者的生产与消费。

假设 7.2：存在信息不对称或垄断性。

$E(Q)$ 代表信息不对称性或垄断性。当 $E'(Q)>0$ 时，即企业的生产价格等于边际成本加上由于信息不对称带来的额外收益或由于垄断带来的垄断利润。本书认为，信息不对称或垄断只有利于企业，所以，只存在 $E'(Q)>0$ 的情况。对式 (7.9) 求导得：$P_c = U'(Q) - E'(Q)$，即消费者价格等于边际效用减去信息不对称或垄断给消费者带来的损失。

当三者价格一致时，才能达成一致，交易才能进行，可公式表示为：$P_a = P_b = P_c$。

如果只由企业定价，则制定出的价格高于边际成本，使企业获得额外利润或垄断利润，消费者剩余减少，社会福利不能达到最大化。如果考虑消费者由于信息不对称或垄断减少消费来制定的价格要低于边际成本，企业剩余减少，同样，社会福利不能达到最大化。政府监管消除了企业形成的额外利润或垄断利润，达到社会福利最大化。

综上所述，政府通过对公用事业价格监管，来消除外部性、垄断等使价格的制定偏离社会资源配置最优、社会福利最大化水平的影响。此时，政府对公用事业价格的监管显得尤为必要。

企业为了获得更多利润，利用政府监管的缺陷，通过虚报成本、"寻租"等活动向政府讨价还价，抬高价格，最大限度地牟取消费者剩余。而消费者也为自身利益迫切呼吁，形成了三者之间的博弈。但是，一般情况下，消费者由于在信息、市场势力等方面处于劣势，而且许多公用产品关系国计民生，消费者的消费需求弹性较小，导致消费者在价格博弈当中处于被动地位。

三 城市公用事业价格形成的博弈分析

（一）政府与企业之间对公用事业价格的博弈

如果监管者对于产品的成本、需求状况等信息完全掌握，在这种情况下，监管者的定价行为是依据这些信息，追求社会经济福利的最大化。此时，监管定价过程如图7-2所示。

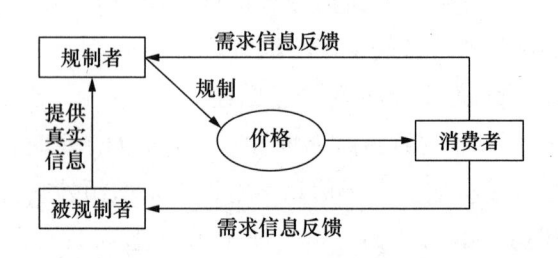

图7-2　监管定价过程

然而，以上说的是理想状态。政府在实际制定监管价格过程中，由于企业的垄断地位常常会遇到非常棘手的问题，就是如何使确定的价格真正体现投资的公平价值得到公平的回报。企业在这场博弈中，也是很活跃的，它会采取措施积极应对政府的监管行为，凭借其垄断地位或技术上的垄断等，并利用信息不对称等提高成本或隐瞒、虚报成本，或向政府"寻租"，使价格抬高。

首先，垄断者几乎没有降低成本的动机。因为当成本上升时，政府会允许一个较高的价格，以便使垄断者仍旧能获得正常的利润，所以，垄断者总会产生虚报账目的动机，或增加许多不必要的成本支出。既然政府允许价格提高以补偿较高的成本，那么上述不必要的成本支出将不会减少垄断者的正常利润。但是，成本的增加，会反映在价格上，价格的提高，一定会损害消费者的利益。

其次，无论是按照边际成本定价还是按照平均成本定价，都会引发监管者和被监管者之间的信息不对称而引起的道德风险和逆向选择问题。监管者不管多么高明，也没有像垄断者那样熟知成本信息。同时，政府如果采取这两种定价方式，都需要监管机构每期详细估计生产成本、盈利状况等情况，因而监管费用的开支非常大，这实质上也是对社会福利的一大损失。

最后，在高额利益的诱惑下，垄断企业有动力花费成本，通过劝说、行贿等方式影响监管者来制定有利于垄断者的高价，而这些成本无疑也是从消费者身上获取的超额利润的一部分,从而产生"寻租"问题。相应地,政府反"寻租"活动的任务就会变得更为艰巨,政府就要投入更大的成本。这些关于"寻租"活动的总成本将十分巨大:"寻租"活动既造成经济资源配置的扭曲,阻止了更有效的生产方式的实施;也使本该用于生产活动的资源投入在这些对社会无益的活动上,造成巨大的资源浪费。

当监管者不能拥有被监管者的完全信息时,尽管定价权力属于监管机构,对于被监管者,由于成本等信息的不对称,事实上,他在一定程度上拥有了一定的定价权力。监管博弈过程如图7-3所示(说明:图中虚线表示被监管者因信息不对称而拥有了一定的定价权利)。

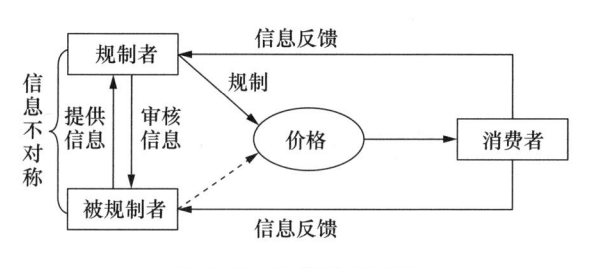

图7-3 监管博弈过程

监管者由于信息不完全,被监管者主要存在隐藏信息和隐藏行动两种行为类型。

在监管博弈中,由于博弈各方拥有的信息不对称,这样导致在信息是否完全的情形下的定价方法不一致。在极端的情形下,当监管者拥有被监管者的完全信息时,监管者一般采用边际定价法和平均成本定价法等。更一般的情形是监管者不能拥有被监管者的完全信息。传统的监管定价方法是产品的价格与成本紧密相关,在这种情形下,当成本结构发生变化时,被监管者将不负担由此造成的损益,被监管者没有动机提高成本效率。因此,需要赋予被监管者一定的剩余索取权。

综上所述,在监管中,对价格进行监管是一种能够有效约束被监管者行为的方法。然而,一种商品或服务的定价,从理论上讲,需要其需求状况、成本和质量情况等数据,而这些数据对监管者来讲一般是不容易获得的。对于被监管者，在受监管业务上产品的价格也是受到监管的，但是，监管机构有关产品的上述数据是由被监管者提供的，因此，被监管者有动机虚报成本等信息，这样，必然导致价格的扭曲。尽管监管机构可以通过审计以及通过消费者对价格反映在一定程度上获得成本等数据的真实状况，但这在现实中是需要花费很大成本的。如果要促进被监管者的成本效率的提高，只有寻求监管制度的设计和定价方法的改进，或通过放松监管，引入竞争。

（二）消费者与企业之间对公用事业价格的博弈

消费者在对公用产品进行消费时，对价格的形成所起的作用不同于他对私人产品价格形成所起的作用。

首先，公用产品的价格形成主体特殊。过去，一般认为，竞争性私人产品的价格形成主体只是商品生产经营者，因为商品价格是由它们直接制定的。其实，这是一种片面的看法。生产经营者对商品的定价只能形成观念上或名义上的价格，要想成为实际成交价格，还要看消费者是否认可和接受。对于消费者而言，当产品的价格过高时，消费者肯定是减少消费或者不消费，因为他是理性的。当某一产品的价格过高时，必然有另外的企业提供该产品的替代产品，因此，出于这样的考虑，企业必须还要考虑消费者对价格的反应，从而价格也不能太高，这样，企业所定的价格就存在一定的保留。也就是说，商品的生产经营者和消费者都是价格形成主体。在商品交换过程中，随处可见的买卖之间讨价还价行为，就是价格形成主体在行使各自的权力。即便是在实行明码标价的情况下，消费者对价格是否认可和接受，也是对价格形成的参与和决定，会对生产经营者的定价行为产生直接的影响和制约作用。可见，在商品经济中，价格的形成主体应该包括商品的生产经营者和消费者。从这个意义上说，公用产品价格形成主体的特殊性有两点值得我们注意：一是价格决策主体和决策权力不同。竞争性私人产品价格的直接制定者是产品的生产经营者，拥有完全的价格决策权；而公用产品的价格制定者可能是政府的价格监管机构，也可能是企业在政府的指导价格约束下进行价格决策，即所谓的双重价格决策主体。在这两种情况下，公用产品的生产经营者或者完全没有价格决策权，或者只有部分价格决策权。二是消费者对公用产品价格形成的制约强度和制约方式不同。消费者对私人产品可以通过讨价还价和拒绝购买的方式，直接对产品价格形成发挥较强的制约作用；而公用产品由于具有不同程度的自然垄断性，需求价格弹性小和实行国家定价等特点，消费者通常不具备与公用产品生产经营者进行直接讨价还价的能力，只能是公用产品现行价格的接受者，缺乏对价格形成的直接制约能力。这种情况在缺乏替代品的公用产品价格上表现得特别明显。这种情况提示我们，在研究公用产品的价格形成与监管问题时，要重视消费者的价格形成主体的地位和权利，创造条件发挥消费者对公用产品价格形成的制约和决定作用。

其次，前面提到消费者对公用产品的消费需求弹性较小。当需求价格弹性较小时，需求曲线变得更陡峭，在边际成本不变的情况下价格提高。如果竞争态势存在，企业定价和内部管理都受到竞争的压力，则监管就会显得多余。但监管需要监管者，监管者也是人，有自身的利益追求，如果取消监管意味着失去了他们的工作。因此，要依靠监管者自己提出取消监管的想法是不现实的。如果自然垄断是永久性的，问题就不会变得如此突出，因为需求的变化不会改变行业的自然垄断的性质。不过，永久性的自然垄断不一定非得要求永久性的监管。一种原因是如果垄断是暂时性的，出于效率只需要产出的某些环节而不是所有环节由单个或少数几个企业生产。一个简单的例子就是杂货零售。一个很小的集镇，只需要一个杂货店，垄断是很"自然"的，一般认为，该行业是常数成本行业，产出水平较低。但在大型城市，杂货业就不是自然垄断行业。有许多证据表明，这种情况并非鲜见，说明暂时性垄断可能表现在较低的产出水平范围内，也就是说，在较低产出水平上存在成本的次加性，随着需求的增长，成本的次加性不复存在，自然垄断现象也就随之消失。韦斯（Weiss）认为，发电（不是输电）也许仅仅是一种暂时性的自然垄断，因为随着工厂规模的扩大，平均成本下降的趋势不是无限制地存在下去的，电话通信也有类似的情况。如果竞争态势存在，企业定价和内部管理都受到竞争的压力，就会使消费者的消费需求价格弹性变大，制约了企业制定高价。另一种原因是自然垄断行业的技术变化也许会使成本—效益的竞争成为可行。市场经济中的技术变化会使自然垄断企业的产出遇到与之竞争的替代品，从而减少政府监管的潜在的或者实际的净效益。比如，铁路运输遇到了公路运输的竞争，高速公路的建成又进一步促进了竞争。煤气与电力之间的竞争，液化气和太阳能的出现也加速了它们之间的竞争。一个单一企业或者其他实体在供应的一方被要求成本极小化。根据这个要求，在自然垄断的情况下，非控制的市场力量可能会产生这样的一种结果。但是，作为某种商品的唯一的供应者的任何一个企业都享有一定程度的垄断权力，具有某种程度的定价权力。如果别的商品和服务对这个企业的产出具有良好的替代作用的话，垄断权力就不会很大。

最后，如果自然垄断企业的产出不存在良好的替代品的话，则企业的垄断权力会很大。消费者的需求会对企业制定的价格不很敏感，不会因价格的变动明显增减购买的数量。在这种情况下，企业的垄断权力会是很大的，它制定的价格可能会远高于成本。这种价格对效率具有很大的不良效果，对稀缺资源的配置是很不利的。由于减少了配置或者经济效率，价格远远超过成本，把效率损失强加于社会和国家。政府监管的目的就是把价格压低到接近于成本，从而社会从中存在潜在的得益。得益的多少取决于成本和需求两方面的条件。一般来说，如果需求越缺乏弹性，得益就越大。因此，就效率的目的来说，有人可能会对非监管的自来水供应的垄断的担心要甚于对在类似情况下的有线电视企业的担心。还有一种方法来审视自然垄断的问题。它不完全集中在效率方面的探讨，虽然这种方法常常遭到学术界的反对。垄断企业制定较高的价格一般意味着企业赚取了较高的利润率，这里说"较高"是与竞争性市场的利润率相对而言的。较高的超额利润说明资金从买者转移到了卖者，如果别的情况不变，潜在的超额利润越大，价格变化对需求的影响越小。企业作为公用产品的供应方追求利润最大化，而消费者作为需求方往往处于弱势地位，因此，需要政府进行价格监管来维护消费者利益，提高资源配置效率。

综上所述，在博弈中，博弈参与者包括政府、企业和消费者，价格是博弈各方衡量自身利益或效用的关键信号,在三者的博弈过程中,对于政府,其行为目标函数是社会福利的最大化;对于企业,其目标函数是自身利润最大化;对于消费者,其目标函数则是效用最大化。由于博弈各方拥有的信息不对称,在三者的博弈过程中,价格作为博弈利益的信号和衡量指标,是呈动态变化的,最终达到一个均衡点。

第五节 城市公用事业价格监管模式改革的路径

一 城市公用事业价格监管的模式

公用事业价格监管包括价格水平监管和价格结构监管。价格水平监管包括投资回报率监管和价格上限监管;价格结构监管包括线性定价和非线性定价、两部定价、高峰负荷定价、差别定价等。

(一)价格水平监管

1. 投资回报率监管

投资回报率监管是指政府通过限制公用事业的公平或合理的投资报酬率水平使其价格反映产品成本。下面以阿夫契和约翰逊及考英的模型为基础来对它进行阐述,其价格模型为:$R = C + S \cdot RB$,则 $P = (C + S \cdot RB)/Q$,其中,R 为收入,C 为总成本,S 为限定的资本报酬率,RB 为企业的资本投资额,P 为产品受管制的价格,Q 为产量。

对此模型进行分析,会得出一些不利的结论:设企业生产函数为 $y = f(k, l)$,其中,l、k 分别为劳动和资本两种投入要素,w、r 分别为劳动和资本投入的价格,因为自然垄断企业会追求自身利润最大化,即 $\max \pi = pf(k, l) - nk - wl$,约束条件为:$\frac{pf(k, l) - wl}{k} \leq s$,解上述最优问题,可得被管制企业面临着一个扭曲的要素价格比例,这会引起资本存量的过度投资即 A—J 效应(棘轮效应);一旦选定了产品产量、允许的报酬率和投入要素价格,也就决定了服务价格。这样，监管就成为一种成本加成合同，企业只会转移自身绩效和成本费用，而消费者才是提高成本引起的风险与降低成本带来利益的承受者。另外，企业还会通过与政府讨价还价提高报酬率，使产品（服务）价格上升，社会福利受损。至于具体投资项目是否符合社会需求，监管者（政府）不能通过投资回报率监管达到限制和激励的目的。

2. 价格上限监管政策

它是由李特查尔德于1983年提出的，是为刺激企业高效发展而提出的监管方式。下面以 RPI－X 模型介绍价格上限监管。其方程式为：$p_{t+1} = p_t(1 + RPI - X) + 其他$，其中，$p_t$、$p_{t+1}$ 分别为第 t、$t+1$ 期产品的加权平均价格，RPI 为一年的零售物价上涨率，X 为被管制产业的生产率上升率，由监管方与被监管方以签订合同的方式决定，其他是指包括原材料、燃料费的变化和税制等变化所引起的费用调整。

与投资回报率监管相比，RPI－X 监管具有三个明显的优点：一是减少了对被监管企业成本信息的依赖。这一点从 RPI－X 监管模型中便可以看出，因为监管价格的构成并不直接包括企业成本，所以，监管者也无须完全掌握企业的成本信息。二是向企业提供了充分的激励。由于价格上限被固定，企业为了实现利润最大化，只有通过优化现有的各种生产要素，积极采用新技术手段，不断提高管理水平，从而使企业的实际生产率上升率超过订立合同时规定的 X。唯有这样，被监管企业才能更多地分享由此带来的利润。三是避免出现资本投资过度的现象。在 RPI－X 监管下，企业会更加注重各种生产要素的合理组合以达到最好的产出效果，而不会过分强调资本的比重，产生投资回报率监管下的 A—J 效应。

同时，价格上限监管在实施过程中也存在以下三个问题：一是对企业提高产品质量的激励不足。由于企业把工作的重心转向了降低生产成本，因而它很可能会以牺牲产品质量为代价，忽视对企业产品质量的改进与提升。二是在签订合同时所产生的棘轮效应会弱化激励强度。当已签订的价格上限监管合同执行完后，监管者会发现被监管企业具有较大地提高生产效率的潜力，因此，在下一次修改合同确定生产效率上升率 X 时，监管者便会进一步调高 X 值，从而对企业提出更高的要求。随之而来的便是企业增加利润的空间相对缩小,而且,越是效率高的企业,其受到的不利影响越大,所以出现了棘轮效应,这将导致企业出现懈怠情绪,从而不利于对它的正向激励。三是"监管俘获"出现的可能性增大。价格上限监管为被监管企业提供了高强度的激励,企业会因此而获得较多的信息租金。由于监管者拥有确定价格上限的权力,而这又是直接关系到被监管企业可能获得利润的多少,所以其俘房监管者的动机会大大增加。

表7-1为投资回报率监管与价格上限监管的比较。

表7-1 投资回报率监管与价格上限监管的比较

	投资回报率监管	价格上限监管
特点	1. 以成本为基础定价 2. 企业无定价权 3. 企业不具有剩余索取权 4. 激励强度低 5. 消费者是因成本变化所带来的风险和收益的承受者	1. 规定价格上限 2. 企业拥有一定的定价权 3. 企业具有剩余索取权 4. 高强度的激励监管方式 5. 企业是因成本变化所带来的风险和收益的承受者
主要优点	1. 有利于企业稳定地向社会提供产品和服务 2. 保证正常投资 3. 有助于产品质量的提高	1. 减少了对企业成本信息的依赖 2. 提供了充分提高生产率的激励 3. 避免资本投资过度
主要缺点	1. 对信息充分性的依赖程度较高 2. 易产生 A—J 效应 3. 降低成本的激励不足	1. 提高产品质量的激励不足 2. 产生棘轮效应 3. 监管俘获出现的可能性增大

(二)价格结构监管

1. 线性定价和非线性定价

从最基本的表现形式来看,价格结构的形式可分为线性定价和非线性定价两种。线性定价又可分为定额价格和同一个从量价格。定额价格是指无论消费量大小,都按固定的标准收费的价格。定额价格虽然最为简单,但它的最大缺点是会造成过度消费,浪费现象严重。因此，在实践中已很少使用定额价格。同一个从量价格是指无论消费量大小，都按同一的单位价格收费。

2. 两部定价

两部定价所形成的价格结构由两部分组成：一是与消费量无关的基本费；二是根据消费量收取的从量费。

由于自然垄断产业在一定的产出范围内表现为成本递减，而在成本递减的情况下，如果根据边际成本定价，这时就会产生亏损额，我们可以把这一亏损视为固定费用总额。为了使自然垄断产业的经营企业盈亏平衡，就有必要设计出一种价格监管机制，使实行边际成本定价方式下所形成的企业亏损由消费者承担。显然，由于固定费用与消费量的大小无关，所以，不能按消费量收取固定费用。从社会分配效率的角度来看，两部定价次于边际成本定价，但优于平均成本定价。

3. 高峰负荷定价

就原理而言，为了缩小高峰和非高峰需求的差异，一种简单的方法就是对高峰需求制定高价，以抑制消费，而对非高峰需求制定低价，以鼓励消费。但在实际运用高峰负荷定价时，由于高峰需求与非高峰需求是一个相对概念，这就存在如何区分高峰需求和非高峰需求的问题。同时，如果把一天中的需求区分为高峰需求和非高峰需求，并据此向消费者收取不同的价格，这就要求有相当精密的度量表技术。另外，如果将需求划分得过细，消费者也难以对消费和价格作出足够的反应。因此，在价格监管实践中，也可考虑按月或按季节区分高峰需求和非高峰需求，例如，对电力产业来说，由于在夏天居民要用空调和冷藏设备，属于用电高峰需求期，所以，制定较高的电力价格，促使消费者节约用电，或者多使用管道燃气等替代物。在冬季属于用电低谷期，可以制定较低的电力价格，以刺激消费。通过这种价格差异，促使消费者在消费过程中对消费量与价格的关系做出一定的反应，从而缩小消费高峰和消费低谷之间的"落差"，提高负荷率，提高自然垄断产业固定资产的利用率，减少固定资产投资需求，实现社会资源的优化配置和运用。

4. 差别定价

差别定价是指垄断企业在同一时间以同一产品或服务对不同的购买者制定不同的价格。差别定价是垄断定价的具体表现形式，垄断企业实行差别定价的动机是因为这种方法比单一价格能获取更多的利润。按照价格差别的程度，差别定价有三种主要形式。

（1）一级价格差别。若垄断企业完全了解每个消费者对任何数量的产品愿意支付的最高需求价格，就可以对每一单位数量的产品分别制定差别价格，从而使消费者剩余完全为垄断企业所侵占，变成企业剩余（转移为垄断企业的利润）。

（2）二级价格差别。它是指垄断企业把产品或服务分成若干数量组，按组别制定不同的价格。二级价格差别与一级价格差别的区别仅仅是前者的价格差别种类比第一级价格差别要少得多。在二级价格差别下，若按成本制定价格，则垄断企业获取的消费者剩余要比采取一级价格差别时得到的消费者剩余少得多。在现实中，二级价格差别表现为企业向消费者提供的各种数量折扣，以鼓励消费者多使用产品或服务。

（3）三级价格差别。它是指垄断企业在不同的市场上对同种产品或服务制定不同的价格。即垄断企业为了取得较多的收益，要求销售到所有市场上的产品的边际收益等于边际成本，在这个原则下，将总销售量分配到各个市场，然后按照各市场的不同需求价格弹性，再分别制定不同的价格。

不同定价方法具有不同的优缺点，在约束条件下具有各自适应性。我国各地、各公用事业行业又具有不同的特点，因而需要结合各定价方法和价格管理机制的优点，建立适应具体地区公用事业现状和促进公用事业发展的定价机制。

二 城市公用事业价格监管模式的改革路径

中国城市公用事业监管改革总的来讲是要顺应世界潮流而放松监管，逐步减少目前强化监管和监管泛滥的倾向。考虑到我国正处在经济转型过程中，由于我国法律不健全，同时还没有建立起科学的监管体系，因此，我国公用事业监管模式改革是一个放松监管与强化监管并存的过程。既需要建立、强化、完善我国缺失的、合理的监管经济合作与发展组织,又要不断地减少、废除过时的、不合理的监管。

城市公用事业监管包括价格监管、市场准入监管、投资监管、消费者保护以及环境监管等多方面的内容。大多数监管改革,包括价格监管在内的放松监管改革在内容上也应当是渐进的,需要分阶段进行。经济合作与发展组织(OECD)提出,垄断产业的监管模式改革应当分为三个阶段(见图7-4),分步骤进行。

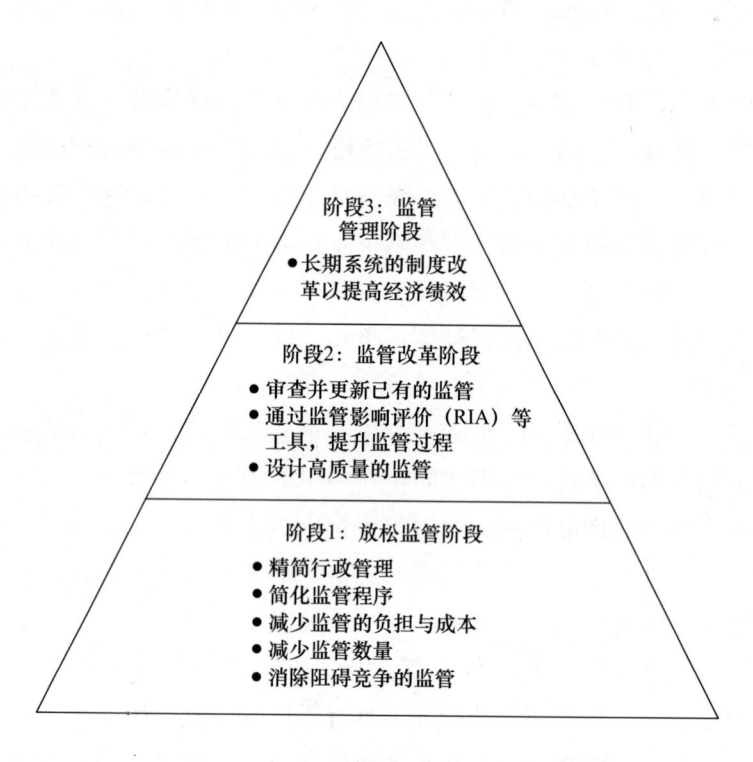

图7-4 经济合作与发展组织对监管改革的阶段划分

资料来源:OECD (1995), Recommendation of the Council of the OECD on Improving the Quality of Government Regulation, OCDE/GD (95) 95, OECD, Paris。

阶段1:放松监管阶段:精简行政管理;简化监管程序;减少监管的负担与成本;减少监管数量;消除阻碍竞争的监管。

阶段2:监管改革阶段:审查并更新已有的监管;通过监管影响

评价（RIA）等工具，提升监管过程；设计高质量的监管。

阶段3：监管管理阶段：长期系统的制度改革以提高经济绩效。

在具体监管改革内容上，在总体上强调放松监管的趋势下，放松进入监管应该先行。没有进入监管的放松，竞争仍是政府人为设计出来的竞争（如通过分拆措施），竞争不是自由的，竞争程度有限。因为有了产权模式改革和治理模式改革，企业在一定程度上已经成为市场竞争主体，有了硬预算约束，这时必然呼唤着对监管体制的改革，包括价格形成机制的市场化和进入监管的自由化。但在价格和进入两个方面内容监管上，放松进入监管一定优先于放松价格监管。只有在有了比较自由地进入的基础以后，市场竞争比较充分了，才具备放开价格监管的条件。否则，如果价格先于放松进入监管而放开，在进入不充分的条件下，改革后的企业有涨价冲动，公众见到的恐怕只是公用事业的价格上涨或价格合谋情形。

放松进入监管要求重点改革行政审批制度，包括投资项目审批、许可认可制度、资格制度、标准检查制度等内容。在行政审批制度改革方面，首先要继续减少审批范围，取消不必要的审批；其次要不断提高政府审批的投资项目资金规模起点；最后要逐步改革范围广、程度严的审批制，沿着"审批→审核→核准→备案"的思路和方向，将"事先审批型模式"逐步过渡到"事后审批型模式"。

如果有了较为充分的竞争机制、进入机制和企业硬预算机制，价格也就可以完全像竞争性产业领域一样由市场决定了，此时取消价格监管也就顺理成章了。对于价格监管逐步放松乃至完全解除后，监管改革的使命已经完成，其后的企业价格行为（诸如价格合谋等），已经属于《反垄断法》等法律所要解决的问题了。伴随着价格、进入等监管改革内容的到位，政府有关经济性监管部门也就应该彻底退出了。当然，即使在竞争性产业领域，政府保持对价格的相机抉择的宏观调控权，极端情况下甚至冻结价格（如2008年1月，中国31个省份均已启动临时价格干预措施），也是各个国家政府的普遍职能和国际惯例。这种做法和放松价格监管并不矛盾，属于政府对市场机制的偶尔和临时性的矫正。

我国城市公用事业价格形成机制应包括近期和远期目标。近期目标将致力于在政府依法监管下建立基于绩效评价的价格形成机制；远期目标将在市场化完成后，随着竞争的充分引入，建立基于市场竞争的价格形成机制和基于社会公平的消费补贴机制。

第八章　城市公用事业价格改革的配套措施

我国公用事业监管机制以法律和行政监管为主。《中华人民共和国价格法》第十八条明确规定对"重要的公用事业价格""政府在必要时可以实行政府指导价或者政府定价"。城市公用事业的监管程序主要为：企业提交价格制订计划，由价格部门进行成本和资金调查，通过听证会讨论，最终制订合理的价格方案，并予以执行。

城市公用事业价格改革是我国价格改革的一个重要组成部分，也是当前进一步激发企业活力的重要手段。公用事业价格改革要坚持市场化方向，最大限度地运用市场机制，形成以市场调节为基础的价格形成机制，政府应摒弃传统行政性干预和直接管控的价格管理方式，主要通过制定相关的法律政策和经济监管措施等进行适度和间接调控，促使价格能够真实地反映出资源的稀缺程度和市场供求状况。同时，城市公用事业价格改革是一个系统工程，需要从深化市场化改革、投资体制、法制建设、监管体制等多方面改革同时发力，整体推进，才能达到价格改革的目的。

第一节　完善城市公用事业价格法律体系

目前，我国没有专门针对公用事业价格的法律法规，只是在《中华人民共和国价格法》的部分条例中有所涉及。如《中华人民共和国价格法》第二十三条规定："制定关系群众切身利益的公用事业价格、公益性服务价格、自然垄断经营的商品价格等政府指导价、政府定价，应当建立听证会制度，由政府价格主管部门主持，征求消费者、经营者和有关方面的意见，论证其必要性、可行性。"第二十二条规定："政府定价的价格、成本调查时，有关单位应当如实反映情况，提供必要的账簿、文件及其他资料。"第二十一条规定："制定政府指导价、政府定价，应当依据有关商品或者服务的社会平均成本和市场供求状况、国民经济与社会发展要求以及社会承受能力，实行合理的购销差价、批零差价、地区差价和季节差价。"目前，我国对公用事业价格管理的程序是：企业提出价格制定或调整的建议方案—价格主管部门进行价格和成本调查—经听证或论证方式听取各方面意见—审定后公布实施。

1998年《中华人民共和国价格法》为我国价格制度改革提供了合法性保障。2004年《市政公用事业特许经营管理办法》实施后，公用事业经营体制改革发生重大变化。目前我国公用事业价格改革在自来水、电力等领域进行了一些探索，如阶梯式水价、上网竞价（电力）等，但相关操作规定化程度低，政府和公用事业企业责任主体不明确，缺乏自主权和积极性，价格管理体系尚未完成。

城市公用事业改革必须立法先行，完善的法律体系是改革的前提和保证，它对于明确改革的目标和方向具有重要意义。目前，当务之急是立法机关应尽快制定一部有关城市公用事业的专门法，界定城市公用事业的地位和性质，明确其投资、运营管理和监管等方面的责任和义务，切实保障城市公用事业的持续发展。同时，应加快制定城市公用事业特许经营法。

一 完善公用事业价格规制法律体系

制定《公用事业价格规制法》和完善监管的组织机构等，负责实施监管的机构以公开、公正方式公布公用事业价格的定价程序、价格水平，接受社会各界的监督。用法律形式明确价格规制者的权力、责任和义务，同时明确消费者对价格规制者进行监督的方法和权利，作为广大消费者监督政府价格规制行为的法律依据。我们不仅要健全各个产业的政府规制法律，而且要在每项法律中明确规定价格规制机构的设置和职责权限划分，实行监管的公用事业范围、价格规制的目标（至少包括价格公平、合理负担成本、消费合理化）、原则、方法和定价程序，以及对价格规制机构进行监督的方法和要求，等等，使公用事业价格真正做到有法可依、有章可循。定期对政府定价行为、经营者履行价格义务情况开展监督检查，严肃查处价格违法行为，必要时，应追究有关人员的责任。明确规定公用企业的价格权利和义务，明确规定政府价格规制机构的价格监督权力和手段，以及消费者拥有的价格权利和义务。这样，公用企业可以依法行使自己的价格权利，保卫自己的正当权益；价格规制机构可以依法对公用企业的价格行为进行监督和处罚；消费者也可依法保护自己的正当权益，并对公用企业的价格行为进行监督。从这个角度来看，价格规制法律也是委托人与代理人之间的一种经济契约。因此，目前以政府行政法规形式存在的各种管理条例应该尽快上升为人大制定的国家法律。因为作为一种委托契约，它的制定者应该是委托人——全国人民代表大会及其常务委员会，而不应该是作为代理人的政府管理机构。

二 设立综合性的公用事业委员会

美国的公用事业价格监管机构是以价格监管为核心的综合性经济监管机构，具有审定公用事业服务价格和管理企业等多方面的职能，实行成本监控和价格审定一体化管理，能够较好地实现约束成本和合理定价的监管目标。因此，我国公用事业可以借鉴美国的监管机制，设立综合性的公用事业委员会，培养独立、有效的监管实体，实现多行业、多领域统一监管，统一定价，防止企业与主管部门形成利益关系，忽略消费者权益。积极开展行业价格协调，通过行业协会制定行业公平竞争规则，适当调整行业内各企业之间的不正常竞争关系。

三 制定公用事业价格自律规则

约束不仅要有外部约束，也要有内部约束。建立公用事业内部价格约束机制非常重要。要推动公用事业领域各行业、各企业逐步建立起内部价格约束机制。作为一个行业，要制定行业价格规则，以调整、规范、约束行业内各企业的价格行为，制止可能出现的不正当竞争行为、不正当价格行为。作为一个企业，要熟悉价格法律法规，建立必要的内部价格管理制度，规范自身的定价行为，提高自己的价格决策水平。

第二节 完善公用事业价格监管机制

价格监督工作应该以政府价格规制行为中的政府定价为监督重点。首先，政府是公用产品价格的定价主体，掌握主要定价权。在公用产品上，政府是公用产品价格的主要制定者，定价权主要掌握在政府手中。因此，对公用产品价格行为的监督应以政府价格行为作为监督重点。其次，政府的公用产品价格规制行为又可细分为价格制定行为和价格执法行为。价格制定行为是指政府直接制定和调整公用产品价格；价格执法行为主要是对企业执行政府定价行为的监督，以保证政府定价的贯彻落实。

一 规范价格监督机构

在公用企业价格行为的监督中，政府价格规制机构要发挥主力军作用。因为单个消费者在时间、经济实力以及信息掌握上都有局限性。而政府的价格规制机构拥有特定的地位、权力和手段，拥有专业化的价格检查人员。因此，对公用企业价格行为监督的责任主要应该由政府价格规制机构来承担，以发挥政府规制机构地位优势和专业优势。对于政府价格规制机构来说，这本来也是他们的一项重要职责。政府对公用事业价格还应实行"动态化"管理，及时监督企业运营成本状况，根据价格指数、成本等因素的影响，及时调整价格，以保证企业正常运行；政府确定的公用事业价格应有一定的浮动范围，使企业在遇到一些特殊情况时，可以通过对价格的微调来化解矛盾。

二 明晰定价程序

程序是结果的保证，只有制定科学合理的定价程序，并严格执行，才能实现目的的公正性，达到既能有效维护社会公共利益，又能促进公用事业健康发展的目的。具体程序如下：

第一，提出制定或调整价格的建议。按照《中华人民共和国价格法》规定，公用事业经营者、行业主管部门、消费者组织、行业协会可以向政府价格主管部门或者有定价权的公用事业主管部门（以下简称定价机关）提出制定或调整价格的建议。价格主管部门和有定价权的政府部门也可以按照有关法律法规规定，直接提出制定或者调整价格的方案。

第二，审查调价建议。定价机关收到书面建议后，应当对建议材料是否齐备进行初步审查、核实。经初步审查，认为不具备制定或调整价格基本条件的，应当书面形式答复建议人。建议材料不齐备的，应当要求建议人限期补齐。

第三，制定或调整公用事业价格。这一过程应当按照有关规定履行成本监审、价格听证、集体审议等程序。否则，上级价格主管部门可以责成相关定价机关按照规定程序重新制定价格，或者宣布定价行为违法。

第四，公布和实施定价结果。制定或调整公用事业价格，由政府价格主管部门或有定价权的政府部门向社会公布，在政府网站或指定媒体上公告，并组织实施。

三 政府定价行为公开化

公开可以使人民有知情权，并监督政府的公用产品定价行为。也就是说，要使政府的定价行为成为"白箱"操作，提高政府定价的透明度。实行价格政务公开，包括公开定价程序、公开定价依据、公开沟通渠道、公开定价结果，方便社会公众了解政府定价的过程和结果。培育有实效的社会监督体系。要发挥人大、政协及其他社会团体对公用事业价格制定和调整的监督作用，以保证价格制定的透明度；总结完善公用事业价格听证会制度，提高价格决策的民主性。一是发挥价格举报电话的作用，认真受理群众举报，做到件件有落实，事事有回音；二是完善价格公示制度，通过各种有效途径，将政府的价格政策、价格决策结果等向社会公示，方便群众监督；三是加强舆论监督，通过各种新闻媒体进行宣传，对价格违法行为进行曝光；四是充分发挥人大代表、政协委员的作用，邀请他们开展物价视察，促进价格政策的贯彻落实。这就要求做到全程公开化：

首先，定价信息公开化。政府应该在政府网站的专门网页上，公布实行政府定价的公用产品定价方法和定价公式，公布公用产品的生产成本和市场需求信息，以及外省市以至于国外相关产品的价格水平，等等。也可以将这些信息编印成专门小册子，供消费者随时索取，这是进行监督的首要前提。

其次，定价过程公开化。当前，最可行的是提高价格听证会的公开化程度，增强价格听证会的民主性和科学性。在价格主管部门主导下，建立公用事业企业代表、消费者代表、专业性消费者协会代表等共同参与决策的多元复合决策主体，形成价格主管部门、公用事业企业、消费者之间相互制衡的约束机制和信息沟通机制。价格听证会中，不仅要有消费者和用户代表，还应该有技术人员、经济学家和法学家参加，与政府价格规制机构保持经常联系，反映消费者意见和要求甚至可以派代表直接参加价格决策会议。

完善政府价格决策听证制度。要建立听证代表选择机制，扩大直接消费者听证代表的比例；严格审查代表的资格，防止利益相关方操纵听证结果；要提高听证代表参与价格决策的能力，注意吸收一定数量的经济、技术和法律方面的专家学者参与价格听证会；提交听证会的材料应当提前向社会公开，接受各方面评判，不能只让少数听证代表垄断；听证会召开之前，听证代表要广泛征求各方面意见，使其能够真正起到"代表"的作用。对采纳听证代表意见的情况要进行反馈，并说明理由。召开价格听证会时，应允许媒体和社会公众自由出席旁听。有条件时，在举行交通收费以及自来水收费这样的"热门"听证会时，可安排在周末并进行现场电视直播。

最后，定价结果公开化。这是指政府在新价格执行前，可提前进行公示，以进一步听取广大消费者的意见和要求。

四 建立激励性监管机制

激励性监管机制就是在保持原有规制结构的条件下，激励受规制企业提高内部效率的正面诱因，给予受规制企业一定的价格制定权，让其利用信息优势和利润最大化动机，主动提高内部效率、降低成本，并获取由此带来的利润增额。通常，激励性价格规制包括价格上限、特许投标规定、联合回报率、利润分享、延期偿付率等方式。我国激励性监管机制设计应该达到双重目的：既要提高被监管企业积极性，激励其充分考虑成本因素，以提高企业效率；又要鼓励被监管企业之间的竞争，促使被监管企业有更多的自由以根据通行的商业标准来设定费率。前者解决企业的绩效与其成本的直接关联，使企业有激励降低成本提高效率；后者则减少信息不对称对监管的影响，避免监管者对企业运营过多的干预。我国公用事业激励性管制可以采用特许经营制度、外包合同等方式，将竞争机制引入政府管制之中，以提高企业效率和产品质量。同时，主管部门可以制定最高限价与最低限价。在市场竞争不充分的情况下，防止垄断高价损害消费者利益；在形成竞争格局的领域，防止垄断企业恶意排挤新加入市场的竞争者。这种激励性价格管制方式在一定程度内赋予公用事业经营者较大的自主权，有利于促进企业创新技术，改进管理，降低成本。同时，还降低价格管制的操作难度，减少行政成本。

五 完善价格信息公开制度

应通过广播、电视、报刊、网络等多种方式，按照月度、季度或年度频率，公开公用事业企业的成本和运营等绩效信息、服务质量信息和客户满意度调查结果，特别是年度发布企业绩效评价、服务质量报告、客户满意度指数。

此外，通过信息公开的方式，增加城市公用事业企业成本透明性，提高企业效率，促进社会公众了解城市公用事业企业的绩效状况，增加用户对于目前城市公用事业价格改革政策的理性思考和判断。同时，还可以促进城市公用事业企业科学地评价自己的生产过程和服务质量，为企业管理者提供相互学习和借鉴的机会。通过同行之间绩效比较和排名，刺激企业管理人员提高绩效。

六 发挥行业协会、社会团体的作用

行业协会介于政府与市场之间，完善的行业协会具有使行业自我规范、自我约束的功能。发达国家重视发挥行业协会对行业的协调、规范、约束的作用，同时重视社会团体对公共事务的影响，政府价格调整往往受到各社会压力团体的压力。公用事业具有公共性、公益性等特征，涉及最广大公众的利益。因此，公用事业价格的形成要受大众舆论的影响。要充分地发挥消费者协会、工商联、个体户协会、街

道委员会、新闻媒介等社会压力团体,对公用事业价格调整的舆论监督作用,使价格决策更民主、更科学,更能代表人民群众的利益。如召开价格听证会要邀请这些社会压力团体派代表参加,进行价格监督检查时,邀请他们派员参加;制定有关价格规则,请他们提意见等。

第三节　明确政府在改革中的功能定位

加快城市公用事业价格改革,创建完善高效的公用事业投融资体系,推进公用事业市场化,是理顺政府与市场关系、深化投资体制改革的重要内容。为满足城市公用事业融资需求,迫切需要建立起投资主体多元化、融资方式多样化、职责明晰、运作规范高效、可持续发展的城市公用事业价格运作体系。

一般来说,市场的运行并不完善,市场的功能不能得到有效发挥,往往在这时,需要政府介入市场,对资源进行分配。鉴于公用事业的公共性,要求其提供方式必须考虑到社会公众的整体利益,因此,虽然是市场提供,但需要政府履行其促进竞争、解决外部经济效应等职能。这种机制可称为准市场机制或混合提供。与此相对应,在价格形成机制上是企业定价、政府调价或监管。由于我国政府提供的公用事业范围过大,应根据我国政府的能力,区分不同的公用事业的类型,合理界定在现有的条件下由政府提供的公用产品的品种,从而逐步缩小政府提供的公用产品的范围。逐步缩小政府直接定价范围,在区分不同公用产品类型的同时区分垄断性与非垄断性生产经营业务,并根据各产品和业务发展状况,调整政府定价权限。同时,政府管理价格的模式,应以政府指导价为主,实行激励性价格规制模式。

然而,政府在介入微观经济活动、配置资源的过程中存在政府失灵,即政府在制定和执行过程中会出现低效率现象。一方面,政府在制定政策时,由于各方面的原因,或者是缺乏足够的信息,或者是缺乏足够的能力,以致不能准确预测政策产生的作用或无法用恰当的政策工具解决实际问题,从而导致政府失灵;另一方面,政策执行过程也是可能导致政府失灵的一个重要环节。根据执行主体不同，政策执行时出现的政府失灵分为两种情况。一种情况是政府自身在执行过程中出现了失灵；另一种情况则是政府的代理人在执行过程中出现失灵。就出现失灵的原因来说，一方面，政策的执行要求复杂的制度，制度的低效率以及制度的不完善都会导致政府失灵；另一方面，政策在执行过程中不会是一帆风顺的，很有可能遇到来自私人部门的阻力。私人部门和政府的讨价还价会导致政府的实际执行过程偏离政策本身，进而导致政府失灵。再就是政府对其下属各机构的活动往往缺乏足够的控制能力，因而各机构的活动是否按照政策制定者的初衷进行是一个很大的问题。相对来说，政府的代理人出现失灵的情况要比政府自身出现失灵的情况更为普遍。

此外，需要明确界定公用事业政府定价的范围。鉴于公用事业的公共性，由政府提供部分公用产品是必要的。政府提供的优点是：政府可以根据社会和公众的需要，对公用产品资源进行合理的配置。然而，政府的能力是有限的，政府不可能也没有必要提供所有的公用产品。同时，公用产品由政府提供，因缺乏价格机制的约束，也失去了资源配置的竞争激励机制，且决策者的任何决策失误，都将造成资源的极大浪费。因此，应科学、合理地界定公用事业政府提供的范围，政府应提供符合以下条件的公用产品：公共性程度高的公用产品；不宜不应由非政府力量供应的公用产品；非政府力量不愿意或无力提供且外部性大的公用产品；非政府力量没有能力提供，虽然有能力提供但非竞争性程度高的公用产品。在符合上述条件的公用产品中，政府实际能够提供哪些，则还要受政府能力的限制。对于由政府提供的公用产品，定价主体是政府，实行政府定价。

随着市场的不断发展，政府已不再是简单的守夜人，政府的职能应该是扶植市场的发展，为竞争创造环境，提供市场成熟的空间。对于政府失灵的问题就需要设计一个合理的价格规制制度，或放松规制，引入竞争机制。当政府能够以此为目标，并且在能力上与此相匹配时，政府失灵问题就能得到切实的解决。从以上分析中可以看到，市场经济发展到今天，公用事业价格的形成不是由市场或者政府某一方来决定的，而是市场与政府共同作用的结果，而在市场方面是企业与消费者之间进行平衡。

第四节 调整城市公用事业价格水平

城市公用事业产品的价格调整由公用事业监管机构主持，价格调整有法定程序：首先，对是否调整和如何调整价格进行多方面的调查；其次，在调查的基础上核定合理的成本水平，提出保证企业生产经营有一定收益的调价方案；再次，召集生产企业和用户等有关方面参加的价格听证会；最后，由公用事业监管机构决定是否提价以及提高多少。城市公用事业价格调整的原则，一是要考虑生产经营企业的收益，保证有一定的投资回报率；二是要考虑社会的承受能力，即注意保护消费者和用户的利益；三是要考虑对社会总体经济增长的影响，处理好优化价格结构与提高价格水平的关系。

一 上调水平偏低的公用产品价格

我国部分公用产品价格水平有些偏低，如自来水、燃气、暖气等。这些产品属于资源稀缺性产品，针对这些产品自身的特性和国家现有的经济状况和投资能力，不能实现充分的民间投资和竞争，充分体现商品的价值，还需要国家主导经营，价格由国家制定。所以，国家在制定这些商品价格时，就应该尽量体现商品价值，摒弃计划经济时代的福利性定价观念。国家提高这些公用产品价格，会实现以下目的：首先，可以增强人们节约能源的意识。根据经济学原理，需求量随着价格的升高呈逐渐下降的趋势，即需求与价格成反比。所以，价格的提高会减少人们对该商品的消费量。我国是耗能大国，资源又紧缺，所以，通过提高价格达到节约能源的目的，对我国经济的可持续发展有重大的意义。其次，可以使企业增加收益，改善目前的亏损经营的状况。因为这部分公用产品大都是人民生活消费的必需品，消费需求价格弹性比较低，需求弹性小的商品价格上升会给企业带来更多的收益。

二　打破垄断引入竞争

自然垄断行业例如自来水、电力、暖气、燃气、交通，在经营中除了有垄断性业务，还有非自然垄断性业务，具有生产经营环节的可分性。我们通过分割市场，引入竞争，来保证消费者以公平合理的价格获得先进可靠的服务，而引入竞争需要政府营造良好的竞争环境。此外，还应通过培育运营方式和投资主体的多元化来引入竞争，鼓励各种经济部门、经济成分参与经营，打破公用事业独家垄断投资和经营的格局，以此培育合理的市场机制。

在中国，有垄断性质的产业大多由政府的各职能部门监管或控制。这种政企不分、政府垄断经营的管理模式导致此类产业普遍存在低效率、服务质量低劣的严重问题。为消除这类行政性垄断造成的问题，除要加快垄断产业的政企分离和修改原来的有关法律制度外，关键是打破垄断企业的独家垄断局面，实现这类产业的有效竞争。而有自然垄断性质的产业，如自来水、电力、燃气等具有网络性的产品，由于成本劣加性、沉淀成本大、产品特异性不强、规模经济性和范围经济性，难以实现直接竞争。因此，以间接竞争达到刺激垄断企业提高效率的激励性规制方式无疑将成为规制者的最优选择。激励性规制机制设计应该达到双重目的：既要提高被规制企业积极性，激励其充分考虑成本因素，以提高企业效率；又要鼓励被规制企业之间的竞争，促使被规制企业拥有更多的自由以根据通行的商业标准来设定费率。前者解决企业的绩效与其成本的直接关联，使企业有激励降低成本提高效率；后者则减少信息不对称对规制的影响，避免规制者对企业运营过多的干预。

第五节　改善城市公用事业价格结构

目前，我国城市公用事业大多采取单一定价模式。因此，未来改革中要改变单一定价模式，实行差别化定价，并科学制定差别的标准。实行差别化定价可以调节供求矛盾，既可以在供给紧缺时降低消费量，以缓解供给紧张，又可以在消费量降低时增加消费，减少资源和设备闲置带来的损失。差别化定价还可以使资源得到合理利用，避免因过度消费而产生的资源浪费、环境污染等问题。差别化定价不仅能够反映公用产品稀缺程度，还能够真实地反映公用产品本身的商品价值，使消费者进行选择性消费。具体定价办法还要根据不同公用产品类型而定。

一　阶梯式定价

目前，我国开始实行阶梯式定价的产品有供水、供气、供暖等，因为它们是资源型公用产品，需要节约资源，又因为它们可以存储，所以，开始实行阶梯式定价。这里以水价为例说明。阶梯式计量水价的优点主要表现在以下四个方面。

第一，有利于促进水资源节约与可持续利用。阶梯式计量水价目的是体现节奖超罚，促进节约用水。从经济角度来看，一旦稀缺资源的价格与价值背离，必然导致利用上的低效率。在阶梯水价下，消费者用水越多，支付的水费越多。而这种高边际成本是消费者偏好的选择结果，属于意愿支付范畴。如果消费者不愿支付高额水费，必然会自觉节约用水，减少浪费。

第二，体现了公正性原则。阶梯式水价通过在初始阶段设定较低的水价，保证了广大居民的基本生活需要，解决了低收入群体的支付能力问题。同时，以递增的边际成本确定超过基本用水量的分段水价，为用户提供了一个有效的边际价格信号，有利于提高用户的节水意识。阶梯式水价中的高价主要是针对那些浪费水资源、节水意识淡薄的人群和超额用水、自愿承受高水价的高收入群体，而对低收入群体支付能力影响不大，因此，可以避免单一计量水价上涨时，忽视低收入群体的支付能力导致的"一刀切"的缺点。

第三，有利于供水企业实现成本回收及获取合理利润目标。水价收入是供水企业维持简单再生产和扩大再生产的主要资金来源。阶梯式计量水价能够保证企业相关成本的回收，并有足够的流动资金用于设备维护、技术改造和提高供水质量，使用户对水量和水质需求得到进一步的满足。同时，供水企业也应获得适当的利润以确保自身的持续发展。

第四，有利于中水推广使用，缓解水资源危机。阶梯式计量水价对于用水量少的用户而言，是一种相对优惠的举措；而对于用水量大的消费者，意味着用水越多，支付的水费越多。因此，对于用水大户来说，除了节水，寻找新的水源是更有效的方式。从污水再生得到的"中水"由于价格低于自来水价格，正逐步成为非饮用水的最佳选择。随着阶梯式计量水价在城市的实施，中水将得到越来越广泛的使用，从而在一定程度上缓解水资源短缺矛盾。相对于单一计量水价，阶梯式水价的实施将有效地调节稀缺资源的价格与价值的背离现象，实现水资源的科学合理利用。从现实角度来看，其实施必将在提高人民节水意识的基础上，加速污水再生利用的进程，切实有效地解决我国水资源的困境，推进节约型社会的构建。

二 峰谷式定价

除了阶梯式定价，差别化定价还可以采用峰谷式定价。有些公用产品的需求量随时间变化出现周期性上下波动，形成明显的高峰需求和非高峰需求，为满足高峰需求而设计的生产能力和设备，在非高峰时即出现过剩和闲置。因此，可以通过制定合理的峰谷时间差价，来公平分摊公用产品的需求成本和从量成本，并适当地调节需求，以缓解高峰时的拥挤，充分利用和保护资源。适于峰谷式定价的产品有电力、交通等，因为它们在使用时会出现波峰、波谷现象，而且不可存储或供给能力不能随需求变化而变化，这里，以峰谷电价和峰谷票价为例说明。

峰谷电价的优点有：峰谷分时电价是对不同的用电时间采取不同的电价，它提供了一个在现行条件下比较合理的电价制度。电网高峰负荷一般出现在上午和晚上，深夜负荷很低，形成一个很大的峰谷差。高峰时段电力供不应求，可能引发一些事故，降低供电质量，严重时为保证电网安全运行，需拉闸限电，造成一些不必要损失，给生产、生活带来诸多不便；而低谷时段电用不出去，形成窝电。电力公司根据电网负荷特性确定峰谷时段，在用电高峰和低谷时期实行不同的电价。在高峰期提高电价而在低谷期降低电价，以刺激用户采取相应的措施，做出恰当的反应。通过发挥价格杠杆作用而实现移峰填谷的目的，缓解峰期用电紧张局面，挖掘低谷电力市场，提高电能的社会效益。峰谷分时电价制从经济学角度来讲符合边际成本价格形成理论，有利于实现资源的合理配置。季节性峰谷电价是指反映不同季节供电成本的一种电价制度，主要目的在于抑制夏、冬用电高峰季节负荷的过快增长，以减缓电力设备投资及降低供电成本。居民峰谷电价应该广泛的实施，分时、季节性电价应该相结合，可以考虑按照用电季节和用电时间分为几个时段，各时段电价不同。峰谷电价的时段划分可以更细一些，学习发达国家的做法，列出一个电价选择表，有各种电价，供用户选择。

第九章　城市公用事业财政补贴现状与问题

第一节　财政补贴概述

一　财政补贴的含义

"补贴"是一个非常古老的词汇。它源于拉丁语 subsidium，意为"assistance"（援助、国家补助）。到 19 世纪中期，人们已经形成了关于现代补贴的概念，即补贴是由一国或一家公营公司提供的，旨在促进一项事业或维护一件物品的财政援助。但目前理论研究和实践中，关于补贴的定义却存在着较多的争议。

国际能源组织认为，"补贴是指降低生产成本、增加企业收入或降低消费者支付价格的政府行动"（IEA，2002）。

世界贸易组织认为，补贴在以下情况中存在，在会员境内由政府或任何公立机构提供财务补助：①政府措施涉及资金（诸如赠与、贷款及投股）之直接转移，资金或债务可能的直接转移（如贷款担保）。②政府放弃或没有催收应缴纳的税收（如税额减免）。③政府对一般基础设施之外商品或劳务的提供，或收购商品。④政府支付募集基金的机构，或委托、指示私人机构执行前述三项所列的通常应该由政府执行的一种或多种功能，且其做法与政府无实质差异（WTO，1994）。

经济合作与发展组织认为，补贴是由政府实施的，使消费者和企业面对的财货价格低于市场水准或使企业价格高于市场水准或政府以直接、间接的方式支援消费者或企业，让消费者或企业降低成本、增补所得，以达到各种不同的政策目的的措施（OECD，1998）。

可以看出，财政补贴都是一种政府政策或行为，旨在通过直接或间接的方式影响特定企业或消费者，从而能为接受补贴的消费者、企业、行业或地区带来财政收益。这种收益具有多方面的表现形式，既可能是免费获得的实物产品和服务（如免费供应的电力和水），也有可能是公用事业企业获得政府的投资和运营成本补偿，也有可能表现为消费价格的低廉，或是现金补助。

二　财政补贴特点

财政补贴往往涉及政府对财政资金的使用，因此，财政补贴的实质是国民收入或 GDP 的再分配，具有财政支出的性质，属于财政支出的转移性支出。它是对经济利益的一种再分配，对国民收入产生直接的影响。同时，它也是一种经济调节手段，对资源的配置也产生重大影响。由于财政补贴是政府对市场机制的一种干预，因此，必然会改变市场原来的相对价格体系，从而改变人们的需求结果，影响企业的利润水平，进而改变供给结构。所以，它会对经济产生不利影响，只能是一种次优手段。

财政补贴在调控经济的过程中，有自己的特征。

第一，财政补贴的依据是国家在一定时期的政策目标，并由国家财政部门统一管理，因此，财政补贴具有很强的政策性。它不仅是国家调控经济的杠杆，也是协调社会各种关系、保障社会秩序和安定团结的政治局面的一种经济手段。另外，财政补贴的对象、数额、环节、时期等具体内容，都根据国家政策的需要来决定，因此，财政补贴是国家可以直接控制掌握的经济杠杆，具有可控性。

第二，财政补贴的对象具有可选择性和针对性，补贴的支付具有直接性，而且国家还可以根据政策的变化和社会形式的发展对财政补贴及时进行调整和修正。

第三，财政补贴是为实现国家政策目标服务的。当某项政策发生变化时，财政补贴将相应调整；当某项政策实施完结、失去效力时，相应的财政补贴也将随之取消，这是财政补贴的时效性特征。

三 财政补贴必要性

作为一种经济政策,财政补贴能够以有效的方式达成特定经济目标。政府之所以提供补贴,往往基于以下理由:第一,转移支付,例如,将收入从一个团体、行业或地区转移到另一团体、行业或地区;第二,促进特定技术的应用,例如,促进节能技术或降低排污水平的技术的应用;第三,增加国家急需产品的产出;第四,降低某些商品的生产成本,以达到降低其零售价格的目的,例如水、电等资源性产品;第五,增加企业收入;第六,促进对特定资源的开发利用;第七,提供展示效果,以刺激私人投资。此外,作为一种财政手段,补贴也往往被用于维护社会稳定和促进就业等目的。

一般而言,财政补贴存在的必要性有以下三点。

第一,市场失灵的存在。市场失灵主要表现为信息非对称、垄断、公共物品、外部性等。其中,自然垄断阻碍着自由竞争,使市场价格无法有效配置资源,因此,政府必须对自然垄断领域进行干预。自然垄断主要存在于供水、供电、供气等公用事业上,政府为了不损害绝大部分社会成员的利益,往往会对这些公用事业实行限价政策,以增进社会福利。这样,由此而产生的企业亏损或微利应当由财政给予补贴,企业才能维持正常的发展,才愿意在限价情况下仍保持充足的供给。同样,对于公共物品,市场也不会自动实现有效的供给,也需要政府的干预。

第二,经济社会政策的要求。政府在实施某些经济社会政策时,扭曲了市场竞争条件,干扰了市场价格机制,从而影响了一些企业或个人的经济利益。如果政府不对这些企业或个人进行补贴,单凭其自身是难以生存和发展的,同时也不可能进行有效的经济活动。另外,也会影响政府实施经济社会政策的难度。例如,农业生产受自然气候影响的程度很大,各年份的产量差距很大,而农产品的需求相对缺乏弹性,因此,在农业丰收的年份,政府通过补贴多收购农产品,保证农产品价格不会跌得过低,以保护农民的生产积极性,减少农业资源的浪费;在农业歉收的年份,政府通过调动储备投放市场避免农产品价格上涨过高,同时给予消费者一定的补贴,以稳定人民生活水平,维护社会秩序。

第三，深化我国经济体制改革的要求。在改革过程中，新旧体制间必然存在摩擦，尤其是各经济主体间的利益冲突，都会阻碍改革的推进。为了减少改革面临的社会阻力，运用财政补贴来协调体制改革过程中出现的利益矛盾，增强人们的心理承受能力是非常有效的。

四 财政补贴的不利影响

财政补贴是政府对市场机制的一种干预。作为一种次优选择，财政补贴可能会带来一些不利影响。这些不利影响主要有以下五个方面。

第一，财政补贴会增加财政负担。同时，补贴过多还会挤占对其他部门的财政支出，影响国民经济的正常发展。

第二，财政补贴扭曲了正常的市场价格机制，使一些产品和服务价格与价值长期扭曲，不利于资源的有效配置。同时，财政补贴降低了消费者的购买成本，不利于控制和减少消费，造成了资源的浪费。

第三，财政补贴可能会掩盖企业的效率低下，不利于促进企业可持续发展。运用财政补贴手段，虽然可以弥补国家政策干预造成的企业政策性亏损，但由于实际中不能划清政策性亏损和经营性亏损的界限，造成了政策性亏损掩盖了企业经营管理不善，不利于改善企业经营管理和企业间的平等竞争以及提高企业的自身素质。

第四，补贴政策的制定者试图通过调整他们面临的成本或价格来达到一定的政策目标，在这一过程中却忽略了补贴政策对环境可能造成的不利影响。例如，补贴使企业成本降低，促进生产活动的增加，进而增加生产所造成的环境污染物的排放和自然资源的消耗；间接补贴使产品价格没有充分反映外部成本，从而降低了消费者购买价格，促进不利于环境产品的消费和生产；为了增加国内产品的竞争力的补贴，将可能导致国际生产活动的转移，增加国内环境的压力等。

第五，在实践中，由于体制不健全、管理不完善和财政补贴杠杆运用不妥当，往往使财政补贴的积极作用不能完全发挥出来，加上财政补贴自身的一些内在不合理性，使财政补贴常常显现出一些消极作用。

第二节　城市公用事业财政补贴分类

一　财政补贴分类

财政补贴是世界各国政府财政活动的重要内容之一，其项目和种类繁多，根据不同需要，按照不同的标准，可以进行不同的分类。在我国的财政统计中，财政补贴主要有以下三种分类。

按财政补贴环节分类，可分为对生产补贴、对流通补贴和对消费补贴三种。

按财政补贴的用途分类，可分为用于城乡人民生活方面的财政补贴，如供应粮油、副食品、煤炭补贴等；用于农业生产方面的补贴，如供应化肥、农药、农用机械等补贴；用于工业生产方面的补贴，如按优待供应柴油、电力的补贴以及国营农场的亏损补贴等，政策性亏损企业的亏损补贴等；用于外贸出口方面的补贴。

按财政补贴的方式分类，可分为四种：①价格补贴，即国家为了安定城乡人民生活，加强国民经济薄弱环节，财政向企业或个人支付的和价格政策有关的补贴。②企业亏损补贴，即财政向由于按国家计划生产经营而出现亏损的企业提供的补贴。企业亏损补贴分为政策性亏损和经营性亏损两类，政策性亏损是指企业因受国家经济政策影响而发生的亏损，其责任主要在政府而不在企业，这类亏损应当由政府给予财政补贴。经营性亏损是指企业由于经营不善而导致的亏损。由于其责任主要在企业而不在政府，这类亏损应当由企业自己来承担，政府不应予以补贴。③财政贴息，这是国家财政对某些企业、项目的贷款利息，在一定期限内按利息的全部或一定比例给予的补助。财政贴息的目的在于鼓励开发名特优产品，推动企业专业化协作，引进国外先进技术和设备，加强老企业的技术改造等。④税式支出，又称"税收支出"，是指国家财政根据税收制度的各种优惠规定对于某些纳税人或课税对象给予的减税免税。它是一种比较隐蔽的财政补贴，税式支出减少了国家财政收入，实质上是以税收方式发生的一笔公共支出。

按财政补贴的手段,可分为明补和暗补。明补是指政府以现金形式直接将财政补贴给予受补贴者,其直接效果是增加受补贴者的收入。有时也被称为直接补贴,或显性补贴。暗补,有时也被称为间接补贴,或隐性补贴,是指政府采取税收、投资和监管等间接方法,通过间接的传导机制,最终会降低企业的成本或提高其产品价格(或提高企业的利润),以及降低消费者购买价格或提高消费数量(或提高消费者的福利水平)等。

二 城市公用事业财政补贴分类

取决于改革方法和进展状况,以及社会政治、经济的发展水平,城市公用事业财政补贴方法如表9-1和表9-2所示。在实践中,应该是有选择地将多种方法结合起来一起采用。其中,按照财政补贴设计是否仅限于特定消费者受益,消费补贴又可分为靶向补贴和非靶向补贴。靶向补贴设计为惠及特定的消费者集团,如贫困用户;而非靶向补贴不针对特定消费者集团,所有消费者都可受益。

表9-1　　　　　　　城市公用事业产业财政补贴方法

补贴获得	分类	补贴方法
企业补贴（供给补贴）	直接（显性）补贴	财政转移支付:中央或地方财政资金对于城市公用事业产品生产企业的无偿支付
		亏损补贴:财政资金补贴企业的亏损。亏损的补贴仅限于成本补偿,不包括企业利润
		投资补贴:补贴新建和扩建基础设施
		运营补贴:补贴企业的日常运营成本支出
		更新与维护补贴:补贴企业更新和维护成本支出
	间接（隐性）补贴	税收减免或优惠:中央税收或地方税收
		改进监管效率:降低企业运营成本,如降低企业的特许成本等;促进企业竞争和效率提高
消费者补贴（需求补贴）	直接（显性）补贴	消费补贴:所有消费者免费供应;所有消费者的单一费率体系(低于成本);特定消费者(如贫困消费者、农村地区消费者)免费供应;特定消费者的统一价格(低于成本);所有新(潜在)消费者的接入补贴;特定潜在消费者的接入补贴
		特定消费者现金补贴:不限定消费目的
		生命线定价:保障消费者最低需求

续表

补贴获得	分类	补贴方法
消费者补贴（需求补贴）	间接（隐性）补贴	批量累进制费率体系：随着消费数量的上升，单位消费价格也呈线性上升。这样，消费量小的用户负担的单位成本相对较低，而消费量大的用户支付更多的成本
		批量累退制费率体系：根据消费量的不同设立不同的消费量区间，在区间内，每单位消费价格是相同的，但不同区间之间价格不同
		两部定价：先收取固定费用（入门费，相当于接入费用），然后在按照消费数量收取费用
		交叉补贴：对一部分用户的消费价格或接入价格收取高价（一般高于成本），而对另一部分用户收取低价（一般低于成本），从而让高价格用户补贴低价格用户。如家庭户和工业户之间、富裕消费者和贫穷消费者之间、不同消费区域之间交叉补贴
		消费者税收减免以及社会福利或援助计划：虽然并非直接针对资源性产品消费，但有助于贫困消费者获得一定的帮助
		企业设立的慈善计划：由企业针对部分用户设立的补贴
		其他补贴方法：如非现金援助、替代物品供给等

表 9-2　　　　　　　　　　消费补贴分类

	消费补贴分类
靶向补贴	特定消费者免费供应
	特定消费者的单一费率体系（低于成本）
	特定潜在消费者的接入补贴
	特定消费者现金补贴：不限定消费目的
	批量累进制费率体系
	批量累退制费率体系
	交叉补贴
	企业设立的慈善计划
非靶向补贴	所有消费者免费供应
	所有消费者的统一价格（低于成本）
	所有新（潜在）消费者的接入补贴
	两部定价
	生命线定价
	消费者税收减免以及社会福利或援助计划

第三节　城市公用事业财政补贴存在的问题

供水、燃气、供热、城市公共交通、电力等城市公用事业关系国计民生，大部分都具有社会公益性，其提供的服务是每个消费者生活所必需的。城市公用事业市场化导向改革一般都要求企业成为自主经营、自负盈亏的市场主体，通过价格信号引导，利用市场机制获得可持续发展能力。由于过去城市公用事业产品普遍定价过低，因此，市场化导向改革将伴随着价格的提高。而这必将对部分利益相关者（特别是贫困消费者）带来不利影响。世界银行认为，每个消费者都有获得电力、电信和供水等基础设施产品和服务的权利，这是人的基本权利。对于北京市部分农村地区以及社会低收入消费者来说，目前尚未享受到上述基本服务（如大部分农村地区和部分城市郊区的自来水和管道燃气供应），已经成为社会不和谐的潜在风险因素。而市场化导向改革将带来的价格上涨，也必将加剧消费者在获得公用事业产品方面的差距，影响我国经济社会和谐发展。

随着快速城市化，为了解决城市公用事业建设所需的巨额资金，以及保证人民以公平合理的价格获得基本的公用产品和服务，我国每年对能源消费、供水与污水处理、公共交通等城市公用事业进行了大量的补贴，补贴数额增长迅速，也带来很多问题。

一　补贴数额逐年增大导致财政收入的压力日渐显现

随着我国社会经济的快速发展，在城市公用事业财政补贴方面的支出逐年增长，对于财政收入的压力日渐显现。以北京公共交通为例，2005 年，补贴额仅为 16.9 亿元，逐渐上升到 2010 年的 135.3 亿元，2011 年的 156.9 亿元，2012 年的 175.1 亿元，到 2015 年的 250 亿元，增长趋势十分惊人（见图 9-1）。根据报道，2012 年，北京公共交通等公用事业领域财政补贴总体投入 243 亿元，其中地面公共交通补贴投入 138.2 亿元、轨道交通补贴投入 36.9 亿元。如此巨大的

第九章 城市公用事业财政补贴现状与问题 | 165

公共交通补贴，占当年财政收入的比重从 2005 年的 1.84% 也逐渐跃升到 2015 年的 5% 以上，对财政收入的压力十分明显（见图 9-2）。根据北京常住人口数据计算，北京市常住人口人均公共交通补贴从 2005 年的 109.88 元也上升到 2015 年的 1151.81 元（见图 9-3）。

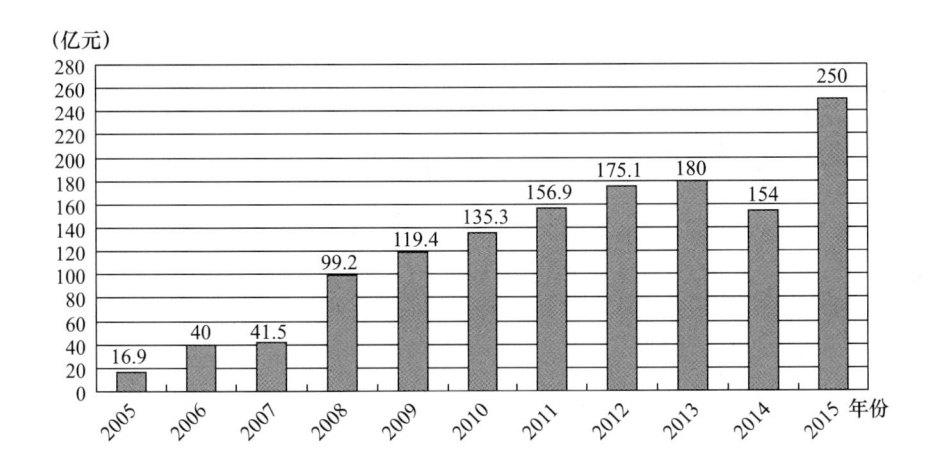

图 9-1 2005—2015 年北京市公共交通补贴数额的增长情况

资料来源：根据新闻资料整理。

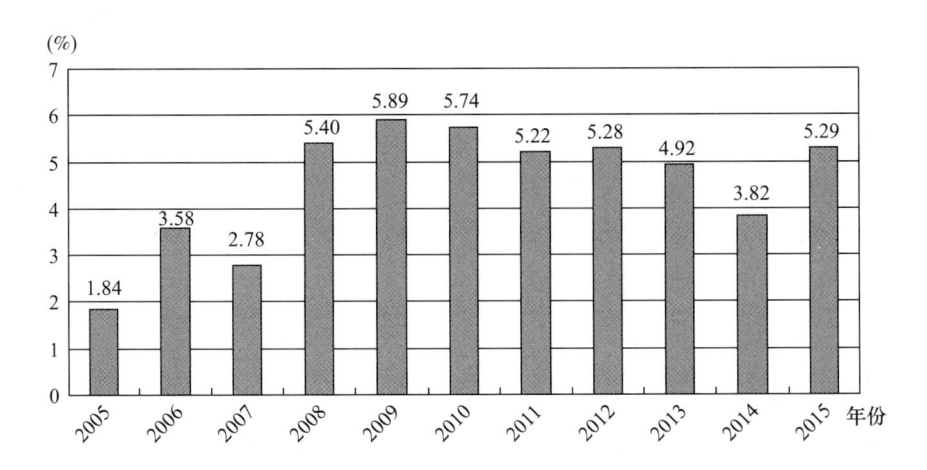

图 9-2 2005—2015 年北京市公共交通补贴额占当年财政收入比重情况

资料来源：根据北京市财政局公告资料整理。

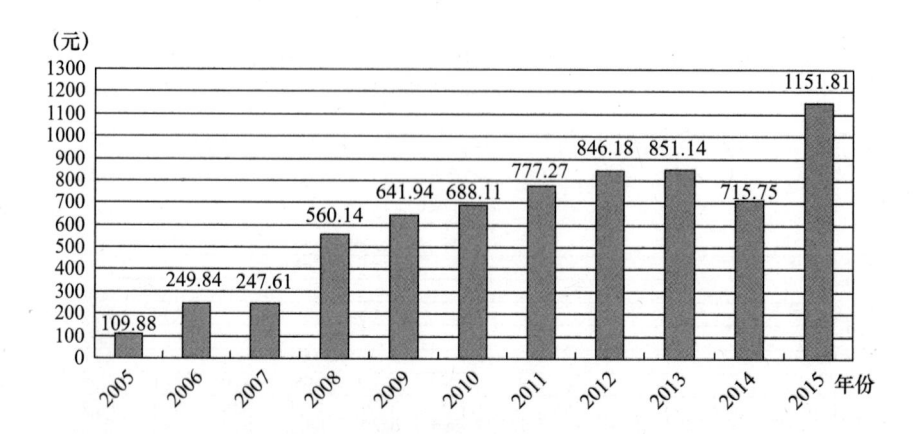

图 9-3　2005—2015 年北京市常住人口人均公共交通补贴额情况

资料来源：根据《北京统计年鉴（2015）》资料整理。

二　城市公用事业价格上涨导致消费者支出增加过快

水、电、天然气等城市公用事业产品价格长期以来偏低，导致了资源的过度利用。因此，城市公用事业企业由于成本上升而要求涨价也是顺理成章的事情。2001—2006 年我国部分资源性产品出厂价格上涨十分频繁，而且涨势惊人（见表 9-3）。

表 9-3　2001—2006 年我国部分资源性产品出厂价格同比指数

（以上年价格为 100）

年份	2001	2002	2003	2004	2005	2006	累计上涨（%）
原油	71.98	94.08	119.76	120.34	131.08	122.30	56.5
天然气	98.79	100.92	103.56	102.39	102.82	105.29	14.4
无烟煤	118.24	119.15	103.97	118.53	129.88	105.10	137
自来水	107.04	105.79	105.28	104.10	104.03	106.73	37.8

资料来源：国家统计局城市司、湖南调查总队课题组（2008）。

从北京市水价调整看，水价上涨幅度也很大，如图 9-4 所示。

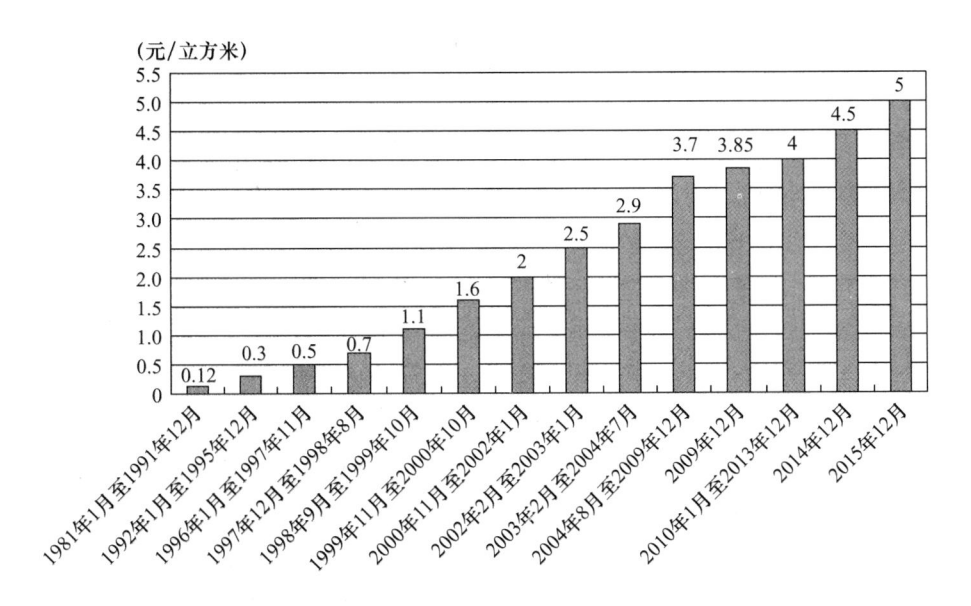

第九章 城市公用事业财政补贴现状与问题 | 167

图 9-4 北京市居民水价调整情况

在关系到国计民生的这些城市公用事业领域,如果价格上涨过快和过高,将会损害部分消费者正常的生产生活。因为作为必需品的公用事业支出日渐增长,消费者只得要么压缩其他方面的基本开支(如教育和医疗),要么减少消费,损害其基本的生产生活。这将恶化贫困消费者和中小企业的生存状况,降低其生活质量,会造成比较严重的社会公平问题。近年来,我国城市公用事业价格上涨的幅度远快于居民收入增长幅度,已经造成居民消费支出的承重负担。因此,必然会造成消费者对于价格上涨的不满。

世界卫生组织(WHO,2005)认为,居民家庭在供水和卫生设施方面的支出不应该超过其收入的5%(供水3.5%),供电等能源为4%—6%。贫困家庭在基础设施方面支出不应超过15%。国家统计局的调查发现,近年来,我国一些地方的贫困家庭在城市公用事业方面的开支已经接近或超过这个标准。这一点可以从表9-4得到证明。

表 9 – 4　　　2006—2009 年北京市居民家庭水、电、燃料及
其他占可支配收入比重　　　　　　单位:%

年份	全市平均	低收入户（20%）	中低收入户（20%）	中等收入户（20%）	中高收入户（20%）	高收入户（20%）
2006	2.64	4.14	3.58	2.86	2.45	1.76
2007	2.61	4.17	3.48	2.70	2.41	1.87
2008	2.58	4.53	3.30	2.86	2.51	1.76
2009	2.37	4.26	2.90	2.72	2.10	1.74

资料来源：根据《北京统计年鉴》（2006—2010）的有关数据计算。

从表 9 – 4 中的数据看，虽然全市平均支出水平约占消费支出的比重逐年下降，但是，对于社会最低收入的 20% 的消费者而言，这一比重在 4.1%—4.6%，已经接近世界卫生组织的可负担性 4%—6% 的标准。而且，根据计算，居民水电开支平均金额为 427.7—495.1 元。对于北京市城市低保户来说，其水电支出为 10.2%—13.3%，已经远远高于 4%—6% 的可负担性标准。

三　补贴缺乏目标性（靶向性）导致补贴结果不公平

中国是一个发展中国家，经济转型中实行过渡性的水、电等公用事业价格补贴是合理的，有时甚至是必需的。这些补贴主要通过低价形式对消费端进行补贴。由于城市公用事业产品和服务的价格一直偏低，而且大多采取统一定价的方式来提供补贴。这种统一低价的补贴方式由于无针对性，真正需要补贴的贫困居民仅获得了小部分补贴，而高收入群体却获得了大部分补贴，补贴机制是缺乏效率的。因为补贴常常是通过国有城市公用事业企业的亏损来实现的，那么，全民所有的定义将导致低收入群体补贴高收入群体，因此，无目标补贴也是不公平的。

根据厦门大学中国能源经济研究中心林伯强教授的计算，2007年，中国对居民用电交叉补贴为 2097.6 亿元，占当年的 0.84%。其中，如果将所有消费者按照收入水平划分为 5 组，不同群体获得的电力补贴为：较高收入人群享受了 26.4% 的电力补贴，高收入人群得到

了 18.6% 的补贴，而真正需要补贴的低收入人群只得到了 10.1%，较低收入人群得到了 18.4%。换言之，占人口总数 48.5% 的人均可支配收入在 5000 元以下的居民仅获得了不到 30% 的居民电力补贴，而占人口总数 27% 的人均收入在 10000 元以上居民却获得了 45% 的补贴。这说明由于目前我国居民电价补贴没有针对性，实际上，大部分的补贴，超过 70% 的补贴落入了中等收入以上的群体，近 50% 的补贴落入了较高收入以上的群体。如果说对中等收入群体还应有一定程度补贴的话，那么对后者则是不需要补贴的。由此也证明了目前中国的居民电力补贴是无效的，是与初始目标相背离的。而且这种现象也并不仅仅存在于居民用电，因为任何群体的能源消费都是以富人消费更多为特征，不加区分的补贴机制将导致大多数的补贴进入富人口袋。如果用财政收入进行补贴，最终可能会导致穷人补贴富人，这显然是极度不公平的，所以需要改革目前的补贴机制。

四 城市公用事业交叉补贴缺乏效率

我国的水、电等公用事业价格不是根据成本，而是根据历史水平以及需要的新增费用行政决定的。其价格一直存在交叉补贴，即工业和商业的消费价格高于其长期边际成本，而居民、农业等的价格低于其长期边际成本，用工业和商业的收益补贴居民和农村的亏损。而且对居民消费不加区分，实行城乡同价。

虽然交叉补贴在一定程度上扩大了城市公用事业的消费范围和居民的支付能力，保证了居民生活所需的水、电等基本服务。但是，随着城市公用事业市场化改革不断深化，交叉补贴的种种弊端逐渐显露出来。

第一，交叉补贴实质是价格扭曲，不能反映真实的水、电等公用事业成本。这不仅会扭曲公用事业市场，还会扭曲其他经济部门，成为公用事业改革的阻碍。

第二，低价会导致对水、电等公用事业产品的过度消费。例如，对于能源消费而言，我国又是以燃煤发电为主。因此，电力和供暖消费的不合理增加会导致煤炭消费的增加，从而增加废气和二氧化碳排放，加重了环境压力，限制中国的减排空间。

第三，由于补贴机制的缺陷，交叉补贴最后的受益者大部分是不需要补贴的高收入群体。而贫困居民由于水、电、暖消费少，获得的补贴也少。这和补贴最初的目标是背道而驰的。因此，目前的城市公用事业交叉补贴既不公平，而且缺乏效率。

五 尚未形成科学合理的补贴方式

目前，我国在城市公用事业补贴方面尚未形成科学合理的补贴机制，大多采取"一事一议"的方式，具有很大的随意性，不仅缺乏科学统筹规划，而且实际操作中也面临很多困难。企业能否获得补贴以及补贴数额往往与其讨价还价能力有关。为了获得补贴，企业具有很强的"寻租"激励，不利于提高绩效。而且，还存在补贴对象模糊不清、亏损企业成本和绩效不透明、补贴效果缺乏考核等诸多问题。

目前的补贴机制实质上并没有补贴到贫困人群，高收入群体获得了大部分的补贴。但是，如果一旦完全取消补贴，对低收入家庭的负面影响却又是最大的。因此，在改革补贴机制时，不能采用"一刀切"的方法。不同收入阶层对公用事业价格上涨的承受能力不同，因此，需要采取阶梯价格为核心的城市公用事业补贴方式，对不同的收入阶层实行不同的价格。各群体有不同的水、电消费预算，一般低收入家庭消费少，高收入家庭消费多。因此，我们可以根据不同的消费量区分不同的收入阶层。

例如，在设计居民电价的补贴机制时，可以借鉴美国的方法。美国对居民生活用电采用生命线电价。生命线电价作为对贫困户的优惠，对在生命线用电量以下的每户每月用电量，规定一个较低电价对超过生命线用电量限额的用户，按合理电价收费再超过某一用电量限额时，按高于合理电价收费。这种电价递增体现了超额用电对资源和环境压力。

由于低收入阶层的消费弹性最小，水、电等公用事业费支出在其消费性支出中所占的比重最高，实行"一刀切"的改革方法可能会对这部分社会最脆弱的群体负面影响最大。补贴机制的设计原则是公平和效率，因此，改革后的补贴应该是有针对性的，使低收入人群能够获得大部分补贴。因为不容易确定家庭收入情况，所以，消费量是界定补贴范围相对有效的方法。不同收入群体有不同的消费预算,一般低收入家庭消费少,高收入家庭消费多。而对于收入最低的人群,则采用生命线消费量确定其保证基本生活的最低水、电消费量。作为政府对低收入居民实行特殊照顾的一种措施,对生命线以内的水、电消费量可以采取免费或者很低的价格。

事实上,通过实施阶梯定价改革目前的城市公用事业补贴机制是双赢的。一方面,真正需要补贴的贫困人群获得了补贴,对高收入群体的高价又抑制了过度消费;另一方面,在阶梯定价机制下,补贴支出显著减少,利用这部分节省的资金,可用作财政支出的增加,增加对教育、医疗卫生以及社会保障等的投资。

第十章　国外城市公用事业财政补贴经验借鉴

本章对国外城市公用事业财政补贴模式进行梳理和总结，大体分为能源补贴、供水补贴、公共交通补贴。通过研究各个国家的公用事业财政补贴机制，分析其补贴效果，为我国公用事业财政补贴提供可行的经验借鉴。

第一节　能源补贴

作为政府政策干预的一种形式，能源补贴广泛应用于世界各国和各级政府。政府可以对能源生产和消费征税或进行补贴，通过这些政策，鼓励某些能源利用或限制某些能源利用。政府的干预政策影响能源的供给和需求，并影响最终的能源价格。本章对梳理和分析各国的能源补贴方式及其效果。

一　能源补贴概述

经济合作与发展组织将补贴定义为："任何使消费价格低于市场水平的措施，或者是使生产价格高于市场水平，或者降低消费者费用和生产商成本的措施。"能源补贴可以包括向生产商、消费者和相关团体的直接现金调拨，以及不太透明的支持机制，诸如税务减免、价格控制、贸易限制、计划批准和市场准入的限制等。补贴也包括对完善市场缺陷的政府失灵，例如，能源生产和消费所引起的外部成本。表10-1综合了能源补贴类型。

表 10-1　　　　　　　　　　　　能源补贴类型

政府干预	例子
直接财政转移	对生产商的补贴 对消费者的补贴 对生产商的低息或优惠贷款
税务优惠待遇	版税、关税减免对生产商税收和关税 税收抵免 加速能源供给设备的折旧提成
贸易限制	配额、技术限制和贸易禁运
政府提供的低于全部成本的能源相关服务	对能源基础设施的直接投资，国有研发
能源部门的规章	需求保证和强制部署等级 价格控制 市场准入限制 承诺优惠计划和对利用资源的控制
加强外部成本的失灵	环境外部成本 能源安全风险和价格浮动成本

资料来源：IEA/UNEP（2002）。

基于以下目的，政府常常对能源部门实施经济干预措施：

第一，能源供给安全。自20世纪70年代以来，各政府运用补贴手段来确保国内充足的供给，通过向当地燃料生产提供补贴以减少对进口的依赖。同时，能源补贴也支持国家能源企业在海外活动，在地理政治经济背景中扮演了重要的角色。

第二，改善环境。能源补贴也用于减少污染，如二氧化硫、氧化氮、颗粒物和温室气体排放，以完成相关国际协议和条约中的责任。如果不能内化外部成本，会对不完善的市场价格进行补偿。

第三，经济利益。以降低价格形式的能源补贴有时用来刺激特定部门或某些群体的经济发展，也可建立起国内的工业部门，为能源技术市场的增长和出口提供机会。

第四，就业和社会效益。能源补贴经常用于维持当地就业，特别在经济过渡时期。保护就业机会的政治命令已成为向欧盟国家,特别是德国和西班牙煤炭业提供援助的一个主要因素。

根据国际货币基金组织(IMF,2015)[①]估算,2011年和2013年全球税前能源补贴占GDP的0.7%,到2015年降低为全球GDP总量的0.4%,为3330亿美元。但是,税后补贴仍然保持很高的水平。2011年达到4.2万亿美元,为全球GDP总量的5.8%;2013年达到4.9万亿美元,为全球GDP总量的6.5%;2015年达到5.3万亿美元,为全球GDP总量的6.5%。

二 美国能源补贴

1943—1999年的美国能源补贴是以直接补贴为主(1200亿美元),约占总补贴额的80%,这些补贴主要来源于能源部的项目预算和能源研究开发局及能源部所进行的项目评估费用。2010—2013年,联邦政府用于调控和补贴能源市场的财政支出下降了23%,从380亿美元减少到293亿美元。同样发生变化的还有补贴种类与受惠的能源类型。美国能源补贴政策中比较典型的是低收入家庭能源援助(Low Income Home Energy Assistance Program,LIHEAP)。

(一)美国低收入家庭能源援助项目概述

作为对1973年石油禁运的回应,美国联邦政府开始卷入了能源危机援助。1974—1979年,设立了很多项目,包括有几个州的固定拨款项目诸如紧急能源节省服务项目、特别危机干预项目和危机干预项目。根据各州和地区的平均最小取暖天数的公式来进行计算如何向这些项目拨款。这段时间设立的其他项目如紧急能源援助项目不是基于拨款项目的公式。1980年,由于燃料油价急剧上涨和针对原油的暴利税的争论,国会将低收入能源援助增加到16亿美元。1981年,美国卫生和福利部管理的低收入援助项目(LIEAP),其资金主要用于补贴家庭取暖和必要的家庭医疗降温费用。1981年,统括预算调整法(OBRA)将低收入援助项目(LIEAP)统一为联邦管理,作为一个固

---

① Cody, D., Parry, I. W. H. and Sears, L. et al., "How Large Are Global Energy Subsidies", *Social Science Electronic Publishing*, Vol. 15, No. 105, 2015.

定拨款项目。其主要目的是帮助低收入家庭，特别是收入最少的家庭，支付占其收入很高比重的能源开支。

根据 1981 年统括预算调整法第 26 条，国会出台了 1981 年收入家庭能源援助法案，授权设立了低收入家庭能源援助（LIHEAP）固定拨款项目来帮助符合资格家庭满足能源费用。各州也可向低收入家庭提供各种各样的项目，包括家庭取暖和降温援助、能源危机援助和家庭过冬维护援助。

家庭能源和取暖援助，包括帮助低收入家庭支付取暖和降温费用，向符合资格的受补贴人提供现金、优惠凭证、优待券和双重支票等形式的援助，也可代符合资格家庭向房东和家庭能源供应商付款。

能源危机援助，包括向与天气有关的供应短缺和其他家用能源相关的紧急情况提供资助，各州向没有供暖的家庭或者燃料供给有紧急中断的危险家庭提供现金、庇护所、紧急供应或补充的取暖资源。

家庭过冬维护援助，包括向低成本居民过冬维护或者其他能源相关的家庭维修提供资金。

低收入家庭能源援助（LIHEAP）对象只限于家庭，包括向有孩子要供养家庭的援助、补充社保收入、粮票或者某种退伍老兵福利金的接受者。家庭收入不到贫困水平线的 150%，或者少于州中等收入的 60%，也符合这条法规的规定。

低收入家庭能源援助（LIHEAP）是一个联邦固定拨款项目，这意味着各州在这条法规的要求之内可以选择自己的管理方法，制定资格标准、福利水平和对项目活动的资助标准。根据立法委任权要求，审计总署应各级政府要求对 LIHEAP 进行评估并编制年度审计报告。

自从低收入家庭能源援助项目确立之日起，民主党和共和党对之提出了两种不同的批评意见：一种意见认为，应将其应用范围减少到"紧急援助"；另一种意见认为，应允许各州将其低收入家庭能源援助项目资金用于其他能源相关目的。前一种批评认为，资金的分布与各州对援助的需求不成比例：东北和中西部各州得到的资金极其多，而南部和西部各州得到的拨款太少。

联邦政府为确定向各州的低收入家庭能源援助项目拨款金额，要运用一个立法确立的公式进行计算。低收入家庭能源援助公式最初是1981年立法确立的，1984年进行了修改。修改的主要原因是来自气候温暖的各州施加的政治压力，他们认为，向天气寒冷的各州所拨的款过多了。1984年，美国卫生和福利部制定了一个新的公式，注重各州之间的整体公平。但此修正案同时也包含许多附加条件，由此规定了采纳1984年公式的时间和方式。例如，为采纳1984年公式，低收入家庭能源援助项目的正常拨款要超过19.75亿美元的最低底线。但即使正常拨款要超过19.75亿美元的最低底线，采纳了1984年公式，还是受限于一个保持以往资助水平规定，此规定要确保在新的拨款方案中没有任何一州境况更差。因此导致修正后的1984年公式很少被采纳。

低收入家庭能源援助条文中有正常项目固定拨款和紧急拨款两种项目拨款。正常项目固定拨款是由低收入家庭能源援助条文中2602(b)部分授权的，根据前面描述的机制进行拨款。紧急拨款是由低收入家庭能源援助条文中2602(e)部分授予的，由总统和美国卫生和福利部部长在此财政年中任何时候授权和拨款。

2010—2014年，美国低收入家庭能源援助总补贴金额情况和各州低收入家庭能源援助补贴数额及家庭数量情况分别如表10-2和表10-3所示。

表10-2　2010—2014年美国低收入家庭能源援助总补贴情况

财政年度	总拨款（亿美元）	补贴家庭数（万户）	平均补贴（美元）
2010	51	810	520
2011	47.1	800	481
2012	34.7	690	413
2013	32.5	670	398
2014	34.3	690	406

资料来源：LIHEAP官方网站：http://liheap.org/states/al/。

表 10-3　2010—2014 年美国各州低收入家庭能源援助补贴金额及家庭数量

地区	2010年	户数	2011年	户数	2012年	户数	2013年	户数	2014年
亚拉巴马州	58.8	109671	59.4	80626	47.7	76655	48.3	60594	48.9
阿拉斯加州	25.3	16634	23.7	18709	18.0	18187	17.2	19000	18.9
亚利桑那州	33.7	10312	32.9	13785	23.9	17244	23.3	16000	23.6
阿肯色州	35.8	70535	34.9	59709	28.5	52233	26.7	67523	27.5
加利福尼亚州	202.7	287679	202.8	334458	154.6	252643	145.4	194189	153.6
科罗拉多州	34.3	123388	62.1	125099	47.3	100795	44.3	96009	46.4
康涅狄格州	96.9	113385	98.3	117920	79.5	100416	76	100709	77.4
特拉华州	15.2	20265	15.2	20780	11.9	18661	12.6	17737	13.1
哥伦比亚特区	13.9	31647	14.1	27953	10.7	20131	9.9	21189	10.5
佛罗里达州	110.4	76502	107.7	67799	80	57645	76.4	44592	77.4
格鲁吉亚州	87.3	250062	85.2	212849	61.7	158955	60.4	156649	61.2
夏威夷州	6.0	8509	6.0	10194	6.1	10001	5.4	9859	6.2
爱达荷州	26.9	52349	27.1	52424	20.6	48990	19.2	45000	20.2
伊利诺伊州	232.9	425176	238.7	421077	185.7	350000	160.2	322756	167.5
印第安纳州	104.1	186634	102.7	168576	80.0	134930	72.4	133595	75.8
爱荷华州	67.8	101401	68.1	95018	54.8	88492	51.3	85777	53.7
堪萨斯州	41.8	58699	42.3	62008	32.1	53683	31.4	47117	31.1
肯塔基州	57.7	330537	58.3	171218	46.4	148630	43.5	130481	48.3
路易斯安那州	51.9	46493	53.1	44331	43.4	27433	40.9	27654	42.1
缅因州	54.3	69930	53.6	62363	39.9	54384	37.4	44556	39.2
马里兰州	82.0	134691	85.5	136789	69.8	123868	70.4	113787	68.5
马萨诸塞州	175.5	206488	175.2	212714	132.7	200174	132.3	190432	140.1
密歇根州	233.5	614589	228.3	616435	173.5	616435	165.6	623549	165.5
明尼苏达州	144.5	164783	145.2	172099	116.8	163254	109.3	147636	114.5
密西西比州	39.6	73223	38.8	30369	31.6	33406	29.3	30065	30.1
密苏里州	95.3	165669	95.6	163343	68.2	147003	66.6	145617	70.9
蒙大拿州	31.6	28054	31.7	24165	24.1	22683	22.5	20697	23.7
内布拉斯加州	39.6	44191	39.8	39172	30.2	38284	28.2	37605	29.6
内华达州	15.8	27479	15.5	32544	11.2	22981	10.9	26088	11.1
新罕布什尔州	34.1	47215	34.3	45252	26.1	38021	24.3	36805	25.6

续表

地区	2010年	户数	2011年	户数	2012年	户数	2013年	户数	2014年
新泽西州	177.2	317690	180.9	289323	136.7	300087	124.5	276841	124.6
新墨西哥州	22.4	52558	22.5	53232	17.1	64995	15.9	68462	16.7
纽约州	479.5	1361371	495.8	1497508	375.7	1447774	350.2	1457448	366.8
北卡罗来纳州	109.4	309595	11.3	352369	83.0	68445	87.7	88260	88.3
北达科他州	34.3	16061	34.5	15840	26.2	14000	24.5	13800	25.7
俄亥俄州	223.1	426410	225.4	457701	165.5	459286	144.8	454520	154.3
俄克拉荷马州	47.9	110962	47.7	74379	36.1	51308	35.9	92531	37.1
俄勒冈州	45.4	92375	45.6	88000	36.7	82000	24.3	69301	35.9
宾夕法尼亚州	282.3	602032	280.4	626969	209.6	384334	190.8	191464	203.1
罗得岛州	29.6	37100	29.8	36403	23.2	31886	23.9	27731	23.8
南卡罗来纳州	47.3	53674	46.9	52392	36.3	44016	38.3	33086	38.8
南达科他州	27.9	22825	27.9	24255	21.3	25216	19.9	24943	20.9
田纳西州	72.1	77402	71.6	83422	55.4	72258	56.9	72776	58.1
得克萨斯州	183.6	34753	179.2	47355	129.8	25398	127.1	26870	128.7
犹他州	32.1	51103	32.2	53658	24.5	44284	22.9	42871	24.1
佛蒙特州	25.6	27850	25.7	26546	19.5	27363	18.2	27457	19.2
弗吉尼亚州	100.9	142905	102.8	144495	80.4	147155	78.9	137324	81.9
华盛顿州	74.6	97664	74.9	111157	60.3	84090	56.4	51592	59.1
西弗吉尼亚州	38.9	87166	39.0	98612	29.7	103000	27.7	90627	29.1
威斯康星州	130.1	215325	130.7	226381	105.2	214966	98.4	614.531	103.1
怀俄明州	12.9	14393	12.9	13472	9.8	11436	9.1	10153	9.7

资料来源：LIHEAP官方网站：http://liheap.org/states/al/。

2004—2014年低收入家庭能源援助拨款情况如图10-1所示。

回顾近些年的低收入家庭能源援助补贴的拨款情况，由于2009年国会拨款达到了51亿美元的授权级别，最近几年该项目的财政补贴下降超过了30%。尽管该项目在2014年财政年度内扭转了连续三年下降的趋势，但满足补贴条件的家庭数量所需补贴资金仍超过了拨款金额。事实上，2010—2013年，接受项目补贴的家庭数量已经下降了17%，由810万户下降为670万户。与此同时，能源的价格却维持

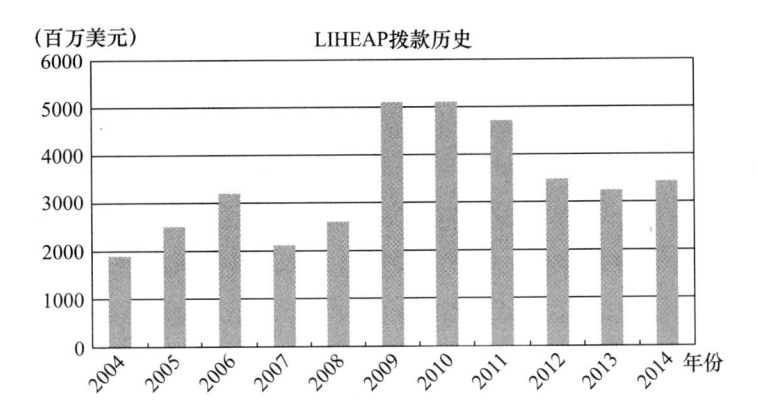

图 10-1　2004—2014 年低收入家庭能源援助拨款情况

资料来源：LIHEAP 官方网站：http://liheap.org/states/al/。

着历史新高。因此，低收入家庭能源援助补贴的实际购买能力降低。2010 年以来，均匀补贴金额减少了 100 多美元，从 2010 年的 520 美元下降为 2014 年的 406 美元。

（二）低收入家庭能源援助项目的具体实施情况

下面就以美国伊利诺伊州的 2015 年计划为例，来详细介绍低收入家庭能源援助的具体实施情况。

根据 1981 年收入家庭能源援助法案及其修正案和 1989 年伊利诺伊州能源援助法案的要求，医疗及家庭服务部门继续承担低收入家庭能源援助项目的管理。2015 年计划管理活动的范围适用期限为从 2013 年 10 月 1 日至 2015 年 9 月 30 日。

2015 年度，低收入家庭能源援助项目将提供以下项目的家庭能源援助和过冬维护援助：①家庭能源援助，包括取暖援助、紧急援助和特别低收入家庭能源援助项目；②家庭过冬维护，包括美国能源部过冬维护项目的补充援助和特别过冬维护项目。

伊利诺伊州医疗及家庭服务部门通过州以下非联邦资源的调控，扩大家庭能源援助和家庭过冬维护受益范围，诸如：①低收入家庭能源援助州补充援助。作为对 1989 年能源援助法案的修正案，《90-561 法案》提供了一笔由州创立的能源援助资金，连同项目资金一起，由低收入家庭能源援助项目组一起管理。这些资金向低收入家庭能源援助项目提供家庭能源援助和家庭过冬维护。参与筹集资金的符合资格家庭其增加的能源援助费用包括在其能源账单中。②现金捐助。伊利诺伊州各镇、教堂、慈善组织、各市和各镇区所得现金捐助由当地管理机构最大限度用于低收入家庭，用于扩大低收入家庭能源援助项目的效果。③递送和重接费用的折扣和免费。④"增添一美元"计划、公用设施折扣、免费、拨款和试点项目。⑤好心的撒马利亚人能源信托基金。

伊利诺伊州在实施2015年计划中，对于合格家庭的具体规定如下：

1. 家庭能源援助

（1）取暖援助。1989年，伊利诺伊州能源援助法案及其修正案制定了低收入能源援助政策和项目，具体包括燃料援助、家庭过冬维护以及其他旨在更有效地帮助符合资格的家庭平衡家庭能源费用的措施。符合项目收入资格标准的家庭有资格每年通过以下方式收到此项目的援助一次。该项目将为收入符合资格的家庭提供经济援助和非经济援助，其中非经济援助包括能源咨询、教育和相关材料。符合资格的家庭包括那些直接为其取暖费用负责的家庭、那些所付能源费用为其房租一部分的家庭、居住公有资助公寓的家庭、那些承租人的租约中包含隶属于额外费条款或者其房租因能源费用上涨而上涨的家庭。

从2013年9月1日起，为老年和残疾申请者以及没有家庭能源服务家庭的优先时期。为确保最低收入家庭接得到一份适当的全州范围的全面资金投入，一笔不少于全部低收入家庭能源资助项目经费33%的资金会专门用于家庭收入少于或等于贫困线50%的家庭。最小的取暖援助金额为100美元，将以直接现金援助和支付给卖主两种形式提供给受援助家庭。

符合资格的家庭是：①申请者家庭没有加热相关的能源源泉，间接购买能源的费用作为房租的某一部分以及居住公有资助公寓的家庭、那些承租人的租约中包含隶属于额外费条款将有资格接受援助。如果申请者的租房费用大于家庭收入的30%，将有资格接受以一次现金形式的直接家庭援助。这些支付会因家庭规模大小、收入和所在州的地理位置而不同。②申请家庭从商贩处直接购买能源的，有资格以一次性支付的形式接受冬季能源援助，支付比重为冬季月份（11月到次年5月）的第一次和第二次账单平均数的10%。

这些支付会因家庭规模大小、收入和所在州的地理位置而不同。这些家庭所得到的援助分为以下几类：公用设施提供热能的原始来源会收到准许援助总额的大约2/3（67%），而大约1/3会付给那些提供热能相关的二级能源来源的公共设施。各州将选择地方社区诉讼机构、其他以社区为基础的组织或者地方政府作为地方层面的管理结构。这些机构负责规定的范围、推荐、能源相关的咨询和教育材料、接收申请、符合资格的信息、给能源商贩发放援助付款。要求地方机构在30日内通知申请人符合资格与否。

（2）紧急援助。伊利诺伊州医疗及家庭服务部门必须预留出州拨款的一部分用于紧急情况。这部分资金可以用于影响了整个符合条件人群的天气和供给的紧急情况，或者紧急情况相关情形下对单个家庭有较大影响而可用资金的。

（3）支付收入1%的计划试点项目。在新的项目年度中，医疗和家庭服务部门会进行一个1%的收入支付计划试点。试点项目会帮助州试点县的那些收入或低于联邦贫困水平指南中贫困线收入的150%的电取暖的家庭。此项目目的是使低收入家庭能承担家庭能源费用，防止拖欠，促进指定区域低收入用电家庭支付正常能源账单，减少或消除欠费，提升能源效率和维护。试点项目是为了确保指定区域电取暖家庭能用家庭收入的一部分负担能源费用。在试点项目中，指定家庭用于支付电费的不超过年收入的10%。州政府负担此百分比和每月费用的差额。

2. 家庭过冬维护

伊利诺伊州医疗和家庭服务部门可以使用不超过总量25%的资金（法案所允许的最大金额）用于居民的家庭过冬维护或者与能源家庭相关的修补部分。如果医疗和家庭服务部门打算所用于家庭过冬维护的资金超过固定拨款的15%，将会从联邦卫生和福利部获得事前批准（费用免除）。这部分用于低收入家庭减少消耗的能源量，从而减少这样的家庭的资金紧张。

（1）能源部项目补充援助。能源部能源援助资金将用于补充伊利诺伊州家庭过冬维护援助项目，这一项目是由能源部联邦资金（美国联邦法规 440 部第十款）资助的项目，同时由来至于伊利诺伊州补充援助的低收入能源援助资金资助。能源部家庭过冬维护行动指南（美国联邦法规 440 部第十款）也可适用于低收入家庭能源援助家庭过冬维护。

（2）特别项目。医疗和家庭服务部门可以拨出一部分资金用于研发和推动住户能源节约的低成本方法和技术。能源节约的工程包括能源相关的修理、能源教育、取暖系统的更新和修理以及技术研发。

表 10-4　　　　2009 年伊利诺伊州收入指南　　　　单位：美元

家庭规模（人/户）	30 天收入的 150%	年收入的 150%
1	1459	17505
2	1966	23595
3	2474	29685
4	2981	35775
5	3489	41865
6	3996	47955
7	4504	54045
8	5011	560135
9	5519	66225
10	6026	72315
11	6534	78405
12	7041	84495
13	7549	90585
14	8056	96675
15	8564	102765
16	9071	102765
17	9579	114945
18	10086	121035

注：对成员超过 18 人的家庭，每多一位，分别增加 508 美元。

资料来源：上述数据根据《2014 联邦贫困指南》整理。

(3) 能源成本资格。

①在能源援助这块，如果家庭取暖花费符合以下条件就可取得援助：直接算来，或者其购买家用能源花费加上房租，或者是租住公房住户，租约有额外费用条款的，申请者必须有超过30%的收入用于每月房租。如果低收入家庭能源援助申请者居住在享受联邦补贴的房屋中，或者房屋管理部门为其支付所有的取暖费用，且其租约中并无额外费用条款者，则不符合取暖费用支付资格。如果低收入家庭能源援助申请者宣称没有收入，当事人的收入被认为等同于每月的住屋费用（例如，一个月的房租）。②在此计划的家庭过冬维护部分，如果家庭收入符合家庭能源援助或者其中一个成员收到了根据社会保障法的第四条和第十六条支付的现金，或者收入处于联邦2013贫困线的150%，可以得到援助。

三　英国能源补贴

英国是欧盟中能源资源最丰富的国家，也是世界主要生产石油和天然气的国家。主要能源有煤、石油、天然气、核能和水力等。英国贸工部发布的《能源白皮书》指出：英国本国的能源供应，如石油、天然气、核能和煤炭产量将下降。政府建立适当的基础设施和管理体系保持英国能源供应的可靠性。环境审计委员会（EAC）调查英国核能源补贴的程度。英国在能源补贴改革中将越来越多地扮演着关键的角色。英国继续补贴能源生产，需要创建长期信号通过碳定价和其他新方法以鼓励投资者选择更环保的能源。

表10-5为2015年英国能源补贴情况。

表10-5　　　　　　　　　2015年英国能源补贴情况

名义GDP（十亿美元）	人口（百万）	税后补贴（十亿美元）					
^	^	石油	煤	天然气	电	总数
3002.95	64.94	0.28	28.62	12.34	—	41.23
人均税后补贴（美元）					
石油	煤	天然气	电	总数
4.25	440.71	190.01	—	634.97

我们以英国的燃料贫困（Fuel Poverty）补贴战略来说明英国的能源补贴情况。2001年，英国针对燃料贫困补贴战略制定的政策目标是：到2010年，在英国的贫困家庭中消除燃料贫困问题。下一步的目标是：2016—2018年，在现实、合理的范围内，实现在英国没有人处于燃料贫困困境的目标。

（一）英国燃料贫困补贴战略

1. 燃料贫困的定义

一个燃料贫困家庭是指一个以合理的开支不能负担起充分取暖费用的家庭。最为广泛接受的定义是：一个燃料贫困家庭是一个需要支出超过其收入10%的钱用于所有的能源花费和加热住房达到温暖的充分标准。普遍认为，世界卫生组织推荐的温度如客厅21℃，其他房间为18℃。

用来估计英格兰燃料贫困的关键数据来源来英国家庭状况调查（English House Condition Survey，EHCS）。这个调查提供了住宅的构成和变化状况以及居住不同住宅的家庭特点。英国家庭状况调查到2001年为止原来是每五年进行一次，现在每年抽取大约8000个住处的人群作为样本，以一种连续的形式进行。调查有访问调查、实地调查和市场价值调查三部分。为了计算出燃料贫困家庭（需要支出超过其收入10%用于所有能源花费和住房取暖达到充分温暖标准）的数量，需要家庭层面的关于燃料开支和收入情况。

每一例英国家庭状况调查都需要算出燃料贫困比率。计算有三部分，包括能源价格（单位和固定费用）、燃料消费和收入。其计算公式为：

燃料贫困比率＝燃料费用（单位燃料价格×燃料消费量）/收入

对每一家庭而言，应用：①单位燃料价格（英镑/千兆焦）应用于每一种燃料类型；②燃料消费量是每一种燃料的能量运用；③收入指的是全家的年度收入。

如果燃料贫困比率大于0.1（一个家庭花费在燃料上的费用多于收入的10%），那么这个家庭被认为是燃料贫困。

2. 英格兰燃料贫困补贴情况

基于2006年英国家庭状况调查的结果，2006年，英格兰燃料贫困家庭的总数为240万户（占全部家庭的11.5%左右），其中约190万家庭为易陷入燃料贫困的家庭。这表明自2005年以来增加总数为90万，其中70万为易陷入燃料贫困的家庭。2007年，英格兰燃料贫困规划显示，价格上涨很可能使燃料贫困家庭再增加70万；2008年度规划显示，可能再增加大约50万家庭。

早在2008年，据Energywatch估计，各地有440万家庭属于英国燃料贫困，这比2003年的数量增加一倍。2008年约45%的天然气能源公司价格上涨显著。2011年4月一个YouGov的调查显示，在燃料的户数贫困已上升到630万个家庭，占全部英国家庭数量的24%。2012年度燃料贫困统计报告显示，燃料贫困家庭的数量在英格兰从2009年的400万个降至2010年的350万个。

表10-6显示了英格兰1996—2016年度的燃料贫困家庭数量（说明：括号中数值为根据基本收入定义而得到的数量）。

3. 燃料贫困统计数据和冬季燃料支付援助

为了便于政府统计，燃料贫困数据并与其他统计数据保持一致，冬季燃料支付援助被归类为接受者增加的收入。援助对于解决燃料贫困起到重要作用，使大约10万英格兰燃料贫困家庭2006年摆脱了燃料贫困（英国大约有20万家庭）。

按照这种方法，英格兰有大约60万少数家庭（英国有大约110万少数家庭）需要付出超出他们收入的10%才能满足使家里取暖充足的费用。

表10-7显示了英国2015年燃料贫困家庭区域分解情况。

4. 温暖前线项目

温暖前线项目始于2000年6月，到2008年4月，温暖前线一直是解决私有部门燃料贫困的一种关键手段。英格兰超过170万家庭收到了各种取暖、保温和其他能源效率措施等形式的援助。2008年11月份阶段的温暖前线资金为大约8.74亿英镑，包括作为政府的家庭能源节省项目一部分所宣布的提高额度。2007—2008年度，估计年度

表 10-6　英格兰 1996—2016 年度的燃料贫困家庭数量　　　　　单位：百万户

年份	1996	1998	2001	2002	2003	2004	2005	2006	2009	2010	2011	2012	2013	2014	2015	2016
全部能源贫困	5.1 (5.5)	3.4 (4.0)	1.7 (2.3)	1.4 (2.0)	1.2 (1.5)	1.2 (1.4)	1.5 (1.8)	2.4 (2.8)	4.0	3.5	3.9	2.28	2.35	2.33	2.31	3
低收入家庭	4.0 (4.3)	2.8 (3.2)	1.4 (1.9)	1.2 (1.6)	1.0 (1.1)	1.0 (1.1)	1.2 (1.4)	1.9 (2.3)	—	—	—	—	—	—	—	—
非低收入家庭	1.1 (1.2)	0.6 (0.8)	0.2 (0.4)	0.2 (0.4)	0.2 (0.3)	0.3 (0.3)	0.3 (0.4)	0.5 (0.5)	—	—	—	—	—	—	—	—
社会住房	不可得	不可得	不可得	0.3 (0.7)	0.2 (0.5)	0.2 (0.5)	0.2 (0.6)	0.4 (0.8)	—	—	—	—	—	—	—	—
私人住房	不可得	不可得	不可得	1.1 (1.3)	1.0 (1.0)	1.0 (0.9)	1.3 (1.2)	2.0 (1.9)	—	—	—	—	—	—	—	—

表 10-7　英国 2015 年燃料贫困家庭区域分解情况

地区	区域内的家庭比例（%）燃料不贫困	区域内的家庭比例（%）燃料贫困	家庭数量 燃料不贫困	家庭数量 燃料贫困	家庭总数	燃料贫困家庭的比例（%）	总燃料贫困差距（百万英镑）	平均燃料贫困差距（英镑）
东部	91	9	2269	218	2487	9.3	95	436
东米德兰兹	90	10	1732	201	1934	8.6	81	401
伦敦	90	10	3004	326	3330	13.9	99	304
东北	88	12	1007	135	1142	5.7	34	255
西北	89	11	2739	335	3073	14.3	104	312
东南	92	8	3362	297	3659	12.7	117	395
西南	88	12	2108	275	2382	11.7	123	447
西米德兰兹郡	86	14	1984	320	2304	13.6	137	427
北约克和亨伯河	89	11	2032	240	2271	10.2	86	359
总数	90	10	20236	2347	22583	100	877	374

燃料费用因收到援助的原因，其平均可能减少额度为 186.74 英镑。

对个人的补贴。温暖前线主要是政府为解决燃料贫困而拨款资助的项目。它向经济脆弱的私营部门和家庭提供能源效率措施，包括中央供暖和隔热设施。项目为家庭和残疾人提供多达 2700 英镑的补贴。如果安装一个燃油中央供热系统的工作得到支持，可得到多达 4000 英镑的补贴。2007—2008 年度，温暖前线收到 3.5 亿英镑资金，允许此计划向大约 27 万家庭提供援助，比上一年度增加 15000 多家庭。此阶段接收的援助包括：超过 10 万家庭安装了新的供暖系统；向 30000 多个家庭提供了空心隔热墙；向 58000 多个家庭提供了隔热阁楼。

尽管活动增加了内容，温暖前线还是显著地减少了申请者等待的时间。平均为：申请后 6.7 天完成了调查（目标时间是 21 天）；调查后 27.6 天完成了隔热措施的安装（目标时间是 40 天）；调查后 68.5 天完成了取暖措施的安装（目标时间是 120 天）。

温暖前线对接收其援助的家庭持续产生了显著的正面影响。2013年，温暖前线提供超过120万英镑电费援助，收入最低的养老金领取者贫困家庭为135英镑电费。尽管起初只是一个燃料贫困计划，每一经过温暖前线改善的家庭，在未来20年里，估计每个家庭每年减少二氧化碳排放的总数为1.2吨。

5. 燃料贫困慈善机构

温暖地带是一家非营利公司，国家能源行动的附属机构，英国燃料贫困慈善机构。温暖地带向低收入家庭和经济薄弱家庭提供可负担的温暖，提供能负担起的能源效率措施。

(二) 英国燃料贫困补贴战略的评估

根除燃料贫困并不止一种解决办法。英国政府和地方当局已设立许多项目并制定了很多措施来解决燃料贫困，与广大利益相关者一起为之奋斗。1996—2004年，英国燃料补贴战略已取得了较大进展。因为能源效率项目降低了能源价格，400万家庭增加了收入，摆脱了能源贫困。

政府致力于确保所有的家庭冬季都是暖和的。从1999—2000年冬季起，冬季额外死亡人数就呈现下降趋势：1999—2000年冬季在英格兰和威尔士有48500人死亡，而2006—2007年冬季的死亡人数是23900（有效数据的最近的时间）。尽管冬季额外死亡人数会因温度、居民中的疾病水平以及其他因素发生变化，但一般认为，过去十年整体下降的部分原因是推广中央暖气系统和保温项目的结果。自2000年以来，冬季的死亡人数在英格兰和威尔士一般保持在25000人。对于2007—2008年过剩的冬季死亡人数为27480人，据报告估计，大约10%是由燃料贫困直接导致的2008—2009年最冷的10年的冬季，办公室国家统计局估计总共有36700人，同比增长49%，这说明死亡率增长中有23.8个百分点在冬季。

估计数据显示，2006年有350万个家庭陷入能源贫困，比2005年增加了100万个家庭，其中大约275万个是易陷入燃料贫困的家庭，增长了75万家。这种增长反映了近年来能源价格上涨对燃料贫困家庭的影响。

图 10-2 为 2005—2016 年英格兰燃料贫困家庭数量情况。

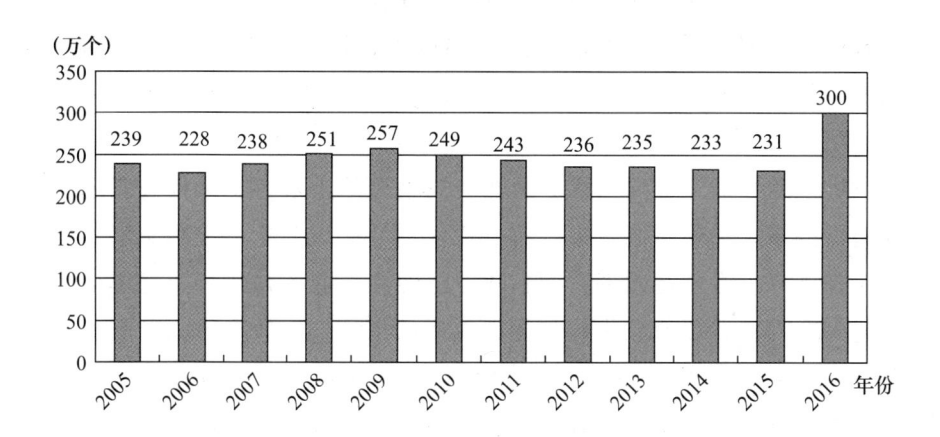

(万个)
年份	2005	2006	2007	2008	2009	2010	2011	2012	2013	2014	2015	2016
数量	239	228	238	251	257	249	243	236	235	233	231	300

图 10-2　2005—2016 年英格兰燃料贫困家庭数量情况

在当前的消费期中，23 亿英镑已经用于帮助低收入家庭和老年人家庭来提高家中能源效率，改善供暖体系，降低能源费用。当然，冬季燃料支付项目继续帮助 120 万领退休金或靠补助金生活的人，使他们的家里在冬季保持温暖。尽管已经有相当可观的资源用于解决燃料贫困问题，但是，由于能源价格不断上涨，使解决燃料贫困变得越来越困难。因此，英国政府宣布了新的家庭能源节省项目，主要包括：未来两年温暖前线项目增加预算 7400 万英镑；建议将能源供应商的碳排放减少目标义务扩大 20%；已提议供应商和电供应商承担一项新的义务：通过新的社区能源节省项目，在国家最贫困的社区安装以社区为基础的能源效率措施；冬季的寒冷天气支付额度增加了 3 倍，从每周 8.50 英镑增加到 25 英镑。

英国政府认为，燃料贫困不是政府能单独解决的问题，所以，需要能源供应商、地方当局、社会上的房东和第三部分组织（非营利健康或教育机构）、燃料贫困咨询团体等和政府相关部门亲密合作。在英国，燃料贫困家庭被定义为是低收入且面临高能源成本。英国 10% 的家庭被列为"燃料贫困家庭"——低收入且面临高能源成本，2014 年上升了到 233 万个家庭。2013 年通过温暖家庭和节能法案的修正案，政府致力于建立一个燃料贫困新的和长期的目标。政府工作报告显示，由于能源价格上涨和昂贵的绿色税收，到 2016 年，英国家庭难以支付燃料账单的数量将增加一倍以上，达到近 1000 万人。希尔教授（Prof Hills）指出，到 2016 年年末，燃料贫困的家庭数量将从 290 万上升到 270 万。

近十四年来，英国燃料贫困补贴战略目的是设置一个拥有新的法律目标的未来燃料贫困政策，实行责任追究制度。燃料贫困家庭的数量正在下降。在能源效率方面，政府已经在低收入地区和家庭提供了超过 180 万英镑以改善供热与能源效率的措施。在收入方面，政府已经永久增加严寒天气补助，支持价值约 20 亿英镑，并且每年通过冬季燃料付款。在能源价格方面，英国政府通过零售市场和关税改革来解决价格问题。

新燃料贫困战略提出了一些新的举措，正在推进。2013 年 7 月，政府发布燃料贫困战略框架并且在设立一个新目标的基础上提高燃料贫困家庭的能源效率标准。其制定的方法主要是基于政府的标准评估程序（SAP）评估国内的能源性能属性。基于 SAP，燃料贫困能源效率评价方法直接影响到家庭能源成本。SAP 确定了一个能源效率等级从 0（最低）到 100（最高），然后转换成一个贫困能源效率评级等级从 G（最低）到 A（最高）（见表 10-8）。

表 10-8　　　　　　燃料贫困能源效率评级等级

燃料贫困能源效率等级	等级
1—20	G
21—38	F
39—54	E
55—68	D
69—80	C
81—91	B
92 及以上	A

四 欧盟能源补贴

欧盟对能源的补贴由来已久，首先对不同的能源补贴类型以及不同补贴目标进行简单的总结。欧盟不同能源补贴类型及目标总结如表10-9所示。

表10-9　　　　　　　欧盟不同能源补贴类型及目标

能源类型	补贴目标
可再生能源	• 改善环境（减少二氧化碳和当地的污染） • 促进国民经济发展，在技术和高速增长行业创造就业机会 • 提高能源安全，通过多样化，减少对进口的依赖 • 扩大获得能源方法，实现相关的社会效益，特别是在农村地区 • 刺激可再生能源技术降低成本
化石燃料	• 通过较低的成本，改进消费者福利 • 扩大获得能源方法，实现相关的社会效益，特别是在农村地区 • 对开发化石燃料进行补贴（如煤炭、天然气） • 发展当地化石燃料来源 • 刺激国民经济（或其部分）发展，降低商业成本
核能源	• 减少化石燃料排放的二氧化碳 • 支持建立一个强有力的核工业和可行的核燃料循环 • 提高能源安全，通过能源多样化，减少对进口的依赖
任何或所有类型	• 刺激和支持经济增长 • 满足不断增长的消费和工业需求 • 创造就业和社会效益

欧盟的能源补贴主要包括以下四个方面。

（一）对煤炭行业的援助

欧盟对煤炭行业的补贴由来已久，早在1951年就成立了欧洲历史上第一个拥有超国家权力的机构——欧洲煤钢共同体，生效期限为50年。2001年，根据《欧洲煤钢共同体条约》，援助的拨款总量大约为63亿欧元。2002年7月，欧洲煤钢共同体解散。《欧洲理事会条例》授权对欧盟煤炭业进行预算内援助，取代了过期的《欧洲煤钢共同体条约》，并准许在 2010 年以前其他煤炭生产成员国对国内的煤炭开采进行持续的财政支持。由于经济、环境和节能减排目标之间存在冲突，2010 年煤炭终端产业的补贴到期后，欧盟也试图逐步取消对该行业的补贴，并采取了更加严格的补贴机制，例如，西班牙政府将煤炭补贴由 2011 年的 3.01 亿欧元减少到 2016 年的 1.11 亿欧元的预算金额。欧盟委员会曾于 2010 年 7 月提议煤炭补贴政策应于四年内取消，但为避免与煤炭相关生产行业相关的就业岗位数量减少，德国与西班牙等欧洲主要产煤国获批将煤炭生产补贴延长至 2018 年。

以德国为例，德国在应对气候变暖方面投入了巨大的时间和精力，并且取得了领先地位。但是，由于其不断增加的煤炭使用量，使其与所拟定的减排目标相去甚远。在 1999—2011 年的 13 年间，德国至少投入 475 亿欧元用于化石燃料产品补贴，其中将近 300 亿欧元是补贴于煤炭行业。

表 10-10 为 2011—2015 年德国煤炭行业的补贴情况。

表 10-10　　2011—2015 年德国煤炭行业的补贴情况　　单位：亿欧元

年份	2011	2012	2013	2014	2015
总补贴	35.16	37.01	37.15	38.9	40.8
消费者补贴	32.46	34.46	34.45	36.16	38.03
企业补贴	2.7	2.55	2.7	2.74	2.77

资料来源：国际货币基金组织（2015）[1]。

（二）天然气工业基础设施补贴

欧盟是全球天然气消费的重要市场之一，拥有超过 1.2 亿的天然气用户，年销售量超过 470 亿立方米。由于天然气供给链条中管道和储气库等基础设施具有自然垄断性，欧盟对于天然气工业基础设施进行了补贴。

---

[1] Cody, D., Parry, I. W. H., Sears, L. et al., "How Large Are Global Energy Subsidies", *Social Science Electronic Publishing*, Vol. 15, No. 105, 2015.

欧盟继续准许通过基础设施发展项目向天然气工业进行预算内援助。

（1）促进某一生活水平低下区域的经济发展，创造当地就业机会。

（2）扩展天然气网络确保供给安全，因此，拓展运用某种排放量比煤或油低的能源资源。

（3）与欧盟的政策保持一致，特别是关于发展泛欧洲能源网络方面。1996—2000年，欧盟批准了对丹麦、希腊和西班牙的天然气基础设施工程的国家援助。欧盟也给予天然气工业预算内补贴。1996—2000年，这些援助包括20亿欧元的结构基金和欧洲投资银行的30亿欧元优惠贷款。

（4）2009年12月成立欧洲输气运营商协会（ENTSO-G），该协会主要负责研究跨国天然气基础设施建设规划，是欧洲主要国家天然气管运营商的合作组织，并为能源监管合作署提供决策支持。

（三）对石油、天然气开发和生产的税务鼓励

石油生产国家，如丹麦、荷兰和英国，通过运用税收系统支持石油、天然气的开发和生产：

（1）丹麦废除了天然气和石油的使用税。

（2）爱尔兰对石油执行了前期开发的优惠税收计划。

（3）荷兰利润较低的天然气田实行了税收免除。

（4）英国对1993年以来开发的新天然气田降低了税收，刺激了投资，特别是对小型天然气田和难以开发的天然气田。对投资开发超高压高温的油气田免征生产附加税，从2015年1月1日起将油气附加税从32%降至30%。2013年成立了非常规油气办公室，监督页岩气行业的发展，还将页岩气生产商的适用税率由62%降至30%，页岩气项目的优惠期限由6年延长至10年。此外，对投资开发超高压、高温油气田的企业免征油气田生产附加税，公司适用税率由62%降至30%。

表10-11和表10-12总结了2011—2015年欧盟成员国的石油和天然气补贴情况。

表 10-11　　2011—2015 年欧盟成员国的石油补贴情况　单位：十亿美元

国家	2011 年	2012 年	2013 年	2014 年	2015 年
奥地利	0.48	1.08	1.23	1.51	1.71
比利时	4.37	4.77	4.83	5.08	5.5
保加利亚	2.22	2.48	2.28	2.28	1.81
塞浦路斯	0.00	0.00	0.00	0.00	0.00
克罗地亚	0.08	0.15	0.54	0.72	0.81
捷克共和国	0.25	0.63	0.68	1.04	1.27
丹麦	3.77	3.88	3.80	3.92	4.28
爱沙尼亚	0.00	0.00	0.00	0.00	0.00
芬兰	0.69	0.19	0.02	0.00	0.00
法国	9.93	15.11	13.8	15.03	16.65
德国	0.42	4.33	3.95	4.85	6.5
希腊	0.28	0.24	0.23	0.23	0.28
匈牙利	0.07	0.14	0.19	0.35	0.37
爱尔兰	0.00	0.00	0.00	0.00	0.00
意大利	1.53	0.00	0.00	0.00	0.00
拉脱维亚	0.02	0.03	0.05	0.09	0.14
立陶宛	0.97	0.95	1.09	1.19	1.23
卢森堡	1.68	1.69	1.71	1.82	1.23
马耳他	0.01	0.02	0.01	0.01	0.02
荷兰	2.11	2.47	2.26	1.92	2.14
波兰	2.29	2.73	2.76	3.33	3.31
葡萄牙	0.48	0.68	0.63	0.68	0.81
罗马尼亚	2.64	2.71	2.97	2.59	0.84
斯洛伐克	0.00	0.00	0.00	0.00	0.00
斯洛文尼亚	0.00	0.00	0.00	0.00	0.00
西班牙	12.94	12.51	11.48	12.76	14.14
瑞典	0.56	0.84	0.63	0.94	1.15
英国	0.25	0.26	0.26	0.27	0.28
合计	48.04	57.89	55.4	60.61	64.47

资料来源：国际货币基金组织（2015）。

表 10-12　　2011—2015 年欧盟成员国的天然气补贴情况

单位：十亿美元

国家	2011 年	2012 年	2013 年	2014 年	2015 年
奥地利	0.96	0.95	0.93	0.96	1.00
比利时	1.93	2.00	2.02	2.08	2.14
保加利亚	0.25	0.24	0.26	0.27	0.29
塞浦路斯	0.00	0.00	0.00	0.00	0.00
克罗地亚	0.30	0.33	0.33	0.33	0.34
捷克共和国	0.98	1.06	1.09	1.12	1.15
丹麦	0.63	0.64	0.64	0.66	0.69
爱沙尼亚	0.08	0.09	0.09	0.10	0.10
芬兰	0.31	0.29	0.29	0.30	0.32
法国	5.70	6.20	6.33	6.48	6.54
德国	9.93	10.75	11.24	11.58	11.87
希腊	0.45	0.43	0.40	0.41	0.44
匈牙利	1.60	1.58	1.53	1.54	1.57
爱尔兰	0.49	0.53	0.55	0.57	0.60
意大利	8.97	9.42	9.06	9.12	9.25
拉脱维亚	0.20	0.21	0.22	0.24	0.25
立陶宛	0.45	0.48	0.52	0.55	0.60
卢森堡	0.16	0.17	0.16	0.17	0.60
马耳他	0.00	0.00	0.00	0.00	0.00
荷兰	4.78	4.98	5.17	5.12	5.25
波兰	2.59	2.86	2.94	3.10	3.25
葡萄牙	0.47	0.44	0.43	0.45	0.47
罗马尼亚	1.45	1.53	1.61	1.68	1.75
斯洛伐克	0.00	0.00	0.00	0.00	0.00
斯洛文尼亚	0.08	0.08	0.08	0.09	0.09
西班牙	3.54	3.61	3.53	3.68	3.77
瑞典	0.16	0.15	0.15	0.16	0.16
英国	10.94	11.27	11.37	11.91	12.34
合计	57.4	60.29	60.94	62.67	64.83

资料来源：国际货币基金组织（2015）。

（四）可再生能源的管理支持机制

在过去的几十年中，欧洲的能源系统已经逐渐由完全依靠化石燃料、核能和水能转变为更多地依靠太阳能、生物能源和风能。欧洲大部分国家能源资源短缺，油气资源高度依赖海外市场，为保障本国能源安全和实现低碳发展，自20世纪末以来，欧洲各国出台了大量刺激和扶持新能源产业发展的政策（见表10－13），包括立法扶持、制定规划、政府补贴等。受巨额财政补贴的吸引，全球投资者竞相进入欧洲市场，促使其新能源产业快速成长并蓬勃发展起来。截至2014年年底，欧盟成员国已向可再生能源项目投资6000亿欧元，欧盟因而成为目前世界上新能源应用规模最大、比重最高的地区，拥有全球太阳能光伏装机总量的75%。以德国为例，2014年，德国风电和太阳能装机达到了60吉瓦，相当于全国发电能力的25%。然而，作为可再生能源行业标杆的欧盟却因其补贴政策遭到不少争议。2014年4月初，欧盟委员会发布新规，宣布逐步取消对太阳能、风能、生物能等可再生能源产业的国家进行补贴。并且自2017年起，所有欧盟成员国都将被强制限制对可再生能源产业进行补贴。

表10－13　欧盟部分国家对可再生能源技术的支持政策

国家	投资补贴	投入价格支持	认证或义务	竞争性招标	财政机制
奥地利	X	X	H	—	X
比利时	X	X	X	—	X
丹麦	H	X	—	—	X
芬兰	X	—	—	—	X
法国	X	X	—	X	X
德国	X	X	—	—	X
希腊	X	X	—	—	X
爱尔兰	X	—	—	X	X
意大利	X	H	X	—	X
卢森堡	—	X	—	X	—
荷兰	X	X	X	—	X

续表

国家	投资补贴	投入价格支持	认证或义务	竞争性招标	财政机制
葡萄牙	X	X	—	—	X
西班牙	X	X	—	—	X
瑞典	X	—	X	—	X
英国	X	—	X	H	X

注：X 表示目前的机制；H 表示历史政策，目前已改变。

资料来源：斯腾泽尔、福克森和格罗斯（Stenzel, Foxon and Gross）。

整个欧洲广泛地确定了固定的上网价格，支持可再生技术，其中的代表国家是丹麦、德国和西班牙。政府设定了价格，国家的供电公司必须购买所有的可再生能源交付给配网，价格溢价则以更高的电力价格转嫁到消费者身上。

从欧洲新能源的发展历程来看，政策扶持对于行业发展是十分必要的，但是，随着规模效应和技术进步带来的新能源成本下降，财政补贴应该逐渐减少以致取消。而补贴政策调整应选择适宜的时机，调整的幅度一定要科学、合理、有序。过去，欧盟各国制定的新能源电价补贴标准过高，使新能源项目开发具有超额利润，从而造成了行业发展过热。巨额补贴给政府造成了沉重的负担，当补贴额度超过财政所能承受的上限时，政府又匆忙出台紧缩补贴或者降价的措施，导致行业发展出现大起大落，影响了本国相关产业的发展，西班牙、意大利都有过类似的教训。但是，新能源补贴也不能一成不变，应建立动态调整机制。欧盟各国政府根据各自新能源发电的开发和运行成本，以及一个预定的长期稳定的回报率，来确定相对的上网电价补贴。对于不同项目规模和具体的应用，各国的补贴也会有所不同。同时，根据对新能源发电成本逐年下降趋势的预估，各国也制定了每年下调补贴的动态调整机制。如德国在 2004 年、2008 年曾两次修订《可再生能源法》，明确提出要在考虑规模效应、技术进步等因素的影响后，逐年减少对可再生能源新建项目的上网电价补贴，促进可再生能源市场竞争能力的提高。

欧洲新能源补贴机制调整虽然可以降低家庭和工业能源成本，减轻财政压力，但同时也将阻止政府急需的海外投资进入国内市场，如削减光伏补贴使意大利北部电站项目的内部投资回报率从先前的7%—8%降至2%—3%，造成投资光伏发电项目毫无利润可赚，也让海外投资者"望而却步"。加上国际金融危机后融资难度加大，两方面因素叠加，使欧洲新能源需求萎缩，市场明显降温。如意大利在2012年4月1日开始执行小型光伏系统上网电价补贴削减计划后，每个星期安装的光伏系统容量平均仅为2MW，大大低于2011年同期480万瓦的平均安装量。德国光伏政策调整后，2011年1—5月的装机量约为1.08GW，比上年同期下降37.4%。

五　俄罗斯能源补贴

家用消费者的天然气、电和区域供暖的能源补贴仍然是俄罗斯一个严重的经济问题。区域供暖在俄罗斯的能源部门占据重要地位，获得了大量补贴。对热能供应商的直接补贴和对低收入家庭福利补贴金额每年大约有20亿美元。此外，政府还向偏远地区区域供暖公司提供无息贷款。

在俄罗斯区域供暖，使用通常非常低效，仅仅是因为它价格低廉。在住宅部门，因为对个人住房供应的热能不计量，终端用户往往不为实际使用的数额付费。当热能充分供应时，很多家庭都缺少有效使用热能或节约热能的动机。此外，在大型住宅街区，通常是不可能调整每个公寓热能供给。如果用户拒绝付钱，提高价格并不会减少补贴，这已经是近年来的一个大问题。由于技术和社会原因，往往很难削减不付账家庭的热能供应。

尽管俄罗斯在转变到市场经济时，在减少补贴方面已取得了一些进步，但能源补贴仍然是一个严重的经济问题。家用消费者的天然气、电和区域供暖的能源补贴仍然占能源补贴的绝大多数。目前，政府在实行定价和补贴的政策改革，包括：政府对能源垄断投资计划施加了更多的控制，以确保在调整的价格中能反映合理的投资；将国内的天然气价格提高到了经济水平；在电力能源补贴改革中取消了电力补贴；正在改革区域供暖补贴，以便整体补贴水平有所下降，而只对低收入家庭进行补贴。

（一）天然气补贴

国际能源署（IEA）最近一项研究估计了俄罗斯对多少天然气进行补贴。利用1997年的数据估计显示，家庭使用天然气价格只有经济价格的9%，工业价格只有经济价格的不到一半，发电站的价格大约只有经济价格的64%。根据这项研究，取消这些补贴会使国内天然气消费大约降低1500亿立方米。但是，国际能源署（IEA）研究没有考虑到提高可供出口天然气容量会对出口西欧的价格影响。从长期来看，这么大的出口增长潜力可能会大幅降低出口价格。因此，天然气补贴可能要远远少于国际能源机构研究推测的数量。到2002年，在过去的五年里天然气补贴也下降了。2002年出口价格下跌了23%，而国内价格增加了25%。政府已批准了俄罗斯天然气工业股份公司，俄罗斯的垄断天然气供应商，2003年再提高价格20%。天然气的国内价格和出口价格之间的差距在不断缩小。2004—2005年，国内价格计划从平均每千立方米32美元涨到35美元，俄罗斯天然气工业股份公司也认为，这是一个经济合理的价格。

（二）电力补贴

俄罗斯有相当多的关于电力价格的争论。俄罗斯的电力公司、经济发展部、联邦能源委员会、大型工业消费者如铝业工厂、地区当局和专家一直未能就合理经济水平的电力价格达成共识。他们未能就如何实施过渡到经济价格和调节价格达成一致。

保持电力行业交叉补贴是一个主要问题。相对于许多俄罗斯地区工业用电价格，最近住宅的电力价格已经大幅增加了，表明交叉补贴已经减少了。然而，在大多数情况下，尽管供给成本较低，但工业用电价格仍然较高。监管改革使批发市场工作更有效率，引入电力供应竞争以鼓励提高生产率，降低成本，因此，能帮助减少补贴。在行业重组环境下，经济发展部最初计划在2002—2004年以平均每年15%—18%的速度提高电力价格。事实上，2002年价格增加了27%，2003年又上升了30%。

俄罗斯提供对可再生能源的支持。俄罗斯总统普京批准补贴计划，以便摆脱国家对化石燃料的依赖。作为世界上最大的石油生产国，俄罗斯的可再生能源行业生产只占 0.8%。到 2020 年，普京希望将这一比重增加到 2.5%。

（三）区域供暖补贴

区域供暖在俄罗斯能源部门中占有极大的份额，超过了工业最终能源需求的 1/3，接近商业部门和家庭最终能源需求的一半。与 270 亿美元的国内和天然气出口销售相比，2002 年供暖销售的价值约 200 亿美元。俄罗斯有接近 50% 的能源用于直接或间接地对供热、热能传输和热能配送。区域供暖获得了大量补贴。当前供暖预算拨款总数每年为 35 亿—40 亿美元，其中约 20 亿美元补贴以援助形式给予了供应商和低收入家庭。对偏远地区区域供暖公司，政府向供应燃料提供了无息贷款。

2001 年，政府决定将绝大多数家用消费者的供暖价格提高到成本价格，但仍然保留对家用取暖和相关费用超过收入 22% 的贫穷家庭补贴。热量供应商 2010 年获得补贴 18 亿美元（Bashmakov，2012）。与此同时，俄罗斯的法律还规定某些群体的折扣，以及货币补贴。例如，有三个或三个以上子女的家庭可以在水电费方面获得 30% 的折扣，残疾人家庭的水电费有 50% 的折扣。总体而言，到 2010 年，政府花费了大约 8 亿美元帮助家庭支付水电费，最大的一部分支出是取暖。

表 10-14 为 2012—2014 年俄罗斯化石燃料补贴情况。

表 10-14　　2012—2014 年俄罗斯化石燃料补贴情况

	能源	2012 年	2013 年	2014 年
俄罗斯	石油	—	—	—
	电力	19.5	22.3	22.1
	气体	20.2	19.6	17.5
	煤	—	—	—

	平均补贴率（%）	人均补贴（元/人）	补贴总额占 GDP 比重（%）
俄罗斯	19.6	277	2.1

表 10-15 为 2015 年俄罗斯能源补贴情况。

表 10-15 2015 年俄罗斯能源补贴情况

名义（十亿美元）	人口（百万）	税后补贴（十亿美元）				
^	^	石油	煤	天然气	电	总额
2098.85	143.70	138.99	92.74	70.34	33.38	335.45

人均税后补贴（美元）				
石油	煤	天然气	电	总额
967.20	645.36	489.49	232.27	2334.32

六 印度能源补贴

国际货币基金组织表示，印度是提供能源补贴的大国之一，印度能源补贴的绝对数量达到 2770 亿美元，在全球范围内仅次于中国、美国和俄罗斯。在过去 30 年中，印度的能源需求迅猛增长，这与人口增长、工业产量和家庭收入的增加是一致的。现在印度占世界能源需求总量的 5%，商品能源消费占 3% 左右。煤和石油消耗不到印度总能耗的一半，其余部分是燃烧可再生能源和垃圾——贫穷家庭经常使用生物燃料和动物排泄物。天然气所占份额较小，但增长快速。大约有 29% 的能源供给是电能，而煤炭则超过 80%。

印度政府一直大力干预能源行业，干预手段主要有国有化和法规，法规包括价格控制和补贴。作为经济改革计划的一部分，近年来，印度政府已经在修正其在能源部门所起的作用。最近实施的或计划实施的措施包括：对个人和外资开放了能源部门，如某些情况下的私有化；设立独立的电力和天然气监管委员会；取消贸易限制；废除石油价格控制体系，即管理定价机制。但是，由于已确立的利益和政治阻力，这些改革进展缓慢。改革能源补贴体系和结构一直是一个核心问题。1997 年向国会提出的能源补贴讨论论文中呼吁建立一个阶段性的整体减少补贴计划。建议补贴限于具有已确立的正面外部利益的商品和公共设施。随着财务成本上涨和越来越多的证据表明补贴对投资和市场发展有不利影响,这些因素推动着补贴改革进行下去。

表10-16为2011—2015年印度各项能源补贴情况。

表10-16　　2011—2015年印度各项能源补贴情况　　单位:十亿美元

年份	2011	2012	2013	2014	2015
电力	8.20	9.75	9.45	4.93	0.00
天然气	8.04	8.48	9.38	9.74	9.29
煤炭	125.85	144.05	155.16	173.52	195.82
石油	78.31	92.93	94.73	94.12	72.19
合计	220.40	255.21	268.72	282.31	277.310

资料来源:GSI报告。

(一)化石燃料补贴

印度拥有巨大的化石燃料存储量,截至2015年,其存储量包括610亿吨煤和14000亿立方英尺天然气。印度主要依靠的能源是煤炭,同时它也是仅次于中国和美国的世界第三大煤炭生产国。原油是印度进口量最大的能源,同时也进口大量的其他汽油产品。2014年,进口量占石油消费量的72%、天然气消费量的35%以及煤炭消费量的13%。印度化石燃料补贴主要包括以下两项。

1. 税式支出

印度的税收改革包括一系列对化石燃料的开采以及生产有利的政策。例如,煤炭部门向煤炭以及褐煤企业在2013—2014财年提供了2700万美元消费税退税,并且在2014—2015财年又提供了1200万消费税退税,以帮助其在乡村地区展开基础设施建设。同时,通过消费税和关税豁免来控制特定汽油产品的价格以使其低于同期其他国家市场价格。

2. 直接投入

隶属于石油和天然气部门的印度石油产业发展董事会直接提供资金用于对石油产业发展有益的研发活动,2013—2014财年该项研发支出为40亿美元。同时，政府也资助了许多研究机构以及大学，以推动化石燃料产品相关领域的研究。煤炭部通过研发补贴、区域性勘探以及钻孔来支持煤炭生产，2013—2014财年，上述三项资助的金额分别为20万美元、70万美元以及230万美元。电力部门在2013—2014年度投入240万美元用于柴油和天然气燃料发电项目。

印度目前提供了一系列的石油产品消费补贴。2013—2014财年，印度政府和相关的公共部门的企业支付142471卢比（约234亿美元）资助柴油、液化石油气（LPG）和煤油；柴油、液化石油气和煤油的燃料补贴支出从最高纪录的163759亿卢（约269亿美元），相当于2012—2013财年GDP的1.74%，降至142470亿卢比（约234亿美元）（占GDP的1.36%）。具体补贴情况如下：

（1）柴油补贴。2014—2015财年前两个季度，石油销售公司（OMC）继续实施UPA政府2013年1月提出的提高柴油零售价格的政策。2014年10月18日，随着石油销售公司降低每升3.37卢比，政府宣布柴油价格即日起正式放开。

（2）液化石油气补贴。2014—2015财年液化石油气零售价格补贴没有显著增加。NDA政府保留了以前UPA政府在2014年1月增加每年每户配额9—12元的决定。2014年8月27日，新政府提出在2014年1月UPA通过的液化石油气直接效益转移（DBTL）计划的再引入方案。2014年10月18日，政府宣布打算解决每缸的补贴总额，并且重新引入的DBTL计划在2014年11月分两个阶段实行。据2014年11月10日报道，每缸的补贴将从2015年3月的163.36卢比改为固定的568卢比。

（3）煤油补贴。2014—2015财年，PDS煤油的零售价格没有增长。NDA政府迄今保留着上届政府逐步降低总PDS煤油分配的政策。此外，据报道，新政府正在考虑分阶段实施此前UPA提出但未实行的煤油直接效益转移（DBTK）计划。

（4）天然气补贴。2013年6月，UPA政府宣布，它打算修改在管理价格机制（APM）下供应的天然气的价格，这可能显著影响重点领域的投入价格，并增加与之相关的电力和化肥补贴支出。在Rangarajan 委员会推荐的公式基础上计划修订的天然气价格于 2014 年 1 月通知，并初步打算于 2014 年 4 月生效。6 月 25 日，新 NDA 政府随后宣布，它打算推迟对价格调整的最终决定，为期 3 个月，声称是为了主要股东能进行协商。9 月 24 日，政府随后宣布，进一步推迟至 2014 年 11 月 15 日。2014 年 10 月 18 日，政府宣布增加在 Rangarajan 公式的修改版本的基础上，根据 APM 提供的天然气价格，从每百万 BTU4.2 美元上涨至 5.61 美元。有效期为 2014 年 11 月 1 日至 2015 年 3 月 31 日，未来的价格上涨将在两年一度的基础上进行改正。

（二）电力补贴

印度的电力补贴力度非常大，造成了经济效益、环境效益和社会成本的一些问题。补贴鼓励浪费和过度消费，加剧了印度日益恶化的环境污染，增大了二氧化碳的排放，延迟了农村电气化。同时使电力公司遭受了巨大的商业损失，损害它们提高服务质量的能力和新的投资能力。交叉补贴提高了工业价格，阻碍了经济发展。因此，改革电力补贴是印度最紧迫的问题之一。

七　国外能源补贴效果评价及经验借鉴

世界各国的能源补贴方式不尽相同，但对贫困用户都实施了政策倾斜和补贴扶持。在多数情况下，财政补贴可以增强企业生命力，有利于能源的开发和探索，但补贴政策应尽可能保持平稳，不宜幅度过大。同时，应建立灵活动态的补贴机制，积极推动建立适应新能源发展的市场机制，通过竞争确定项目开发业主和补贴标准，推动企业加快技术创新，不断降低能源的成本。

（一）在危急时刻恰当的补贴能维持能源消费平稳

在多数情况下，财政补贴可以帮助其度过缺乏资金、人才、经验的创业期，取得最初的成功。特别对于能源的成长，这既需要基础理论的研究，更需要完成大量的技术创新，这是个不断证伪、试错的过程，因而经历曲折失败是正常的。

（二）扶持政策应尽量保持平稳，调整幅度不宜过大

从欧洲能源的发展历程来看，政策扶持对于行业发展十分必要，但随着规模效应和技术进步带来的新能源成本下降，财政补贴应该逐

步减少以致取消。而补贴政策调整应选择适宜的时机，调整幅度一定要科学、合理、有序。同时，应尽量减少对国外市场的依赖。

从新能源补贴来看，欧洲新能源走过了一条大起大落的曲折路。早期欧洲国家制定的新能源电价补贴标准过高，使新能源项目开发具有了超额利润，从而造成行业发展过热。当补贴额度超过财政所能承受的上限时，政府又匆忙压缩补贴，导致行业发展出现大起大落。西班牙、意大利都有过类似的教训。因此，对于一个投入大的产业，扶持政策应尽量保持平稳，政策调整的力度一定要科学、合理、有序，大幅变动都不利于产业的健康发展。欧洲国家被迫削减新能源补贴的经历表明，新能源补贴规模应适度，过高的补贴额度不仅令财政难以承受，而且也不利于促进新能源技术进步。

与欧洲国家主要通过财税环节扶持新能源发展的政策相比，我国政府的扶持手段更多、力度更大，包括廉价的土地成本、环境成本以及财政补贴。但我国上网电价补贴鼓励的不是技术研发，而是传统的制造。在这种情况下，补贴越多反而越容易加剧产能过剩。因此，建议通过税收优惠政策对新能源技术研发给予扶持，促进新能源技术加快发展，提高我国新能源产业的竞争力。

（三）建立能源补贴动态调整机制

通过技术进步不断降低能源投资和运营成本、逐步减少政府补贴、采用市场机制已经成为世界范围内发展新能源的共识。为了提高财政补贴资金的效果，应积极推动建立适应新能源发展的市场机制，通过竞争确定项目开发业主和补贴标准，推动企业加快技术创新，不断降低能源的成本。

（四）补贴量不宜过大、时间不应过长

补贴的要义在于"补"，即使对有理由享受这一政策的科研、试生产等环节的补贴也应把握分寸。政府补贴可以针对一部分或大部分，这就要求从事此项工作的单位以更有说服力的理由和业绩，去获得各种社会基金的支持和相关企业的合作，实现产学研的紧密结合（包括资金、设备的支持）。大量事实证明，即使是行之有效的科研工作路线，补贴的时间也不宜过长。印度作为能源进口大国，由于印度国民收入水平较低，对燃料等生活必需品价格波动十分敏感，因此，印度一直采取对此商品价格的补贴措施。这一做法在对社会稳定起到积极作用的同时，但也造成了经济运转的低效率和财政支出的提高，导致公司流动资本管理困难，负债严重。因此，最好明确规定每年削减补贴的一定比例，至若干年后可适当灵活取消。

第二节 供水补贴

在国外，政府不能保障以充足的资金对供水行业的基础设施进行投入已是共性问题，而自来水和污水处理都需要投资来进一步满足城市的需求，扩大服务区域，增加人均用水量，改善污水处理。因此，提供适当的供水补贴，保障供水行业为国民提供良好服务的持续性，是国际供水行业的共同追求，为此，近年来各国都进行了许多改革。本节通过梳理各国的供水补贴方式及其效果，以便得到经验启发。

一 供水补贴概述

水是一种公益品，如果完全市场化就会导致供不应求。因此，需要政府提供供水补贴。尤其在发展中国家，大部分家庭得不到基础设施服务。政府补贴涉及市场缺陷，或者针对穷人家庭等原因，这些在发展中国家很常见。主要有以下三个原因：一是市场失灵；二是贫困；三是文化因素。

此外，还有其他因素要考虑。如果政府出于纵向公平的考虑，那么水补贴就可以作为一种再分配机制。当政府能够掌握收入状况时，那么收入税就能达到再分配的目的。对于大多数人的收入和财富不容易观察的发展中国家，由于市场不规范和缺乏监督机制，这就很难达到。如果是那样的话，直接补贴水会导致更好地靶向补贴。

二 法国水补贴

法国各种法律都规定在各种情况下个人与水相关的权利。法国制定了非价格措施、价格措施以及控制措施。其中大多数措施都是由地方政府采用的，因为水供应和卫生设施以及对抗贫困主要是地方的责任。

(一) 非价格措施

水的使用权对于那些没有水供应的人来说是一个问题。对于那些没有房屋居住的人，水完全靠节约，因为他们太穷了以致无法负担水的消费，而且有被剥夺水供应的风险。另外，还有很多人获得的是质量低劣的水供应。

1. 实际可得性

(1) 无家可归者，估计法国至少8.6万人居住在街上。任何人都可以自由地从公共喷泉获得饮用水。然而，过去每个村庄都可得的公共喷泉和公共浴室，由于需求不足，现在通常需要维修或者不再使用了。许多市政府都向无家可归者免费提供水、厕所和淋浴。他们也提供公共浴室的免费券，一些甚至还免费供给洗涤用品和熨衣服的工具。慈善组织也帮助无家可归的人获得水。

(2) 居住政府建筑、贫民窟、简陋房舍、棚屋、大篷车、非法居住地者，估计法国超过10万人。非法居住者很难获得水，因为水企业通常不向未授权的居民（特别是活动房屋和简陋房舍）供水。这样，政府一般要求在许多街道或附近安置竖式水塔，由此市政当局或者公共事业单位也同意提供水。

(3) 流动人口，大多数是在法国出生的吉普赛人，估计有30万人，其中有10万人经常迁移，10万人偶尔迁移。所有城市的政府都必须为游牧民族的露营车和大篷车提供停车点，并且在这些停车处提供水和厕所。为了消除地方的不满，国家对这些需求给予慷慨的补贴。因为地方反对建造专门的停车场地，游牧民族不得不在别处驻扎，从远处取水。

(4) 低质量房屋。尽管在过去的50多年里，房屋条件得到了极大的改善，仍然有超过40万的不合格房屋。法国最新的法律禁止房东出租不带厕所、热水、淋浴或者浴室的房子。2002年，30.3万人居住的房屋既没有浴室淋浴，也没有室内厕所，25.3万人有室内厕所但是没有浴室，42.9万人没有室内厕所。出租房屋的卫生设施出现泄漏，房东有责任修理。

(5) 水节约。法国在减少供水网络和住宅内的水泄漏，增强水节约方面做出了很多努力。法律鼓励公寓大楼建立单独水表（最近新大楼则被强制安装），来增强渗漏水龙头或者厕所的修理，从而节约水。新的水法还鼓励收集雨水以减少饮用水的使用。

（6）水供应的中断。当出现紧急情况时，地方当局要用卡车运送饮用水或者免费分发瓶装水；当村庄的水井或水源由于缺水而不出水时，政府必须采取措施补救；当发生水短缺时，政府还提供转移安置设施。

（7）屋外饮用水权。所有公共住宅、旅馆和餐馆、剧院等都要求提供免费饮用水。学校和工厂必须提供水、厕所和淋浴设备。巴黎还有许多饮用水的公共喷泉以及许多在建的类似设施。

（8）欠款时的水权。当人们无法支付水费时就面临着断水的风险。法国不允许切断有幼儿的家庭或者残疾人、接受房屋补贴的穷人家庭的水源，也禁止在假期之前或者在周五切断水供应。

2. 经济负担性

自来水供应和卫生设施网络的使用权受到法律保护，但是，必须支付费用。水供应和卫生设施的连接成本很高，应由所有者承担。由于改善水质量和卫生设施的投资，水的成本增长。而且随着人口增长，水费用越来越无法负担。所有国内使用者都有水表，但是，对于大型建筑通常有专门为大量居民提供的独立水表，巴黎220万居民有9万个水表。负担性问题涉及360万收入低于中低收入（每人每月657欧元）的50%或者160万家庭。总计70万家庭对支付水费有困难，超过5万家庭无法支付水费但是得到了社会资助。

（1）一家一户一水表。如果不交水费，居民就面临断水的风险。在公共事业单位和地方当局的协商下，有幼儿和残疾人的家庭不会断水。拖欠水费的穷人可以在几个月内偿付，还可以寻求地方社会服务的财政援助。如果他们得不到资助就会被切断供应。但一般很少有预付水费的情况。

（2）集体水表的共管。共管区域的水费通常包括在建筑的物业管理费用中，大约是物业费的15%。如果太穷而无法支付租金和物业费时，他们也许可以获得住房津贴，也可以寻求专门资金援助（FSL）。

2002年，这个基金向27.9万家庭提供2.63亿欧元的援助。其中，79000家庭有租金和物业费的负债，84000家庭由于欠费被驱逐。房主或者大楼管理者为了催促欠费也可能不切断水供应。

（3）断水情况下的水供应。由于收入限制，所以，有大约2%的使用者延期支付，因延期支付而导致公共事业单位0.2%的营业额损失。尽管采取了很多措施，断水还是常常发生。根据官方统计，每年两万穷人被断水，其中，2000个家庭断水超过24小时。现在，为了保障公共健康，权力机关要求水务企业在街道提供免费使用的管体式水塔，例如，预防那些没有水供应的家庭或者供水网络维修期的水供应。巴黎除平时的公共管体式水塔外，还有至少100个应急管体式水塔。在处理欠款而断水的情况时，通常要求恢复供应来保护人们的健康和尊严。非营利组织更喜欢向市长施加压力，要求在没有成本的情况下立即恢复水供应。公共事业单位的官员也不喜欢公开穷人断水，因为他们知道公众不会支持这样极端的措施。许多城市决定不再切断穷人的自来水供应，也不允许水务企业再这么做，但是很少公开承认，害怕导致鼓励欠费的行为。

3. 优质的供水和卫生设施

（1）水供应。消费用水有许多法律保护，如民法、环保规章、地方规章和欧盟法规。欧洲人权法庭在宣判时会考虑与饮用水供应相关的权利。新的水法确定了人类水消费的优先权。

（2）卫生设施。从2005年起，城市政府必须在所谓的污水区域建立和运营集体卫生设施网络来控制这些地区之外的个人卫生设施。然而，很多乡村都没有达到最低标准，因此，由于缺乏个人卫生设施而面临着严重问题。

（二）价格措施

法国水增值税由19.6%下降到5.5%。还有小型的乡下污水处理厂的补贴投资。但是，总体来看，全体使用者支付的价格超过了饮用水和卫生设施成本的95%。无法负担水费的穷人有权利要求城市政府社会服务的资金援助或者申请住房资金。每年大约有5万名申请者，每年带来750万欧元成本。由于某些地区缺少资金，也由于程序太烦琐，导致受益者数量相对较少。

一般来说，法国水价包括一个固定的年费和按所消费水的体积征收的费用。有些城市的城市市政当局没有水价的固定费用，比如马赛市；有些城市的市政当局使用渐进定价，比如波尔多。尽管法国在电力、天然气、电话和地方交通部门都引进了社会定价机制，但是，水的社会定价在最新的水法中没有被授权。

（三）管理措施

水价由市政机关控制。公共事业单位要向市政委员会和公共服务使用者咨询委员会报告。增强水务企业之间的竞争可以帮助控制水价。供水和卫生投资2007年为56亿欧元。2003年，法国供水协会估计，供水分配基础设施的更新需要投资530亿欧元，2004—2015年更新535000千米的管道，平均每年需要投资44亿欧元或80欧元/人·年。

三　英国水补贴

根据英国《2006水管理报告》，有些家庭为供水和卫生服务将支付超过3%的可支配收入，因此，英国将上述费用超过家庭可支配收入3%这一门槛的家庭被视为受到"水贫穷"影响。在《2006水管理报告》中，上议院科学技术委员会发现，对某些类别的消费者而言，供水和污水处理的费用高得令人难以接受。根据水消费者委员会的统计，在英格兰西南地区，一个接受信用退休金的独身者花在水和污水处理上的费用高达其可支配收入的7%，预计到2009—2010年，会占可支配收入的8%。因为求职者津贴比退休金低得多，接受求职者津贴的援助者境况更差。根据水消费者委员会估计，平均有51.7%的没有孩子的非工作人员家庭在供水和污水处理上花费超过其可支配收入的3%。到2009—2010年，这一比例将达到55%。

2004年政府对水负担能力估计，2004—2005年，有29%的最低收入家庭在供水和卫生方面花费超出可支配收入的3%。由于通货膨胀引起价格上涨，预计2009—2010年这个比例将达到40%。英国对支付水费账单有困难家庭援助体制有一套极度严格的规则，都由私有公司管理（弱势群体计划或者确保用水项目），公司自己也可以根据自己的考虑，提供慈善援助。

(一) 确保用水项目

《弱势群体条例》（也称为确保用水项目，Watersure）由私有化的用水公司管理实施，是英格兰负担能力有困难家庭的主要援助手段。但是，这一手段不适用于威尔士。因为医疗或其他原因，某些类别水计量的家庭消费者不得不使用大量的水，这是为了确保这些家庭不需要因害怕费用上涨而减少必要消费。这个计划是由工党政府在2000年4月引入的。

1. 项目目的

确保特定消费者不会由于担心无法支付水费而减低水的使用量。

2. 资格要求规定

尽管很多家庭受益于拥有一个水表，但是，很多家庭仍然遇到困难，因为他们为特定目的需要使用大量水。特定计量的家庭消费者在政府管制下免予支付大量水费。如果你符合条件，那么只需要支付平均的家庭水费。

为了符合限定金额条件，申请者必须是已经享有以下7个利益之一：家庭税收益；住房收益、收入支持、基于收入的求职者津贴、工作课税扣除、儿童课税扣除（除了仅仅接受家庭因素）或者年金信贷、基于收入的就业扶持津贴。

申请者还需要对3个以上、年龄在19周岁以下接受全职教育的孩子承担抚养义务且处于贫困状况的家庭；或者属于以下医疗状况、皮肤脱落；皮肤病（湿疹、牛皮癣、肿胀溃疡）、失禁、腹胀、克罗恩病、溃疡性结肠炎、要求在家透析的肾衰竭。

由于受到以上情况的影响，一个人不得不使用大量额外的水。另外，如果有医生担保或者和同住的人担保由于医疗状况而需要使用大量水，那么就有资格享有限额水费。定价没办法计量那些选择大量用水的消费者，比如，花园灌溉或游泳池。

根据全国消费者委员会统计，2001—2002年，只有1.4%的有资格消费者接受了援助，这说明了计划的局限性。2004—2005年，根据弱势群体条例，9217个家庭成功地申请到了援助，上议院科学技术委员会认为，这一数字"非常低"。这似乎是由于家庭合格标准过于严格的结果。援助只适用于有水计量的家庭，而这些家庭中会有人是税收抵免和几种其他福利的受援助者。再者，申请者所有的财产必须"负责3个或更多的19岁以下的接受全日制教育者，或家中有人居住的人符合某种医疗条件需要额外的用水"。一旦符合资格标准，不论有效消费多少，申请者所在地区平均家庭支付援助是有限的。全国消费者委员会声称："项目管理成本比付给消费者的要多得多。"

根据政府的估计数，因为要为弱势群体计划拨款，每年平均交叉补贴成本使英格兰非弱势群体每家支出不到1英镑。2005年修正案降低了合格标准。例如，增加了医疗条件覆盖的范围；当申请援助时，取消了提供所受治疗信息的要求，使申请过程更顺利。但是，《2005年修正案》并没有扩大那些根据《弱势群体条例》有权申请援助的接受数量，也没有从根本上提高接受援助者所享受的福利。

（二）私人运营者设立的慈善计划

私有供水和污水处理运营商设立慈善基金，帮助遇到困难的消费者支付账单。联合公用事业基金是其中的表率者。该基金设立于2003年，到2008年已提供多达1500万英镑的援助资金。2008年8月，联合公用事业基金宣布将向基金捐献金额从每年300万英镑提高到500万英镑。捐款增加部分来自公司利润，该基金到2008年3月的总利润为47800万英镑。

2014年，英国实行中央政府对水资源按流域统一管理与水务行业私有化相结合的管理体制。中央政府依法对水资源进行宏观调控，通过环境署发放取水许可证和排污许可证，实行水权分配、取水量管理、污水排放和河流水质控制；通过水务办公室颁布费率标准，确定水价；通过饮用水监督委员会制定生活水质标准、实施水质监督。私营供水公司在分配到水权与水量的基础之上，在政府和社会有关部门的指导和监督下，在服务范围内实行水务一体化经营和管理。

（三）政府管理行为

英国水资源管理相关的中央政府部门主要有农业渔业和食品部、环境运输和区域部及科技教育部。农业渔业和食品部主要负责农业灌溉排水等，并负责提供中央防洪经费。环境运输和区域部主要负责制定全国水政策、法律法规，保护和改善水资源，最终裁定有关水事矛盾，监督取水许可证制度的实施等。科技教育部主要负责有关水利方面的科研教育活动。政府水资源管理执行部门主要有国家环境署、饮用水监督委员会、水服务办公室、水事矛盾仲裁委员会。

英国水资源管理主要有四个特点。一是以流域为基础的水资源统一管理。英国政府通过国家环境署推行流域取水管理战略，按流域分析水的供需平衡、环境平衡、水资源的优化配置、跨流域调水的必要性和可行性、工程布局及其成本、社会成本—效益。通过批准和发放取水许可证，实现对水权和水量的分配，平衡流域内地表水和地下水的开采量；通过批准和发放排污许可证，提出对污水治理的要求，实现对水质的控制，保护水资源生态平衡。英国的国家环境署下设八个派出分支机构，在水资源管理上有些类似于我国流域机构，但管理手段上（包括政策法规和经济手段）要比我们流域机构强得多。二是以私有企业为主体的水务一体化经营与管理。这主要是市场行为。英国水务一体化的基础是水权，供水公司在获得水权的基础上，在政府的监督指导下把水作为资产来经营和管理，转换成水服务商品。水务一体化载体是市场，供水公司通过提供水商品服务（供水、污水处理等），自主经营、自负盈亏，并可以在金融和资本市场融资，获得自身发展。目前，英国的供排水基础设施建设主要是由供水公司在市场上融资进行。水务一体化的对象是市场中的直接用户，包括家庭、工商企业、社会团体等，服务者与被服务者之间发生的是直接的经济关系。三是公民参与水管理机制的完善。每一个区域都有消费者协会，由地方行政人员和一般民众代表组成，对供水公司提供的服务进行监督，提出意见和建议。消费者协会的存在实际上相当于地方参与水管理。四是政府水资源管理的资金充裕，来源稳定。国家环境署每年按预算安排项目，当年收入是下一年预算的基础。近年来，环境署每年收入均在6亿英镑以上，资金45%来源于取水、排污及环保收费等。

四　新加坡水补贴

新加坡作为一个城市国家，有稳定的高增长。新加坡的用水量不断增加，目前仍在继续上升，长期以来，一直严重依赖进口水。如何提供清洁水一直是政府十分重视和关切的问题。

目前,新加坡水价主要是由水资源保护税、污水处理费和水费构成。按水费标准比例征收水资源税是新加坡水价中很有特色的水价构成。由特定机构定期收取,消费的水越多,收费也越多。新加坡家庭用户每月用水量在40立方米以内的,水费为1.17新元/立方米,节水税为30%;如果超过40立方米,水费则上升到1.40新元/立方米,节水税上升到45%。对于耗水大户的船舶用水,政府征收较高的水费,为1.92新元/立方米。

由于水价上升会给一些低收入家庭带来生活上的困难,为了减少负面影响,在水价调整期间,新加坡对低收入家庭水费实行补贴政策。补贴的标准分两类:住一居室至三居室的家庭每年100新元,住四居室的家庭每年50新元,每年新加坡政府要为此支付大约6000万新元。水价上涨势必会影响低收入人群的生活。要解决此问题,补贴是必不可少的手段。补贴用于解决普遍服务,其机制有三种形式:第一种是政府预算补贴,这种补贴直接到个人,而不对企业进行补贴。例如,新加坡1999年为了对水资源进行有效的利用和保护,政府大幅度提高了水价,使低收入家庭的水费增加了一倍,同时以居住面积为基础,对小于四居室的低收入家庭给予补贴,这使低收入家庭实际交纳的水费与提价之前相比反而减少了。第二种是允许运营企业内部交叉补贴,就是在别的经营领域提高收费,对普遍服务的产品进行某种补贴。第三种是政府和企业共同建立普遍服务基金,对最底层居民生活必需品进行普遍服务的建设。

作为一种公用产品并不意味着它应该是廉价或免费的。人们认为,水和其他公用事业的价格应通过政府补贴人为地降低,以确保人们(特别是穷人)的基本良好的用水。新加坡政府提供水补贴的同时,还设置了专门机构监管用水。在新加坡,节约用水已经成为该国可持续发展的重要一环,制订了完整的节水制度和节水计划,并设立了专门的执行机构。早在1979年,新加坡便建立了节水监测办公室,其主要职权是:制订节水计划、检查高层建筑物的水箱,确保这些水箱得到很好的保养;调查节水方面的违法活动,采取法律手段,打击违法者；批准在新加坡销售和使用的管件及供水设备；进行漏水侦查工作。1981年又成立了节水办公室，其职能包括：向用水大户提供节水措施的建议，进行用水审查；审查新的或附加的用水申请；引导集约化用水工业的设立；对公众进行节水宣传和教育；检查非家庭用水户的地基以确认安装在其中的节水设施得到很好的保养等。新加坡的情况表明，确保生态效益，并通过整合生态成本（与实际值）恢复其全价可持续利用的水可能是一个更有效的选择，可以更有效地解决受影响最严重的公平问题。

五 智利水补贴

供水消费补贴在智利是需要通过经济调查，才能获得资格的一种补贴，这类补贴广泛地应用于发展中国家的公用事业。1990年，智利开始采用这种补贴机制，目的在于缓解水价上调对于社会产生的不利影响。这项补贴方案由社会规划部门制订，并由市政府协助实施完成。每年年末，社会规划部门都会对下一个年度政府发放地方的补贴数量以及地方独立承担补贴的数量做出规划，然后由地方政府负责实施发放这些补贴。对于符合要求的家庭，这项补贴方案会在一定限度内给予价格方面的优惠，超过限度后，价格将会上调至正常水平。因此，对于符合要求的家庭，此项补贴方案相当于是一种在第一级消费中给予补贴的上升式关税结构。同时，为了实施这项补贴方案，社会规划部门会制定出补贴消费价格的供水总量上限以及在这个限度内价格的优惠比例。补贴方案的全部支出都包含在国家的年度预算内，每年的补贴数量都会重新测算。供水补贴主要由国家总税收资助，而负责制定水价的水务公司不参与制定补贴标准及这项规划的各个方面实施工作。因此，应用于水务的福利政策和其他工业的经济调节方式是完全分开的。为了成为此项补贴的获益者，家庭必须向当地政府提出申请。申请后，政府以公共社会援助委员会对申请家庭的评定分数为基础，根据社会经济方面的需要作出最后决策。这个评定分数是政府决定一个家庭是否符合获得补贴条件的主要工具，它是通过一个在申请家庭进行的个人访谈来收集信息的，这个访谈分9个部分，共有50个问题，包括主要信息、环境情况、住房情况、健康情况、家庭成员的身份证明、职业和收入情况、货币补贴情况、教育程度以及家庭财产数量。因为这个访谈是在申请家庭的家中进行的，所以，访谈者可以根据当时情况改变一些问题，例如，住房的面积及材质问题和家庭耐用品的所有权归属问题，以及一些测评分数计算体系中的核心问题。

根据 2010 年世界卫生组织儿童基金会联合监测项目，智利改善城市供水覆盖率达 96%，改善的卫生覆盖也是 96%，这是在拉丁美洲水平最高的国家之一。1989 年以前，国家对居民用水实行的补贴是暗补。水费低于水价，因此，该补贴的受益者占全国城市家庭的98%，占农村家庭的76%。实际上，这种补贴的受益者主要是富人，因为他们的用水量比穷人大。1989 年智利开始实行供水企业私有化政策，必须将暗补改为明补，才能形成合理的水价和供水市场。生活用水补贴政策的目标以占人口 20% 的最贫困阶层为补贴对象。当时确定的补贴原则是以各大区 20% 的城市最贫困阶层为补贴对象。资金由联邦政府财政预算解决。由联邦政府将资金划拨到各大区，然后再分配到各个城市。如果某个城市的资金不能解决所有的申请者，可以根据本市申请者的社会经济状况调查情况确定不同的补贴数额。市政府直接把补贴付给供水公司，消费者则根据不同的用水量付账单。该政策刚开始实施时，规定每月用水量在 10 立方米以下的家庭按 50% 付账单。1991 年改为用水量在 15 立方米以下按 40%—75% 付账单。由于各大区的水价有高有低，因此，补贴比重也是不同的。水价高的大区补贴比重较高；反之亦然。

按水价高低全国大致分为三种补贴比重即 70%、60% 和 50%。从 1994 年起，补贴的对象改为全国人口中 20% 的最贫困阶层，这样，可以使贫困人口比重较高的大区从中央政府得到较多资金。从 1995 年起，该补贴扩大到农村的贫困人口中用水量在 15 立方米以下的家庭可付账单的 50%。1998 年，智利全国的月平均补贴在 1337—9305 比索，城市的家庭月平均补贴为 2800 比索，高于农村地区的家庭 400 比索。1997 年智利生活用水消费补贴已覆盖了全国总人口的 17%。1997 年年底，城市中得到该项补贴的为 443953 人，农村中得到该项补贴的为 61435 人，占预计应覆盖人口的 95%。其中 72.8% 的受益人口是最贫困阶层。2010 年，水服务补贴，包括由智利团结系统提供的补贴，有 702058 人受益，补贴金额达到 7500 万美元。

六　美国水补贴

在 20 世纪 70 年代以前，美国联邦政府对城市供水等公用事业实施较为严格的管制政策。20 世纪 70 年代初，开始对公用事业进行管制改革，即放松管制，取消部分经济性监管条款，保留社会性监管。在管理体制方面，美国实行的是三级机构负责的方式，即联邦政府、州政府和地方机构，其中，地方机构会根据相关法律对当地水务事业实施管理，它与政府机构没有隶属关系，这样，在一定程度上不会产生政府管理低效率的现象。因为美国供水行业实行的是私有制，所以，政府只能实行水权管理，其他方面的管理要通过市场调节来完成。为了使资源配置更加合理，美国联邦政府主要从宏观上负责行业管理政策，并会出台相应的法规。另外，通过财政补贴、税收优惠、免费发放节水器具等方式，鼓励和支持社会各界参与对水资源的节约和保护，这不但降低了水的使用量，而且还提高了水的重复利用率，实现了水资源的合理高效利用。

供水基础设施投资的主要来源为联邦政府。据统计，1991 年以前，建设资金的 55%—75% 来源于联邦政府，其余由州政府资助；1991 年以后，政策有所变化，联邦政府提供免税债券作为补贴供水基础设施建设的方式，债券年限一般为 40—50 年，利率为 4% 左右。美国目前广泛采用的水价结构有统一水价、分段递减收费水价和分段递增收费水价三种形式。大部分地区实行统一水价和分段递增收费水价。美国水价监管模型为投资回报价格管制模式，它是在长期实施管制政策中产生的一种方法。如果企业只生产一种产品（或服务），则投资回报率价格管制模型为：

$$R(p, q) = C + S(RB)$$

式中，R 表示企业收入函数，决定于产品价格 p 和数量 q；C 表示成本费用；S 表示政府规定的投资回报率；RB 表示投资回报率基数，即企业的资本投资总额。

这种监管模式可以使自然垄断行业有效地收回成本，并且在此基础上获得一定的利润,这样,就会刺激企业不断地改进自身的运营效率。当然,这种模式中,成本费用估算起来较为简单,政府工作的难点在于对投资回报率的估计,投资回报率过大或过小都会产生消极的影响,它一般是在一定范围内由管制双方讨论决定,而这个范围是由联邦政府通信委员会制定的。这种价格补贴方式也叫作成本加成管制,它有多种变化形式,最基本的特征是对企业实际经营的亏损进行全额补偿,这种方式不仅要求政府补偿企业所有的成本费用,而且还根据企业的运营资本数量给予企业一定的回报率。美国水公司及子公司2000—2013年(最近一年跟踪)收到的补贴,包括:

联邦:3327414美元赠款用于新泽西的太阳能发电项目(2013年)和109016美元的赠款。

佛罗里达:660000美元税收优惠/退税(2004);200000美元的赠款/低成本贷款(2005)太阳能发电项目在伊利诺伊州(2012);30375美元用于太阳能发电项目在密苏里州(2012)。

加州:131508美元培训报销(2006);2006美元培训报销(2011)。

宾夕法尼亚州:9677美元税收优惠/退税研发(2013);6286美元的税收抵免和退税为研发(2011)。

2011年,垦务局(美国垦务局创建于1902年,下属于美国内政部,后改称水和能源服务部 WPRS)净预算支出为19亿美元。其支出总额较大的约为2.8亿美元,但美国约10亿美元的年度支出收据从各种来源所抵消。图10-3为2016年内政部支出项目区域分布情况。

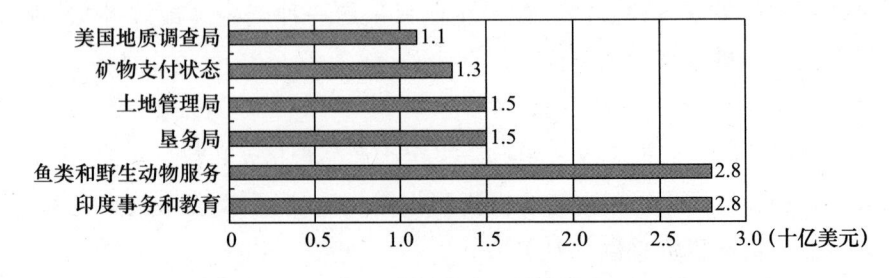

图10-3 2016年内政部支出项目区域分布情况

七 哥伦比亚水补贴

与智利不同的是，哥伦比亚选择的是交叉补贴方式，但是，在实际应用中，补贴资金的主要来源还是国家总税收。交叉补贴方式很常见，它在世界其他国家也被广泛地应用于供水行业。与世界其他国家不同的是，哥伦比亚在1994年将此项补贴体制正式写入了《公共住宅服务法》，并且应用地理目标体系作为决定用水者是补贴受益者还是补贴供给者的根据。1994年，国家实行改革的目的在于将交叉补贴应用于公用事业统一标准，因为只有这样才能保证这项体制在全国展开应用。另外，改革的另一个目的在于提高补贴效率，从而降低交叉补贴总额。在每一个城镇，居住区域都被划分为六个不同的类别。被划在一类区的居民可以享受供水价格50%的补贴，二类区的居民可以享受40%的补贴，三类区的居民也可能会得到15%补贴的优惠，最终是否补贴取决于监管会的判定。这项补贴的金额由很多不同的渠道提供。可以对居住在五、六类区的居民及其他工业和商业的消费者收取额外数额，这些款项可以用于提供最多20%供水和污水处理的费用。当这些款项不足以对前三类区的居民提供补贴时，不足部分由国家和地方预算补齐。

八 国外水补贴效果评价及经验借鉴

经过对国外水补贴模式的分析，我国应该完善城市供水补贴机制，经过20多年的改革，城市供水行业在国家出台的一系列政策的推动下，供水综合能力不断提高，投资多元化，一定程度上缓解了中国水业的资金紧张。但是，由于长期的历史欠账等原因，从整体来看，国家所有仍占主体。因此，在这种情况下，应该突出补贴机制的科学性和激励性，从补贴方式、补贴金额核算、监督评价方式、资金来源等方面着手，最大限度地区分政策性亏损和经营性亏损，提高供水补贴的效率。

（一）补贴金额核算方法的改进

当前，我国许多城市对于供水补贴金额的核算仍然采用讨价还价的方式，不能形成规范的测算方式。长期以来，政策性亏损不能有效弥补，导致企业没有动力提高运营效率，政府也被财政补贴压得疲惫不堪。因此，政府针对不同城市供水企业的情况应该有一套规范的补贴金额计算方法，比如，学习国外部分国家补贴机制，将人群按照收入分类，进行交叉补贴，对于低收入人群的补贴数量可以根据实际情况确定基数，必要时采取听证会方式，让市民了解对贫困人群补贴的基数和制定依据。另外，为了使补贴更有效率，政府应当成立相关部门，严格监控供水企业运营成本的真实性。

(二) 加强价格监测和调控，完善补贴效率的监督评价

建立健全与低收入居民承受能力相适应的价格预警机制。由于低收入群体处于"弱势"地位，承受能力比较脆弱，承受市场价格波动的区间比一般意义上的消费者要低得多，应对价格上涨的心理和行为也要相对敏感。对此，当居民整体消费价格并未大幅下降至整体预警线时，就要重视低收入群体的生活影响问题，并及时制订相应的价格补贴预案。

政府适当监管是供水行业实行市场化改革具有可行性的前提，政府职能转变也是供水行业打破行政垄断的必然体现。对于补贴效率也是如此，逐步建立完善供水企业财政补贴监督评价体系是持续提高补贴效率的保证。具体建立时，在易于操作、指标明确等要求的指导下，以补贴资金的发放方式、经济效果和社会效益这几方面为内容来进行评价，严格监督财政补贴各个方面的内容，科学建立指标，及时反馈信息，力求准确发现和解决其中存在的问题，逐步提高补贴资金的使用效率。从美国的水补贴政策来看，在管理体制方面，美国实行三级机构负责的方式，即联邦政府、州政府和地方机构，其中地方机构会根据相关法律对当地水务事业实施管理，它与政府机构没有隶属关系，这样，在一定程度上不会产生政府管理低效率的现象。因为美国供水行业实行的是私有制，所以，政府只能实行水权管理，其他方面的管理要通过市场调节来完成。为了使资源配置更加合理，美国联邦政府主要从宏观上负责行业管理政策，并出台相应的法规。另外，在水务管理上，美国联邦政府主要关注水量和水质两个方面。

补贴是否有效的前提是明确供水企业运营成本的合理性，这就需要以此为目的建立指标，对企业成本进行严格核算，确定总亏损额中

的合理成分,即政策性亏损,这部分亏损政府应给予补贴。当企业的亏损额度超过或低于此合理成分时,政府应建立相应的激励机制,超过时说明企业运营存在问题,因为此部分成本为经营性成本,政府还应督促企业尽快找出成本过高原因,否则会对企业进行惩罚;低于时说明企业增强了自身的运营效率,政府也应给予相应的奖励。以上方法是从成本角度去考核企业补贴的效率,但在一些情况下,这种方法不便于实施,另外一种方法是从服务质量角度去建立指标,进行监督。另外,还可以将成本监督和服务质量监督相结合,建立综合指标进行监督,这样,可以更有效地核算出成本中的合理成分。政府运用这三种方式对供水企业补贴金额进行监督的目的是使补贴物尽其用,充分发挥其效用,从而减轻政府的财政压力,并且可以推动城市供水行业的发展。美国还建立了水价监管模型,美国水价监管模型为投资回报价格管制模式。此外,衡量补贴机制是否有效的一个重要标准就是其是否可以激励企业去主动改善自身的经营效率,而企业的经营效率与员工工作的积极性又十分相关,在这套监督体系中,还可以将员工奖金与补贴额度建立关系,根据补贴额度可以判断出企业的运营状况,当企业的运营效率提高时,可以奖励一部分相关员工,从而更加能发挥出政府财政补贴的作用。

(三) 补贴资金来源多元化,补贴方式市场化

及时给予供水企业财政补贴是保证其发展的重要条件。在法国,水补贴结合价格措施和非价格措施,方式灵活多样,并且对补贴对象和适用范围有明确规定。新加坡补贴机制有三种形式:第一种是政府预算补贴,这种补贴直接到个人,使低收入的家庭实际交纳的水费与提价之前相比反而减少了。第二种是允许运营企业内部交叉补贴,就是在别的经营领域提高收费,对普遍服务的产品进行某种补贴。第三种是政府、企业共同建立普遍服务基金,对最底层居民生活必需品进行普遍服务的建设。由于我国对供水行业的补贴主要来源于财政拨款,而财政预算有限,从而常常造成政府补贴发放的滞后。如果政府长时期亏欠供水企业,就会造成供水企业资金不足,不利于供水行业的发展。解决这个问题的方法之一就是拓宽补贴资金的来源。具体来

说，首先，可以将供水行业基础设施建设的资金来源纳入政府公共财政体系，降低由于资金不足造成的对供水行业发展的阻碍；其次，政府可以对供水企业进行一些政策倾斜，例如一些政府性基金的减免或额度的降低等。除上述两种方法以外，为了增强政府财政补贴的效益，政府可以对财政支出机制做出一定的改变，因为供水行业有一定的公益性，对于成本中的政策性亏损政府可以用购买的方式进行补贴，这样，又能满足市场性的要求，保证供水行业市场性改革的顺利进行。

第三节 公共交通补贴

优先发展公共交通是缓解日趋严重的城市交通拥堵问题的重要手段。然而，公共交通企业的运营受到多种因素制约，公共交通服务质量的提高、公共交通系统的发展都会产生巨大的财政需求，单靠公共交通企业自身是很难满足的。为此，当前世界很多国家和地区都通过各种方式对公共交通的发展给以较大的财政补贴。研究国外的公共交通财政补贴政策，对于我国制定合理的公共交通财政补贴政策，促进城市公共交通的持续发展具有重要的意义。

一 公共交通补贴概述

城市公共交通是城市交通系统的重要组成部分，为促进城市公共交通事业的发展，保障公共交通企业的正常运营，世界各发达国家和地区都实行了交通补贴政策。

（一）交通补贴定义

从社会福利的经济学角度看，交通补贴是指"不是由使用者承担的所有交通成本，包括所有形式的外部性、基础设施成本或不同的规则"。从财政政策角度看，交通补贴是指"为由不提供直接服务的公共预算拨款所产生的经济利益，也就是政府拨款和课税减免"。因此，欧盟认为，交通补贴是政府行为的结果，为了弥补收入或降低成本，是与消费者或企业协商的利益。这个定义包括政府预算的直接支付活动、免税和回扣以及特定市场参与者偏向受益者的补贴（如市场进入优惠、加速折旧、软贷款和调整要求的特殊免税）。只有与公共预算直接相关的、不包含直接服务回报的财政扶持是基础设施成本。在这个定义下，政府为确保公共交通服务优质而提供公共服务义务（PSO）的支付不能作为补贴。

交通补贴一般分为预算内补贴和预算外补贴。预算内补贴是指"直接支付给行业企业、消费者和其他相关实体的现金转移，在国民经济平衡表上表现为政府开支"。预算外补贴是指"转移给企业和消费者的，但是不会表现在国民核算账户上的政府开支"。预算内补贴的例子包括公共预算之外的政府直接支付，但免税和回扣则作为预算外补贴。

（二）补贴对交通持续发展的影响

运输政策的主要目的是改善人们和产品移动和到达其他地点的能力。灵活性和可达性使人们和商业实现其对商品和服务的需求，允许有效的商业合作，提供动态的经济发展。通过补贴能够使运输更便宜，直接鼓励公共福利。更便宜的运输不仅改善灵活性和可得性，还会有意想不到的长期影响，比如对城市扩展的和人类健康的影响。

1. 交通和城市扩展

更便宜更快的交通是城市扩展的主要推动力。交通补贴与住房补贴一起影响人们对居住地和营业场所的选择。人们不断地搬到远离城市中心的地方，形成了城市扩展，改变了上下班的旅行方式。这样，家庭之间、工作场所之间和购物场所之间的距离越来越远，运输的需求不断上升。

便宜的交通费用使人们更容易在远处购物和获得服务。这会对地方零售部门的分布产生影响。商店和超级市场不需要定位于离人们很近的地方。他们寻找成本低的位置。城市扩展和人口比较不稠密地区也影响交通方式的选择。在人口流动性大的地方，火车和公共交通是最具有成本效益的服务。公共交通的成本效益主要取决于人口密度。一般来说，人口密度越高，平均的公共交通成本越低。

如果没有额外的公共预算筹资，费用就会上升，而服务质量就会下降。

2. 运输减少和分离

更便宜和更有效的运输会产生额外需求，引起更多的环境、健康和城市问题。运输需求的增长增加了交通堵塞的风险。更便宜的运输使经济和社会更加独立于运输。更多政府交通基础设施的开支不是最好的解决办法。一方面，可以稳定运输流量，减少堵塞，节省旅行时间；另一方面，使交通更快捷便利，减少额外的交通。解决交通堵塞的方式包括运输需求管理和城市规划，这比交通基础设施筹资更加有效。

3. 交通间接影响健康

这主要是指由于交通事故和汽车尾气排放、噪声污染而导致的健康损害。增加交通机动化的另一个长期健康影响是人们缺乏身体锻炼，导致心血管疾病和肥胖症等。由于使用机动车辆代替步行和脚踏车，人们越发缺乏体育锻炼。由于车辆越来越多，在街边玩耍变得很危险，家长不允许孩子单独在街上玩耍，因此，降低了孩子的身体机能。孩子不能自由地与朋友聚会，独立组织一群人或者不习惯于没有家长陪同。花费在新的道路建设和私人交通补贴以及住房的政府开支加剧了不健康因素的增长。

（三）交通补贴对环境的影响

交通对环境有重要影响，包括空气污染、气候变化、生态系统分裂、自然栖息地的破坏以及噪声污染。2004 年，欧盟 25 国能源使用中，交通行业占 30.7%，多于其他部门（工业、家庭和服务）。补贴交通对环境有潜在危害。比如，航空免税是导致气候变化的一个主要因素。然而，把交通补贴归为对环境有害太过片面，因为在交通领域还有很多环境友好的补贴例子。交通补贴一般从以下四个方面影响环境。

（1）补贴影响交通工具的环境绩效。补贴为清洁发动机或先进技术提供激励，能够消除绿色交通工具和其他交通工具之间的差距。补贴能够减轻满足特定法律对交通工具制造商和使用者的要求所需要的成本，因此，减少对更严格的环境规章的政治反对。其他补贴（如柴油能源的补贴）对交通工具环境表现的某些方面有消极影响。

（2）补贴影响运输管理关于交通工具消费量、负载系数、路线计划等的决定。这会改变交通服务和后勤服务之间成本—收益的关系。

（3）补贴通过改变不同交通方式之间价格竞争对股份产生影响。补贴增加或减少可持续交通方式的竞争，导致交通方式之间的转换。

（4）降低交通成本，补贴能够增加交通需求，也就是行驶里程数和距离，从而导致更多的尾气排放、基础设施建设，对城市栖息地等环境产生影响。

多数情况下，补贴不止从一个方面影响环境。低噪声列车的赞助可以直接改善列车的环境效应。然而，它们也会影响运输管理，支持方式转换。铁路使用者的补贴不仅鼓励运输方式转换，也增加运输需求，导致额外的长时间旅程。许多因素都会影响运输补贴，尤其是那些会影响运输需求的因素，很多都是间接因素，需要长期才会生效。更便宜和更快的运输通常和住房补贴一起影响人们居住地和营业地点的选择。家庭之间、工作场所之间以及购物场所之间的长距离会引起更多的运输需求。

二 欧盟公共交通补贴

欧盟很多国家都确定了优先发展公共交通的政策，欧盟年度运输补贴在2690亿—2930亿欧元。预算之内的补贴总价值（每年2290亿欧元）远超过预算之外免税和折扣的价值（400亿—650亿欧元）。2/3以上的预算补贴用于基础设施，其中，公路年度补贴1250亿欧元。绝大多数的公路运输补贴包括基础设施补贴（1100亿欧元）；铁路年度补贴730亿欧元，占据基础设施补贴的最大份额（370亿欧元），其次是其他预算内补贴（330亿欧元）；航空年度预算补贴270亿—350亿欧元，其中能源税收免税和折扣形式的补贴以及国际航班增值税是最重要的补贴来源；水运年度补贴140亿—300亿欧元。与其他方式对比，为水运补贴水平很低，仅超过公路补贴的10%，基础设施补贴中水运补贴占据很大份额，为30%—70%；多式联运年度补贴300亿欧元，其中大量的运输补贴不能归因于单一方式。

表10-17为2006年欧盟总年度补贴情况。

表10-17　　　　　2006年欧盟总年度补贴情况　　　　单位：十亿欧元

补贴项目	预算内补贴		预算外补贴		总计
	基础设施补贴	其他预算内补贴	能源税免税和折扣	增值税免税和折扣	
公路	110	7	0	9	126
铁路	37	33	0—1	3	73
航空	0	1	8—16	18	27—35
水运	10	1	3—19	0	14—30
多式联运	—	30			30
总计	157	72	11—36	30	270—295

除了燃料，欧盟15个国家的政府在过去十年里每年要向交通提供2340亿欧元的补助。这只是通过税收或关税豁免或减少计算的政府支出和收入损失。更大的比例用到道路建设，由于优惠票价和对经营亏损的支持，铁路排在第二位（这些数字还不包括对大部分属于轨道交通的有效的社会服务的义务支付）。空中旅行补贴主要通过燃油税和增值税减免，每年补贴约300亿欧元。同时，水路运输也得到了大力支持，但低于其他模式。在2006—2008年，海上运输近2/3的运输总援助（每年约15亿欧元）被授予海事部门。例如像在伦敦这样的城市，公共交通几乎没有补贴。

表10-18为欧盟交通补贴类型情况。

表 10-18　　　　　　　欧盟交通补贴类型情况

部门	经济类型							
	预算内补贴			预算外补贴				
	直接和潜在资金转移	包括特定基础设施商品或服务提供	一般基础设施提供	收入或价格支持	之前的政府收入	特惠待遇	缺少完全成本定价	
交通	对机场补贴	—	提供免费停车场	—	航空燃料免税；降低公司汽车税	—	基于千米公路收费的缺乏	
	车队重建计划	—	—	—	区分柴油和汽油的燃油税	—	拥有至少解决部分问题的计划	
	—	—	—	—	国际航班增值税豁免；柴油车注册限制；税收减免计算；支持出租市场私营化，管制公共交通进入出租市场	—	—	

欧盟的交通补贴分为预算内补贴和预算外补贴两类。

（一）预算内补贴

用于投资的公共开支和维修消耗的资金、基础设施改善和扩大是运输财政扶持的主要来源。

1. 基础设施补贴

投资和用于维修的运营费用以及改善和扩大基础设施的财政支出是交通财政支持的主要来源。这些基础设施成本的计算不是基于政府的实际开支，而是基础设施加上运营费用总价值的每年分期偿还。欧盟国家的很多城市政府对购置公共交通车辆和公共交通专用道的修建都给予了巨额的财政补贴。例如，德国、奥地利和瑞士修建轨道交通享受50%的财政补贴。冰岛、西班牙部分城市购买公共交通车辆享受100%的财政补贴。

2. 其他预算内补贴

除了由公共预算支付的基础设施补贴，多数运输方式都得到其他形式的预算内补贴。根据补贴水平，不同方式之间有很大的不同。铁路的预算内补贴明显高于其他运输方式，铁路每年获得330亿欧元的非基础设施预算内补贴。铁路还收到运输服务最大比例的补贴。大多数的款项包括铁路运营损失、减轻过去债务的欠款以及支付员工工资和年金。政府公共服务责任的开支不包括在内。另外，铁路也获得了以特许费形式直接给予交通使用者的重要补贴（约150亿欧元）。许多预算内补贴不是直接给予特定运输方式的，约有300亿欧元的补贴，大约占40%的非基础设施预算内补贴。

（二）预算外补贴

1. 能源特许税

能源特许税可以认为是税收优惠，因此可以作为预算外补贴。评估每一种运输方式的补贴需要减去实际特许税。计算每种运输方式的实际能源特许税，需要将每种方式的能源消费和当前能源特许供应量相乘。为了计算补贴水平，参考价值的选择很关键。下面两个参考案例可以选择：

（1）最小化公路柴油机的能源特许供应量；

（2）欧盟排放贸易计划中二氧化碳补贴价格，根据2006年预计的平均价格是每吨20欧元。

在两种假定的优惠水平下，公路方式得不到补贴。因为：第一，公路特许关税高于二氧化碳允许排放量的相关成本；第二，欧盟的公路能源平均特许税率超过了能源指令的最低供应量。

2. 乘客服务增值税的免税和折扣（税费优惠等隐性补贴）

由于免税政策，免除增值税的国际航班每年获得价值超过180亿欧元的预算外补贴。乘客服务的增值税免税和折扣产生超过80亿欧元的预算外公路补贴和超过20亿欧元的铁路补贴。增值税仅仅适用于很小一部分的海运。例如，德国减少公共交通增值税的50%和完全免收公共交通的车辆税,另外还减收公共汽油车的用油税。

三 英国公共交通补贴

目前,英国已形成由地铁、轻轨、有轨电车、公共汽车、轮渡等多种交通方式组成的城市交通体系。英国有伦敦和格拉斯哥两个城市开通地铁,7个城市开通有轨电车,其中曼彻斯特有轨电车线路达100千米。英国城市公共交通运营管理经历了政府主导—市场化—有限竞争的发展历程。英国公共交通作为比较成功的典范,在运营效率和服务质量上都处于欧洲较高水平。英国政府对公共交通企业依实际情况给予适当的专项资金支持。主要包括:对于偏远地区一些特定的非营利的公益性公共交通线路,通过服务质量招投标方式授予企业负责经营,企业可以从地方政府获得运营经费资助;对特定人群乘车优惠补助。2007年实施的《优惠巴士出行法案》规定,60岁以上老人和残疾人可在非高峰时段全国范围内免费乘坐公共交通车辆,地方政府予以专项资金补偿;对公共交通企业的燃油消耗给予资金补助。英国运输部对于地方公共交通企业按照燃油消耗量给予一定补助,平均一升柴油补助49便士,约占油价的40%。

(一)英国公共交通补贴背景

自从1986年巴士行业放松管制以来,除伦敦以外,大多数英国巴士服务都是由私人公司提供的。巴士服务可以在纯商业基础上运作,或者在当局("支持服务")的财政支持下进行。伦敦巴士服务由私人公司经营,但是,由伦敦交通局监管巴士服务运营拨款(BSOG)。BSOG是支付给符合条件的当地巴士服务和社区交通组织的运营商的,来帮助它们弥补一些燃料成本。各公共交通公司收到的补贴金额是根据其年度耗油量计算的。BSOG的目的是服务乘客。

英国政府的公共交通服务补贴资金来源于多种渠道,补贴总量在过去十年内一直在增加。2007年8月,英国公共部门为改善公共交通服务的投资大约25亿英镑,2008年9月进一步增加。这反映了政府鼓励更好地使用公共交通和最大化公共交通行业所交付利益的要求。

表10-20和表10-21分别反映了2004—2015年英国公共交通服务补贴情况以及2013—2014年度公共交通服务补贴资金来源情况。

表 10-20　　2004—2015 年英国公共交通服务补贴情况　单位：十万英镑

年份	2004/ 2005	2005/ 2006	2006/ 2007	2007/ 2008	2008/ 2009	2009/ 2010	2010/ 2011	2011/ 2012	2012/ 2013	2013/ 2014	2014/ 2015
补贴	1180	1254	1297	1321	1427	1356	1136	1054	987	1026	989

资料来源：英国政府网站公布数据。

表 10-21　　2013—2014 年度公共交通服务补贴资金来源情况

单位：百万英镑

资金来源	金额
公共交通服务运营拨款	413
乡下公共交通补贴拨款	56
地方当局确保服务（预计）	330
特许费	725
伦敦资金	650
Challenge and Kickstart	11
总税收	2185
资本投资（通过地方当局）	300
总花费	2485

（二）英国公共交通服务补贴内容

英国的公共交通运营服务补贴主要包括以下五个方面。

（1）巴士服务运营拨款（BSOG）。BSOG 是由交通部支付给公共交通运营商的款项，抵消一大部分比例的能源消费的供应量。作用是允许公共交通运营商经营更广的服务网络，刺激赞助的增长。

（2）农村公共交通补贴拨款（RBSG）。RBSG 支付给地方当局来帮助扶持非商业的乡村地区服务，目的是支持乡村地区的服务可得性。从 2008 年 4 月开始，RBSG 成为地方当局集中筹资的一部分。与 BSOG 相比补贴很少，每年大约花费 5600 万英镑。

（3）除中央通过 BSOG 支持公共交通行业外，伦敦之外的当地政府筹资来补贴公共交通服务，其成本由地方当局承担，主要通过政府提供的税收支持拨款（RSG）和家庭税的资金。这笔花销预计在每年3.3亿英镑，同样对公共交通服务扶持有重要贡献。

（4）特许费占据了支付给公共交通运营商的最大份额款项，价值每年超过7亿英镑。政府为60岁以上老人提供地方免费公共交通的政策导致特许费赞助的大幅度增长。还有2.12亿英镑提供给地方当局，为英格兰任何地方的免费公共交通计划扩展筹集资金。在过去的十年里，伦敦花费在公共交通上的费用急剧增长，由1999年的100万英镑到2015年的650万英镑。这反映了伦敦市长提高服务水平、质量和公共交通赞助的政策。

（5）资本投资。公共交通服务也受益于地方当局的资本投资，比如，公共交通车站和公共交通专用车道、停车和乘车安排等。这些都是由地方当局筹资，而地方当局或者通过交通部拨款或者通过主要项目的拨款。一年的总花费大约在300万英镑。

尽管有这些补贴，英国一些地区仍然经历公共交通使用的下降。当公共交通服务的公共投资随着时间增长，行业成本在过去三年内每年增长8%，包括能源、劳动力和年金成本的通货膨胀。在过去的十年里，BSOG的支付总计等同于每千米17.6便士或每位乘客8.7便士。自从1998年起，政府根据燃料供应量相应增加了BSOG费用，随着燃料供应量折扣从1997—1998年度的77%增加到2007—2008年度的82%。

在2009年10月到2010年11月期间，英国对当地的公共交通服务网络的公共资金支持减少了7.3%。2013—2014年度，英国政府巴士总的净支持估计为22亿英镑（以13/14的价格），其中包括10亿英镑的优惠乘车支出（这是一种有效的优惠乘客补贴）和12亿英镑的公共交通运营商补贴（通过支付给支持的服务和BSOG）。由于伦敦公共资金的增加和引进全国免费优惠乘车的政策，在2000年年初到2008—2009年高峰期，总资助一直稳步增长。自2008—2009年度以来，总补贴下降了19%，对运营商的支持已经减少，优惠乘车补偿已大致稳定。

四 美国公共交通补贴

政策扶持提供了公共交通事业发展的良好环境，而财政补贴则保证了公共交通企业的进一步完善。美国政府对公共交通的财政补贴主要体现在对公共交通企业运营亏损的足额补贴和对公共交通基础设施建设的直接投资两个方面。

（一）美国公共交通补贴的背景

1950年以前，美国公共交通企业有相当的盈利，到20世纪60年代中期首次出现亏损，1975年票款收入仅为运营成本的一半。随着私人交通的发展，城市公共交通事业陷入"服务质量下降—服务线路缩减—票价上涨—基础设施被忽视—客流越来越少"的恶性循环中，由于公共交通服务不足而造成的时间和燃料损失，以及由于交通阻塞而造成的其他后果，使美国公民每年付出的代价超过50亿美元。于是联邦政府决定采取措施，于1964年通过了《城市公共交通法》。1970年，美国继1964年法律之后又出台了《城市公共交通扶持法》，这部法律明确规定了公共交通获得了道路权、开辟公共汽车专用道路等。在此之后，美国联邦政府对公共交通补贴的范围进一步加大，并且还将美国公路基金的一部分款项转移给公共交通系统。

1991年，美国出台的《综合地面交通效率法》首次提出要限制私人汽车并且鼓励公共交通事业发展的政策。1992年出台的《国家能源政策法》规定，企业的雇主可以向每日上下班乘坐公共交通汽车的企业职工每月提供60美元的补贴，这样算来，雇员基本上可以不需要自己花钱就能够乘坐交通工具了。而且，每月60美元的补贴，美国政府允许将这笔钱作为可抵扣税款的营业费用。

20世纪70年代，由于美国对家用轿车的优惠政策，使许多人选择自己开车，这大大阻碍了公共交通事业的发展，政府为了鼓励市民出行使用公共交通设施，美国政府开始加收私人汽车牌照税、驾照税和停车费等，对私人汽车每加仑汽油就多收0.18美元，其中的1/3作为公共交通建设基金。同时要求，人数过百的企业需要制订减少私人汽车使用数量的计划。洛杉矶还专门设立了0.5%的零售税用于公共交通的支出。这种增加私人用车成本、降低公共交通成本的方法大大地增加了公共交通的使用频率，促进了公共交通事业的发展。市民出行如果乘坐公共交通工具的话，可以得到补贴，而驾驶私家车在经济上又有各种不合算，政府这只"看不见的手"在市民出行工具的选择上起到了导向作用。

1998 年美国在《综合地面交通效率法》的基础上签署了《21 世纪交通平衡法》，补充了很多有利于公共交通的条款，而且保证到 2003 年会为公共交通系统提供高达 360 亿美元的资金，并且，额外还会有 50 亿美元用于各种贷款。

（二）美国公共交通补贴类型

美国对于公共交通的补贴主要通过投资公共基础设施建设、车辆购买、票价补贴等方式实现。政府对公共交通补贴有两种形式：一是财政拨款；二是依靠法律专门为公共交通设立的资金提供补贴额。根据补贴对象，分为对消费者补贴和对企业补贴。

1. 消费者补贴

美国国会在 1992 年通过《联邦雇员清洁空气奖励法》，规定联邦政府雇员每日上下班如搭乘公共交通工具，联邦政府就为每名雇员提供每月 65 美元的交通券，可用来乘坐公共汽车和地铁。这笔收入每年可达 780 美元，如果按大型城市每人每天上下班花 3 美元的乘车费（一个来回）计算，基本上可以不用自己花费就可以坐车了。

此外，《联邦税法》也作了相似的规定，允许私营企业主为其雇员提供每月最多 65 美元的类似补贴，并允许将这笔钱作为可抵扣税款的营业费用。一边是搭乘公共交通车有补贴，一边是开私家车的经济不合算。美国大城市居住的居民在市场经济这只"看不见的手"的作用下，在日常出行问题上会作出符合于自己收入水平的选择。

2. 企业补贴

近些年，美国在努力通过大力发展公共交通以改变人们过度依赖小汽车的出行方式。政府对公共交通的补贴力度很大，财政补贴收入占企业经营总支出的 75% 以上。美国对于公共交通的补贴主要通过投资公共交通基础设施建设、车辆购买、票价补贴等方式实现。比如，联邦汽油税对每加仑汽油加收 5 美分，其中 1 美分进入公共交通账户,使公共交通的资助有了固定来源。

公共交通基础设施建设由政府予以资助,该项资金的来源在联邦法律中有明文规定:来自联邦政府的款项不能超过工程费用的80%,其余费用由州政府和地方政府负担。一般情况下,联邦政府资金占54%,公共交通管理机构从各种税费中自筹22%,州政府资金占13%,当地政府资金占11%。

在公共交通系统运营的成本中,车票款项收入占40%,当地政府补贴占21%,非政府补贴及税收占16%,20%来源于州政府,3%来源于地方政府。根据美国交通部的资料,在1996—2016年的20年时间内,美国联邦政府将投资185.53亿美元用于改善交通基础设施(包括新建公共交通路线、购买公共交通车辆等),其中,43.3亿美元用于巴士公共交通,余下的142.23亿美元用于城市铁路建设。

(三)美国公共交通补贴政策

以美国佛蒙特州为例,简要地介绍美国公共交通补贴政策。

伴随着过去五年运输里程的不断增加,公共交通运输成本也在持续上升。在2015财政年度,佛蒙特州的总的运输成本为2920万美元,其中37%的成本来自奇滕登县区域。2011—2015年美国佛蒙特州总运营成本如图10-4所示。

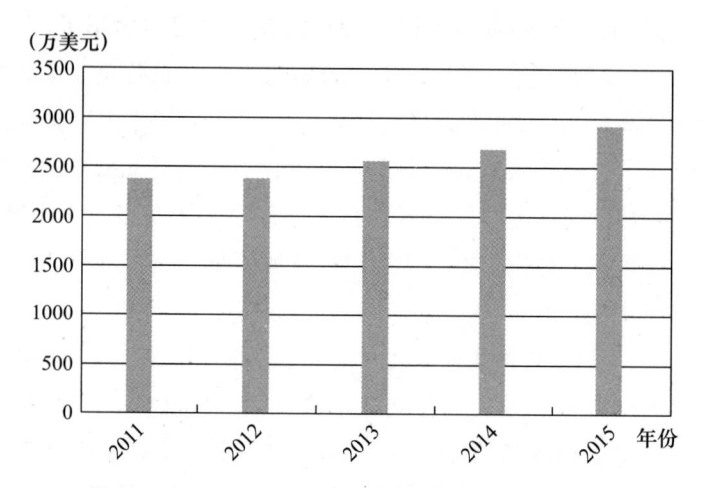

图10-4 2011—2015年美国佛蒙特州总运营成本

资料来源:www.publictransit.com。

公共交通补贴由联邦交通管理局和地方财政共同承担。2015年，佛蒙特州从联邦政府收到22501000美元的财政补贴，占财政补贴的72%；从地方财政收到8597000美元的补贴，占补贴的28%。并且近些年来，地方财政补贴金额保持相对稳定，占25%—30%（见图10-5）。

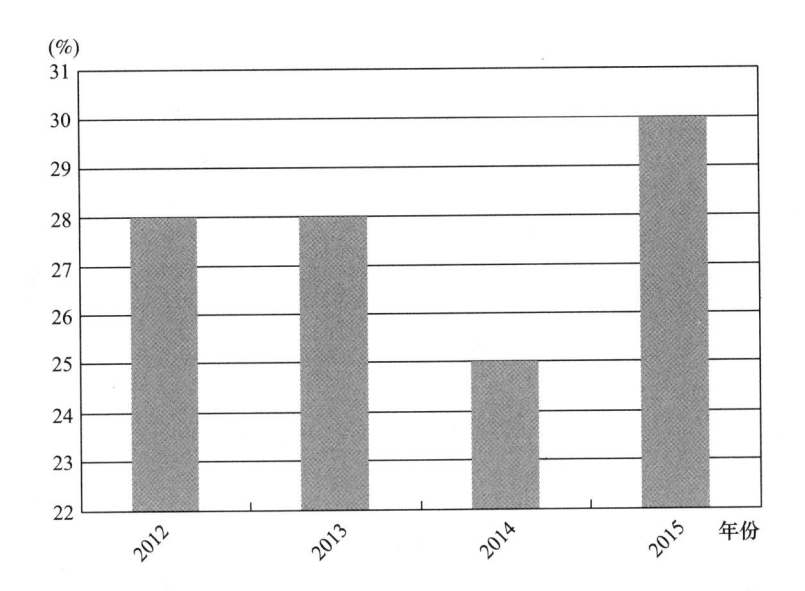

图10-5 美国佛蒙特州2012—2015年地方财政补贴情况

资料来源：http://publictransit.vermont.gov/sites。

五 日本公共交通补贴

日本公共交通补贴制度分为国家交通补贴制度和地方交通补贴制度。国家交通补贴制度主要是从国库中出钱，也称为国库补贴制度。地方交通补贴制度是都道府县根据自己地方的特点对"道路维护""车辆购买"方面进行的制度。日本政府对公共交通补贴是制度化的，将公共交通列入三级财政预算，形成了国家到地方财政预算对轨道交通、地面公共交通的三级（如国家、大阪府、大阪市）补贴制度设施方面，公共交通设施普遍是政府投资或政府资助。

（一）日本交通补贴政策类型

国家实行的补贴制度主要分为地区公共交通活性化补贴、公共汽车运营补贴和交通事故补贴三种（见表 10-22 至表 10-24）。其中，地区公共交通活性化是总括性的补贴政策。

表 10-22　　　　　　地区公共交通活性化补贴

概要	根据《市县村公共交通活性化》第六条规定，对相关地区公共交通综合合作计划与实施进行补贴
目的	整体有效率地推进地区公共交通活性化，实现充满特色与活力的地区社会。但是，对于铁路或客船相对较多的地区可以让地方自主地选择重点进行补贴
补贴对象	（1）地区公共交通综合合作的计划：计划的调查费、会议的召开费 （2）地区公共交通综合合作的实施：铁路、公共交通、出租车、客船的运行、公共交通促进活动、校园公共交通的活用
经费	（1）制订交通补贴计划：1000 日元左右 （2）国库和地方各出资一半

表 10-23　　　　　　公共汽车运营补贴

概要	都道府县有责任和义务对自己所辖区域的生活交通路线进行整治和维护，国家予以协调和补贴 所谓"生活交通路线"是指横跨多个市县村、长度超过 10 千米、单日输客量超 150 人的路线
目的	由于人口密度低所导致的运客数量减少，为了保障当地居民的生活质量而维持交通路线的畅通，日本的国家和地方通过分配责任及一系列措施，希望地区居民生活稳定
补贴对象	（1）路线维护：每条路线的补贴不得超过建设费用的 9/20 （2）车辆购入：主要是指在生活交通路线上运行的公共车辆，车辆底盘高度不得超过 65 厘米
经费	国家和地方各出一半 （1）公共交通汽车补贴：不超过 1300 万日元 （2）低地板巴士补贴：不超过 1500 万日元

表 10-24　　　　　　　　交通事故补贴

概要	日本建立了私人小轿车和公共交通用车的交通体系而且导入了日本型 BRT（Bus Rapid Transit）
目的	为了保证汽车的安全运行和对交通事故受害者的援助而进行一定的补贴
补贴对象	①地方公共协会 ②汽车运行协会 ③公共交通协会及卡车协会 ④通过国土交通部认定的协会
补贴率	①Omnibus town：1/3 ②交通系统：1/4 ③调查调研：1/2
经费	补贴金额是和补助对象的金额和补贴率相乘之后的结果

（二）日本交通补贴政策的具体情况

都道府县所实行的补贴制度主要用于路线维护和车辆购买上。每个县（相当于我国的省）的标准各不相同，下面以爱知县为例进行说明（见表 10-25）。

表 10-25

制度	公共交通运行补贴
概要	维护地区居民生活的交通路线，协调国家和县市责任对公共交通业进行补贴
补贴对象	（1）跨越市县村，连接广域行政中心城市的主干道的维护；（2）车辆购买补贴
负担率	50%
制度	过疏公共交通路线维护补贴
概要	三河的山路公路的运行补贴
补贴对象	（1）三河山间运行的公共交通路线；（2）村中公路
负担率	50%
制度	公共交通活性化系统补贴
概要	（1）改善公共交通服务；（2）缓和公路拥堵

续表

制度	公共交通活性化系统补贴
补贴对象	（1）站台设施；（2）公共交通行驶环境；（3）新型车辆导入
负担率	10%

六　巴西库里蒂巴公共交通补贴

库里蒂巴是位于巴西南部的一座城市，居民人口超过150万，市区面积432平方千米，大小相当于中国的一座中等城市。库里蒂巴被誉为世界的"生态之都"，城市交通以高效率和低成本而著名。库里蒂巴市只有地面常规公共交通，没有地铁，平均2.6人拥有一辆小汽车，实现了发达、便捷、舒适的城市公共交通网络系统。

在城市规划方面，环形+放射状的空间结构已不能满足城市的迅速扩张，库里蒂巴采用有助于城市社会和商业设施布局的沿轴线空间布局，把大运量公共交通道路作为城市发展的结构主轴，将城市交通、道路系统和土地利用做了一体化的统筹布局，确定沿着几条结构轴线向外进行走廊式的规划方向。一体化道路系统的高度可达性促进了交通走廊的开发，轴线开发使交通走廊有足够的空间作为快速公共交通（BRT）专用线路，快速公共交通成为城市交通系统的骨干，且非常具有吸引力。

库里蒂巴政府自1974年起就开始推广公共交通优先的城市规划概念，目前公共交通网络由390条线路和2200多辆各类公共交通车组成，公共交通系统每天的运量超过200万人次，覆盖了库里蒂巴市的100多千米线路。公共交通系统由不同服务功能的线路构成，包括快行线、支线、区间线、直线、普通线路、中心环线和自选线路。在站点设计上包括公共交通枢纽站、传统车站，还有非常具有特色的圆筒式公共汽车站351个。公共交通系统被称为"地面地铁"，公共交通采用统一票价制，票价1.80雷亚尔，换乘无须再购票，满足了乘客89%的出行需求。公共交通票价计算以各等级的实际运营成本和本系统付费的客流量为基础，向乘客收取单一的票价，相当于公共交通系统的平均票价值。

库里蒂巴私家车超过 50 万辆，但仅有不到三成的车主选择开车上下班。库里蒂巴市的交通管理由城市化股份有限公司（URBS）统一负责，政府参股 99%，但是，URBS 有独立的自治权，规划设计公共交通线路、场站、车辆等并执行决策，票价由一个整合公共交通系统基金会根据该市当年的国内生产总值、财政收入、人民平均生活水平、平均物价水平等来制定，保证广大市民能够接受。但 URBS 不是直接参与公共交通运营，而是每年招标十多家私营公共交通运营企业，这些公共交通企业通过招投标获得运营资格，票款收入交由 URBS，URBS 留存 4% 作为管理费用，其余票款分担给公共交通企业，政府保持公共交通企业每年将近 10% 的利润，并且每月 1% 的车辆购置费用，如果遇到油价上涨或通货膨胀，公共交通企业利益下降或市民难以承担票价，政府就会给予财政补贴。各公共交通企业需要做的是提供优质运输服务，以确保自己能够长久留在公共交通市场中。

库里蒂巴实行低票价政策，并对学生、老人以及残疾人乘坐公共交通实施优惠政策，对花费在公共交通上的费用超过工资 6% 的市民，超过部分由政府补贴。库里蒂巴公共交通乘客很多，公共交通运营企业行驶速度很高（不低于 20 千米/小时），基本不需要由政府多公共交通企业进行财政补贴。库里蒂巴公共交通补贴模式为：

运营成本 + 固定利润 + 管理费用 = 票价收入（利润不能保证或价格居民不能承受时补贴）

库里蒂巴市公共交通运营不需政府财政补贴的原因有两个：一是公共交通优先措施实施到位，吸引了更多乘客。库里蒂巴城市私人小汽车拥有量达 240 万辆，但政府铺设了较为完备的公共交通专用车道网络，低票价政策吸引了大批小汽车拥有者，私人小汽车只有旅游度假时才用。二是公共交通企业高质量运输服务通过商业化运营能够获得利润。公共交通线路网覆盖几乎全部城市道路，1550 辆公共交通车几乎每天运送乘客达 190 万人。

七 国外公共交通补贴效果评价及经验借鉴

欧盟国家主要依靠低票价、高效率来保障公共交通企业的正常运转，同时，对公共交通进行了巨额的财政补贴；美国是靠法律来保障公共交通的优越性，形成了有效的政策保护；日本靠制度化来完善公共交通系统；巴西通过合理规划城市道路交通，实行公共交通优先政策，并委托"公共交通管理公司"进行管理，同时，实行低票价政策，减少了政府对公共交通的补贴。通过对国外公共交通补贴方式的梳理和总结，可以得到以下四个方面的经验和启示。

（一）完善有关公共补贴的法律法规

由美国的经验可知，法律是保障公共交通发展的重要手段。我国目前的交通法律法规体系不够完备，部分法规仍有缺口。并且交通法律规范体系的立法层次偏低，一般为国务院行政法规。各级政府应当明确并重视公共交通在城市发展中的战略定位，加大对公共交通的投入力度，制定对公共交通的扶植政策。若要公共交通事业得以发展，立法就一定要保证优先发展公共交通。具体到财政补贴，应当保证公共交通的财政支出优先，只有通过法律手段，才能保障补贴资金及时、足额到位。

（二）加大对公共交通企业税费的减免

不同于一般的以营利为目的的企业，公共交通还承担着一定的社会公益责任，因此，政府应当对公共企业的运营成本实施一定的削减，包括对公共交通的基础设施建设用地实施无偿划拨，对营业税、车辆购置税以及车辆运营涉及的养路费、客运附加费、运管费等税费项目给予适当优惠或者减免，降低企业经营成本，减轻企业的经营负担。

（三）拓宽公共交通政策性亏损的补贴来源

国外公共交通建设及补贴资金来源有多个渠道，一是各级政府的财政拨款；二是为通过燃油税、交通拥挤费、牌照费、土地出让金等多种税费方式而建立的公共交通基金或者设置公共交通债券等。借鉴国外经验，可以看出欧盟、美国、日本均采取多样化的补贴来源，例如，法国巴黎向当地的企事业单位，按照工资总额的一定比例提取"公共交通"税，专门用于公共交通补贴，并针对不同的城市财务不同的比例；日本和美国均从中央地方多个部门予以补贴。目前，我国的城市公共交通建设和政府补贴资金的来源全部是地方财政。大多数城市公共交通的投资主要是从城市维护费中开列，缺乏专项基金支持。政府应当拓宽对公共交通政策性亏损的补贴来源，可将公共交通税费转化为"公共交通基金"，专款专用补贴企业的政策性亏损。也可以尝试采用提取"公共交通税""拥堵税"的方式来取得资金收入。

（四）通过特许经营权的方式适度引入竞争

巴西库里蒂巴通过推行招标授权经营的方式，合理规划城市道路交通，使城市公共交通对政府财政补贴的依赖降低，同时实现了高效率的运行。因此，改进公共交通企业经营方式，可以减少对公共交通企业的直接行政干预，推动公共交通企业以积极的态度参与市场竞争。招标授权经营就是让两家以上的公共交通企业参与竞标以获取线路的经营权。市有关部门负责公共交通线路的规划、经营线路的制定（主要包括运营线路车辆的类型、营业时间、发车间隔、票价等）、线路招标、经营规范实施与监督等。招标授权经营具备三大优势：一是引入竞争，促使公共交通企业真正重视服务质量与运行成本，进一步增强管理效能与竞争力；二是可以绕开界定政策性亏损这一难题，通过竞标以市场方式确定政策性亏损补贴额；三是促使政府职能的转变。

政府负责交通路网规划，由各公共交通企业提出自己的运营计划竞标。政府能够站在考虑整体性、长远性的规划者的角度来构思城市交通发展的全局，以达到整体最佳效果。

第十一章　城市公用事业财政补贴问题博弈分析

——以供水为例

第一节　城市公用事业财政补贴博弈参与主体

城市公用事业财政补贴的确定涉及方方面面，但主要参与主体包括三类：（1）用水者：①委托政府和供水企业提供可以满足其需求的服务；②这种服务的成本应该最小，其中自来水价格水平是大多数市民可以接受的；③由于补贴是使用纳税人的税款，市民需要监督政府对运营企业的补贴是否合理、自来水的公益服务是否得到体现。（2）运营企业：①接受政府的委托为市民提供可以满足其需要的服务；②水价的制定可以实现利润的最大化；③接受政府的价格管制与财政补贴。（3）政府：①政府的首要目的是实现社会福利最大化；②政府接受市民的委托对城市供水企业进行准入与价格管制；③监督运营企业为市民提供满足其需要的服务并保证财政补贴的合理及有效使用。

第二节　城市公用事业财政补贴的博弈分析框架

在研究城市供水补贴的问题中，会出现政府、用户和供水企业三个参与主体，它们追求都是不同的，政府追求社会福利最大化，用户追求用水费用最小化，供水企业追求利润最大化。三个参与主体，虽然追求目标不同，存在着利益冲突，但是，它们之间还存在着相互联系，可以互相影响，即所要研究的问题可以描述为：三个目标不同的参与人，多数情况下信息不对称，如何设计一个补贴方式，在这种补贴方式下，三者都可以追求到各自的最大效用。而博弈论恰好可以满足上述要求，因此，本书使用博弈论方式建立模型，来分析城市供水行业的补贴效率问题。

在城市供水行业补贴机制的研究中，用户、政府、供水企业是局中人，水价、补贴金额是与参与者实现各自利益有关的决策变量，用博弈论分析，就是在实现各方利益最大化的条件下，获得一个均衡的价格，因此，只有运用博弈论去研究城市供水行业补贴机制问题，才能更加全面地将问题的各个方面包括进去，才能更加准确地得到最终的结果。

第三节 城市公用事业财政补贴委托—代理博弈模型

城市供水业具有较强的自然垄断性和网络特性，对它的补贴形式分为很多种。从受益者角度来看，可以分为供给补贴和需求补贴；从补贴内容角度来看，可以分为政策性补贴和财政补贴。政策性补贴为非金钱补贴，包括税收减免或优惠、资源型产品无偿性支付、替代物品供给等；财政补贴为金钱补贴，包括亏损补贴、投资补贴、运营补贴等。为了简便起见，本书主要讨论分析财政补贴及其补贴效果，根据供水企业的特点，运用委托—代理理论，分析用户、政府和供水企业三者之间的博弈关系，最后在原先模型的基础上进行修订，完成供水补贴委托—代理模型。

一 城市公用事业财政补贴的委托—代理关系

因为城市供水是一种准公共物品，与纯公共物品相比，具有一定的特殊性，它是公用的或可以共用，但一个人的使用不能排斥其他人的使用，所以，用委托—代理模型分析其特性及政府、用户、企业的关系时，也与传统模型有一定的区别。

在国内公用事业的研究中，李巧茹（2004）将委托—代理博弈正式地引入公共交通行业，她建立了委托—代理模型来分析不同形式下的城市公共交通行业的补贴效率，并最后给出应建立政府对公共交通企业的约束激励机制的结论。这里，我们以委托—代理模型为基础，并做了一些改进，来对城市供水补贴机制问题进行分析，模型包括政府、企业和用户三者之间的博弈关系，并且模型中还体现了政府对城市供水财政补贴的特殊性。

在政府、用户和企业三者的关系中，用户应该是整个城市供水财政补贴体系中的最终受益者，因此，用户是城市供水财政补贴的最终目标。本书将在用户与政府之间建立一种委托—代理关系，将用户设定为政府的委托人。由此，可以列出城市供水财政补贴的双重委托—代理关系，包括用户与政府之间的一级代理关系以及政府与供水企业之间的二级代理关系。

虽然政府与供水企业各自内部也具有一定的委托—代理关系，本书为了更好地突出主要问题，将其简化，假设政府和供水企业为完全独立的个体。

（一）用户与政府之间的委托—代理关系

用户与政府之间的委托—代理关系是城市供水补贴中的第一级委托—代理关系。用户，是对城市供水服务有需求的人群总称，并不特指其中某类人群或某个人。因为自来水是一种生活必需品，城市供水具有极大的人群覆盖性，所以，这里可以将此概念扩大为公众。从现实角度出发，政府存在的目的是保证社会的稳定，提高公众的生活水平，它的存在是以公众的存在为前提的，其合法性与权力都来源于人民大众，相应的政府也应为公众服务，满足公众的需求。因此，公众与政府之间存在一种契约关系，在这种关系中，政府是代理人，其责任就是利用公众赋予的公用权力服务于公众，满足公众的愿望，公众是委托人，也是最终利益的受益者。从以上分析可以看出，在城市供水补贴体系中，政府作为公众的服务团体，代表全体公众的利益，符合委托—代理关系中代理人的特点。另外，应该说明的是，这里的代理关系具有强制性，即当代理人开始负责城市供水服务补贴的决策时，就会体现这种特性。

公共选择理论表明，无论是政府还是组成政府的政府官员都是有自身追求的利益主体，政府行为的目标是追求政府自身利益的最大化，并且政府还具有信息优势。在这种情况下，因为用户的广泛性与分散性，达成统一意见具有一定的困难，导致用户无法对其进行有效监督，所以，如果公用事业完全由政府垄断经营，可能会导致企业的低效与行业发展的滞留不前。总的来说，在这一级委托—代理关系中，用户作为委托人，其身份不明显，从而契约关系具有一定的不明确性。

根据上述内容，政府作为独立的经济人，在公众无法对其进行有效监督的情况下，会出现追求自身利益，从而导致腐败的现象，因而对于公用事业的管理，各国政府都开始进行一些新的尝试，即引入竞争机制，令公用事业走上市场化的道路，让企业来为公众提供各种公共服务，从而产生了委托—代理关系中的第二级关系——政府与企业的关系。

（二）政府与企业之间的委托—代理关系

因为城市供水服务具有一定的公益性，因此，对于这些公益性产生的成本，政府需要给予企业一定的补贴。但是，由于企业的独立性，它的目标是追求利润最大化，接受政府补贴后，是否按照政府的要求努力提高供水服务质量，降低运营成本，就是一个不确定的问题了。具体来说，首先，两者追求的目标不一致，政府的目标是实现社会福利最大化，使公众平等地享受到高质量的城市供水服务；但是，供水企业的目标却是追求自身利润的最大化。其次，两者之间存在着信息不对称问题，关于供水企业的生产运营及成本控制方面，供水企业就比政府更具有信息优势，因为供水企业了解生产技术，熟悉市场需求及原料成本等情况，而这些信息政府是无法直接得到的。

从以上分析可以看出，因为政府和供水企业在追求目标上存在差异，所以，财政补贴的补贴效率是不确定的。另外，由于两者之间还存在着信息不对称，政府无法直接获得关于企业的有效信息，这就导致了风险规避的供水企业在获得补贴的过程中存在着行为隐藏的道德风险，即企业在没有提高供水服务质量、降低产品成本时，企业依旧可以获得补贴的话，企业就会选择原地不动，不会积极努力地实现政府的目标。由于上述原因，要使企业和政府都能实现各自目标，必须选择合适有效的补贴方式，这样才推进社会公用事业的发展。

二 城市公用事业补贴博弈模型设定

（一）模型设定

委托—代理模型中，决策变量为企业的努力水平 d，其他相关函数、参数、变量定义为：

1. 消费者总剩余函数

传统模型中消费者总剩余 S 是一个常量，但根据实际情况，当供水企业更加努力时，产品质量提高，用户所得到的剩余，即供水企业的服务总效用与其市场价值之间的差额得到提高，因此将消费者总剩余 S 设为供水企业努力水平 d 的函数，并且随着 d 的增加，S 也会随之变大，因此消费者总剩余函数为：

$$S(d) = s + \ln d \tag{11.1}$$

式中，$s > 0$，为基本消费者剩余，即在供水企业努力水平为基本水平时的消费者剩余。$S(d) > 0$，因为供水企业努力水平增加时，产品质量提高，消费者总剩余随之增加。

2. 企业成本设定

企业成本可分为固定成本和可变成本两部分，在供水企业生产成本 C 中，也可以分为两部分，C_0 表示固定成本，当供水企业努力水平 d 发生变动时，C_0 不会发生变化。随着努力水平上升，一部分成本会下降，但人工成本、机器成本会增加。因此，总体来说，随着努力水平的增加，整体成本会上升，因此供水企业成本函数为：

$$C(d) = C_0 + \varphi d \tag{11.2}$$

式中，$\varphi > 0$，为与努力水平相关的成本系数；$C(d) > 0$，随着努力水平增加，总成本变大。

3. 供水价格设定

供水价格包括水处理成本、水资源成本和外部成本，其中水资源成本和外部成本与供水企业的努力水平无关，假定不变。水的处理成本是指原水输送到供水企业后，经过处理消除各种污染物，然后通过自来水管道网络把自来水分销给用户这一过程所产生的成本，即自来水的生产成本。生产成本包括运营维护和管理成本、基础设施的折旧、还本付息需要的资金量，以及为投资于该业务的股权基金支付令人满意的回报。随着企业努力水平的增加，企业成本上升，供水价格上升，因此供水价格表示为：

$$P(d) = p + k_1 \ln d \tag{11.3}$$

式中，p 为企业平均努力水平时的水价，$k_1 > 0$，为与努力水平相关的价格系数；$P(d) > 0$，随着努力水平增加，价格上升。

（二）政府与供水企业的目标函数

运用以上修订的基本函数，结合城市供水补贴的内容，将供水企业与政府的目标函数表示如下：

1. 供水企业的利润最大化目标

追求利润最大化是供水企业的终极目标，这里的利润包括供水企业的水价收入，另外扣除成本，再加上政府的财政补贴：

$$E(d) = P(d) \cdot Q - C(d) + t \tag{11.4}$$

式中，P 表示水价，随着供水企业努力水平的增加，企业成本上升，水价上升；Q 表示用水者的需水总量，因为自来水是一种必需品，因此，这里将 Q 看作常量；t 表示政府给予企业的补贴数量，由上所述可知，城市供水是一项公益性事业，规定价格较低，只有通过政府供给财政补贴才能盈亏平衡，因而 $E(d) \geq 0$。

2. 政府的社会福利最大化目标

根据经济学原理可知：

社会福利 = 消费者剩余 + 企业剩余 − 补贴征税的影子成本

因此，政府的社会福利函数表达式为：

$$U(d) = S(d) + P(d) \cdot Q + t - C(d) - \mu t \tag{11.5}$$

式中，μ 为政府征税的影子成本系数，因为政府的财政补贴来源于税收，税收会带来一定的社会成本，因此，政府征税的影子成本大于零，因而 $\mu>0$，μ 为常数。

（三）城市供水财政补贴的基本博弈模型

对于第一级委托—代理关系，用水者为一级委托人，政府为一级代理人，假设政府可以代表全体用户的利益，两者之间信息对称，因而两者效用完全一致。对于第二级委托—代理关系，政府为二级委托人，供水企业为二级代理人，由于政府无法直接得到企业的相关信息，因而两者信息不对称。如何选择最优的努力水平 d 和补贴 t，所谓最优，即能满足委托人的社会福利最大化的值，同时还需要符合代理人的两个约束，第一个约束为参与约束，又称为个人理性约束，即当供水企业接受补贴并且满足政府实现福利最大化的要求时，其得到的效用要高于企业没有得到补贴时的效用，可表述为：

$$(IR) P(d) \cdot Q - C(d) + t \geq \overline{E}$$

第二个约束叫作激励相容约束，因为代理人以追求自身利益最大化为目标，而委托人希望代理人能够满足自身的要求，激励相容约束就是将两者的要求相结合，即委托人希望代理人选择的努力水平恰好为代理人所有可选择努力水平中使代理人效用最大化的一个，可表述为：

$$(IC) P(d) \cdot Q - C(d) + t \geq P(d') \cdot Q - C(d') + t'$$

综上所述，建立城市供水财政补贴委托—代理博弈模型为：

$$\max S(d) + P(d) \cdot Q + t - C(d) - \mu t$$
$$\text{s.t.} (IR) P(d) \cdot Q - C(d) + t \geq \overline{E}$$
$$(IC) P(d) \cdot Q - C(d) + t \geq P(d') \cdot Q - C(d') + t'$$

第四节　补贴机制设计的博弈模型

自来水是人类的必需品，我国政府为了体现其公益性的特点，在很长一段时间内对供水企业进行价格管制，水价低于成本，结果是大多数企业不能自负盈亏。为了保证其正常运营,国家必须拨付巨额的财政补贴。供水市场化改革后,虽然情况有所好转,但是,因为我国的特殊国情,贫困人群所占比例较大,财政补贴问题仍然存在。因为政府的财政预算有限,如何建立有效的财政补贴机制,使其发挥最大化的作用,在推动供水企业改善自身经营的同时,也满足社会公众的需求,就成为摆在国家面前的一个课题。根据调查,目前各个国家的供水补贴形式主要分为两类:供给补贴和需求补贴,例如亏损补贴、对于特定消费者在一定适用范围内的消费补贴、交叉补贴等。本书结合实际情况,主要选取了四种补贴形式进行博弈模型分析,包括亏损补贴、包干补贴、目标家庭补贴,还有尚在讨论的基于供水质量及成本监督机制的供水补贴。鉴于城市供水补贴中政府、企业和用户三者的委托—代理关系,根据每种补贴形式的特点,分别建立博弈模型进行分析,以便建立一种有效的补贴机制,并可以估算出相应的补贴效果和适合的补贴额度。

一 供给补贴机制的博弈分析

(一) 基本模型

政府对供水企业的亏损补贴是指财政资金补贴企业的亏损。亏损补贴仅限于成本补偿,不包括企业利润。具体步骤是:每年年底供水企业向政府相关部门提交上年度财务决算和本年度运营计划,相关部门根据企业所申请的报表对企业的亏损额进行补贴,企业年利润为零,成本收益持平,即 $R = 0$。此模型不存在激励相容约束,因为假设两者信息对称。

但是,政府与供水企业现实情况是信息不对称的,供水企业作为独立的理性个体,其目标是追求自身利润的最大化,因而,供水公司得到亏损补贴后,是否按照政府的要求积极压缩成本,提高供水质量,是一个未知的事情。

在亏损补贴方式下,政府每年对供水公司给予的补贴即为当年供水公司的亏损额,供水公司即使自身不作为,也可以达到盈亏平衡,参与约束表示为:

$$(IR) P(d) \cdot Q - C(d) + t[E(d)] = 0$$

所以，供水公司与政府的博弈模型可表示为：

$$\max S(d) + P(d) \cdot Q + t[E(d)] - C(d) - \mu_t[E(d)]$$

$$\text{s.t.} (IR) P(d) \cdot Q - C(d) + t[E(d)] = 0$$

其中，t是关于供水公司收益 E(d) 的函数，表明政府相关部门按照供水公司的亏损额给予补贴。

(二) 模型求解与分析

对应模型构造拉格朗日函数：

$$L(d, \lambda) = P(d) \cdot Q + S(d) + t[E(d)] - C(d) - \mu t[E(d)] + \lambda\{P(d) \cdot Q - C(d) + t[E(d)]\}$$

最优化的两个一阶条件为：

$\partial L / \partial d = 0$

$\partial L / \partial \lambda = 0$

$P(d) \cdot Q - C(d) + t[E(d)] = 0$

由上式可知，政府对供水公司的补贴额度为：

$$t[E(d)] = C_0 + \varphi d - (p + k_1 \ln d) \cdot Q \tag{11.6}$$

亏损补贴保证了供水企业在任何情况下都能保持盈亏平衡，但是，政府却无法控制企业的努力程度。为了验证企业可能的行为选择方向，假设供水公司努力程度的范围为 d = {d_L, d_H}，其中，d_L 表示努力的下限，d_H 表示努力的上限。

由式 (11.6) 可得：

$$t' = \varphi - Q \cdot k_1 / d < 0 \tag{11.7}$$

从上式可以看出，供水公司获取的补贴额度与其自身努力程度呈相反的变化趋势，当供水公司努力程度越低时，其获得的财政补贴反而更高。在这种情况下，企业缺少激励自身提高努力水平的因素，因而这种补贴方式不能发挥激励企业不断改善经营的作用。

在这种情况下，政府所追求的社会效益可以表示为：

$$U = S(d) + \overline{E} - \mu t[E(d)]$$

$$= s + \ln d + \overline{E} - \mu t[E(d)] \tag{11.8}$$

政府的目的是追求社会福利水平的最大化，而供水企业在这种补贴方式下，为了获得更多的补贴会选择努力水平的下限，从式

(11.8) 可以看出,在这种情况下,政府整体的社会福利水平也会下降,可以说,这种补贴方式不仅不能激励企业改善经营状况,而且也不能满足政府追求社会福利最大化的目标。

综上所述,在采用亏损补贴时,供水企业和政府之间存在着信息不对称,政府不能监控供水企业的行为,供水企业为了追求自身利益,会选择较低努力水平,这样的结果是企业运营水平下降,政府财政负担加重。

二 需求补贴机制的博弈分析

(一) 基本模型

政府对供水企业按照用水量补贴,是指政府对符合规定的贫困家庭给予补贴,每年年终根据供水企业的决算数额,政府进行补贴。根据用水量补贴的表达式为:

$$t = t_0 \cdot q \cdot N(d)$$

式中,$t_0 > 0$,表示对每个贫困家庭的补贴额度(元/家·立方米),q 表示贫困家庭的单位用水量,N 表示贫困家庭的数量,它是相关部门根据申请家庭的收入水平进行评定的,当供水企业的努力水平 d 上升时,成本会上升,水价随之上升,假设收入不变,那么符合要求的贫困家庭的数量会增加,因而设贫困家庭数量的表达式为:

$$N(d) = n + k_2 \ln d$$

与亏损补贴相同的是,在按贫困人群用水量补贴的方式下,政府与供水企业之间也存在着信息不对称,政府不能直接观测控制企业的选择行为,企业存在道德风险问题。但是,与亏损补贴不同的是,这种补贴方式,政府可以通过控制给予贫困家庭的单位补贴额度来激励企业选择实现社会福利最大化的行为,这种补贴方式下的博弈模型可以表示为:

$$\max S(d) + P(d) \cdot Q + t - C(d) - \mu t$$
$$\text{s.t. } (IR) P(d) \cdot Q - C(d) + t \geq \overline{E}$$
$$(IC) P'(d) \cdot Q - C'(d) + t_0 \cdot q \cdot N'(d) = 0$$

（二）模型求解与分析

令 λ 和 τ 分别为模型中参与约束和激励相容约束的拉格朗日乘子，构造拉格朗日函数：

$$L(d, \lambda, \tau) = P(d) \cdot Q + S(d) + t - C(d) - \mu t + \lambda[P(d) \cdot Q - C(d) + t - \bar{E}] + \tau[P'(d) \cdot Q - C'(d) + t_0 \cdot q \cdot N'(d)]$$

最优化的两个一阶条件为：

$\partial L / \partial d = 0$

$\partial L / \partial \lambda = 0$

$d = (k_1 \cdot q + t_0 \cdot q \cdot k_2) / \varphi$

从上式可以看出，政府可以通过调节每个家庭的补贴额度 t_0，来控制供水企业的选择行为。假设政府期望供水企业达到努力水平为 d^*，则对每个家庭的补贴额度可表示为：

$t_0 = (\varphi \cdot d^* - Q \cdot k_1) / k_2 \cdot q$

并且只要较高努力水平 d_H 使下列条件成立：

$P(d_H) \cdot Q - C(d_H) + t_H > P(d^*) \cdot Q - C(d^*) + t^*$

供水企业就有激励因素使其选择比政府基本要求更高的努力水平。

按贫困人群用水量补贴的方式对供水企业有一定的激励作用，在一定限度内既实现了企业受益的最大化，也完成了政府福利最大化的目标，但是，若在此限度外，企业还是会选择更有利于自身利益的行为，而政府的福利水平就会达不到期望值。

另外，这种补贴方式使因供水企业努力水平提高而增加的社会福利水平更多地分配给了贫困人群，这样就会忽视了其他人群的权益，不符合社会公平的原则，会产生一些负社会效益。

三 基于绩效评价的补贴机制的博弈分析

（一）基本模型

服务及成本监督下的补贴方式，是指将政府给予供水企业的财政补贴额度与企业提高服务质量、控制运营成本的努力程度建立联系的一种补贴方式。具体来说，政府每年都会对供水企业的服务质量与运营成本进行考核，如果实际情况达到政府的要求，则给予相应的补贴；反之，政府会对企业做出一定的惩罚。与上面所描述的一致，供水企业的努力水平越高，其服务质量也越高，产品成本越低，所以，将企业的努力水平与服务质量和成本监督（sc）的综合结果建立关系，后者用百分制表示，即 $0 < sc < 100$，而 $d = sc/10$。

在这种补贴方式下，政府可以观测到供水企业的选择行为，即两者是信息对称的。因为此时可以达到风险最优分担，所以，在此激励机制中无须考虑风险问题。除信息对称以外，与上面两种补贴方式不同的是，这种补贴方式下，激励相容约束不再存在，因为这里规定政府可以设计任意的强制合同，即根据企业的行为给予补贴，如果供水企业选择 d^*，则相应补贴为 $t(d^*) = t^*$，否则补贴额度 $t < t^*$，使下列条件成立：

$$P(d^*) \cdot Q - C(d^*) + t^* > P(d) \cdot Q - C(d) + t$$

因为这种补贴方式有一定的强制性，所以，只要规定 t 足够小，即政府对供水企业的惩罚力度足够大时，供水公司就不会做出政府期望以外的努力水平。

这里忽略政府监督企业行为的成本，因为相对于政府的补贴数额，它的数量足够小，不对补贴的效果造成影响。下面分析最优努力水平 d^* 的选择，因为 d 是可以受到政府的监督，政府可以强制企业选择任意的 d，所以，不再需要激励相容约束，政府可以通过下面的模型得到最优的 d 和 t 的额度：

$$\max S(d) + P(d) \cdot Q + t - C(d) - \mu t$$
$$\text{s.t. } (IR) P(d) \cdot Q - C(d) + t \geq \overline{E}$$

（二）模型求解与分析

在这种补贴方式下，政府是根据其监督的供水企业的努力水平进行补贴发放，并且这种方式具有强制性，因此，供水企业会努力达到政府的期望。因为两者的努力方向是一致的，所以，政府福利最大化的努力水平就是企业的最优选择，可以表达为：

$$\frac{\partial U}{\partial d} = 0$$

$$S(d) + P(d) \cdot Q + t - C(d) - \mu t$$

$$d^* = (1 + k_1 \cdot Q)/\varphi$$

政府如果强制企业选择使自身社会福利最大化的努力水平，就必须设定相应的惩罚措施，下面来分析最优补贴额度与企业努力水平的关系。假设 d^* 为政府期望供水企业达到的努力水平。将努力水平分为三个等级 d_L、d^*、d_H，分别表示低努力水平、中努力水平和高努力水平，它们相对应的补贴额度分别为：

$$t(d_L) = (1 - \eta_1)t^*, \quad t(d^*) = t^*, \quad t(d_H) = (1 + \eta_2)t^*$$

式中，η_1 表示对供水企业低于政府期望努力水平的惩罚系数，η_2 表示对供水企业对于政府期望努力水平的奖励系数；$0 < \eta_1 < 1$，$0 < \eta_2 < 1$。

在三种不同的努力水平下经营，根据政府对供水企业观测到的努力水平给予相应补贴，供水企业的收益分别表示如下：

$$E_L = (p + k_1 \ln d_L) \cdot Q - C_0 - \varphi d_L + (1 - \eta_1)t^*$$
$$E^* = (p + k_1 \ln d^*) \cdot Q - C_0 - \varphi d^* + t^*$$
$$E_H = (p + k_1 \ln d_H) \cdot Q - C_0 - \varphi d_H + (1 + \eta_2)t^*$$

政府想要供水企业达到努力水平 d^*，实现社会福利最大化，必须满足以下条件：

$$E^* > \bar{E}$$
$$E^* > E_H$$

由上式得到政府希望供水企业选择行为 d^* 时给予财政补贴的范围为：

$$t^* > \bar{E} - (p + k_1 \ln d^*) \cdot Q + C_0 + \varphi d^*$$

下面分析政府如何选择适合惩罚力度，控制供水企业不选择 d_L。按照供水企业追求自身利益最大化的特点，只有当 $E_L < E^*$ 时，政府才有能力控制供水企业只选择 d^*，即得到政府规定的惩罚力度为：

$$\eta_1 > [Q \cdot k_1(\ln d^* - \ln d_L) + \varphi(d_L - d^*)]/t^*$$

同理，只有当 $E_H > E^*$ 时，供水企业才会选择更高的努力水平，即：

$$\eta_2 > [Q \cdot k_1(\ln d_H - \ln d^*) + \varphi(d^* - d_H)]/t^*$$

四 不同补贴机制比较分析

在以上讨论的三种不同的补贴方式中，亏损补贴由于两者信息不对称，政府不能直接观测供水企业的选择行为，而供水企业无论在何种情况下，都能收到政府给予的补贴，这样，导致企业没有动力提高服务质量，降低运营成本，即亏损补贴不能发挥财政补贴应有的效应，既不能激励企业的进步，也不能提高社会的效益。

按贫困人群用水量补贴的方式含有激励相容约束，政府可以使用对贫困家庭的补贴额度来间接控制企业的努力水平，激励企业改善服务质量，但贫困人群福利的增加，忽视了其他人群的利益，不符合社会的公平原则，这样又会产生一定的社会负效应。

服务及成本监督下的补贴方式与以上两种补贴方式不同，它是建立在双方信息对称的基础上的，政府可以有效监测供水企业的努力水平，根据努力水平，政府选择最有利于自身利益的补贴额度进行补贴，并且通过设计适合的奖惩系数来控制供水公司的低努力行为、激励其付出高努力水平。

综上所述，建议政府部门在对供水企业补贴时，采用具有较强激励机制的服务及成本监督下的补贴方式，准确地观测供水企业的行为选择，更能激发供水公司努力经营的动力，能高效率地使用财政补贴，实现较大的社会效益。

第五节 城市公用事业补贴博弈实证分析
——以北京城市供水行业为例

采用《北京统计年鉴》得到的北京城市供水行业 2001—2014 年经济指标（见表 11-1），利用以上的委托—代理博弈模型，对三种补贴机制分别进行补贴金额的测度及相应的效率分析。

表 11 – 1　　北京城市供水行业 2001—2014 年经济指标

年份	产品销售收入（万元）	从业人员（人）	资产总额（万元）	水价（元/立方米）	自来水销售总量（万平方米）	人均水资源（立方米）	企业单位个数（个）	亏损个数	利润总额（万元）	主营业务成本（万元）
2014	610787	10704	7264111	—	103402	95	20	2	239190	577923
2013	422534	10458	5375273	—	98178	119	19	4	48029	510176
2012	409912	9873	4678592	—	93826	193	19	3	42068	453815
2011	405924	10400	4352150	—	94622	134.7	20	5	40272	451417
2010	349190	8096	3982612	—	89185	120.8	29	11	-72176	429674
2009	278855	7100	3463018	1.7	86881	120.3	21	5	-62421	279528
2008	258605	6605	3376801	—	80792	198.5	29	10	-54689	266139
2007	289495	5963	3135550	—	77778	145.3	23	9	-44917	323525
2006	271814	5605	2774933	—	74970	140.6	20	9	-45702	319171
2005	279719	6110	2190744	—	71600	153.1	20	9	-16050	269881
2004	288140	5644	2268713	1.7	82986	145.1	8	1	-28558	229246
2003	220344	4272	1099091	1.7	71583	127.8	6	1	3298	129073
2002	197250	4421	139626	1.4	79322	114.7	—	—	—	—
2001	173885	5802	1053531	—	69807	139.7	10	1	20473	152247
均值	318318	7218	3225339	1.6	83924.72	139.1	19	5	5294	337831.9

资料来源：有关年份《北京统计年鉴》。

供水补贴机制即根据供水企业上报的亏损额度进行补贴，根据式（11.6）：

$$t[E(d)] = C_0 + \varphi d - (p + k_1 \ln d) \cdot Q$$

可以看出，补贴额度是由不变成本、企业的努力程度、水价、供水需求总量等决定的，这里，为了使求得的结果更能反映实际情况，使用 2001—2014 年各经济指标的平均值作为参数代入式中。另外，为了求解简便，将本函数系数设为 $\varphi = 1$，价格函数系数 $k_1 = 1$，因为企业在这种情况下，没有提高效率、改善经营的动力，努力程度较低，所以，设 $d = e$（e 为常数）。

将相应数据代入，得：

$$t = 337831.9 + e - (1.625 + 1) \times 83924.72$$
$$\approx 117532.23 \text{（万元）}$$

由以上数据可知，2001—2014 年，北京城市供水行业平均 19 家企业中有 5 家是亏损的，国家需要对这 5 家亏损企业给予财政补贴。由于这种补贴机制是根据实际发生额及实际亏损额进行补贴的，财政补贴总额随着需求函数、成本函数变化而变化。另外，因为这种补贴机制的设计使企业无论经营情况如何，都能达到盈亏平衡，不会承担任何经营和投资的风险，因此，这种补贴机制不能激励企业提高效率，降低成本。在这种补贴机制下，供水企业将会发生成本持续上升、经营效率不断下降的问题。同时，政府也将会背上沉重的财政负担。我国供水行业目前大多数采用的都是这种补贴机制，虽然为了改变这种"暗补"效率低的状况，国家开始打破僵化的价格管制政策，单一的政府定价形式已被政府定价、政府指导价和市场调节价三种形式所取代，但是，由于历史原因和国情，我国供水行业的主要定价方式在很长一段时间内依然会是政府定价和政府指导价。

需求补贴机制即政府根据供水企业对贫困家庭的用水量而进行的补贴，由以上分析可知，政府可以通过调节对每个家庭的补贴额度而控制供水企业的选择行为，由式

$$t_0 = (\varphi \cdot d^* - Q \cdot k_1)/k_2 \cdot q$$

可以将政府最希望供水企业的努力程度带入，即 $\partial U/\partial d = 0$，得 $d^* = (k_1 Q + 1)/\varphi$，代入式中，可得 $t_0 = 1/(k_2 \cdot q)$，则 $t = t_0 N$。

因为 k_2 是一个需要大量数据才能估算出来的常量，这里 n 取 3.9 万家，是根据城市贫困人口数量，按照三口人为一家得出的，可以看出，财政补贴额度会有所降低，并且这种补贴机制可以通过控制补贴的数量来控制企业的努力程度，补贴效率也高于亏损补贴机制。

基于绩效评价的补贴机制即将政府给予供水企业的财政补贴额度与企业提高服务质量、控制运营成本的努力程度建立联系的一种补贴方式。具体实施如上所述，政府每年要对企业的运营情况进行评估，以用来决定进行补贴的数额，下面运用 DEAP 2.1 软件，对北京市供水行业 2001—2014 年的绩效进行评价，因为产成品数据中有零值，

利润总额中有负值，因此，这里选取产品销售收入为产出指标，资产总计和从业人员为投入指标，见表 11 – 2。

表 11 – 2　　　2001—2014 年北京供水行业产出及投入指标

年份	产出指标	投入指标	
	产品销售收入（万元）	从业人员（人）	资产总额（万元）
2001	173885	5802	1053531
2002	197250	4421	139626
2003	220344	4272	1099091
2004	288140	5644	2268713
2005	279719	6110	2190744
2006	271814	5605	2774933
2007	289495	5963	3135550
2008	258605	6605	3376801
2009	278855	7100	3463018
2010	349190	8096	3982612
2011	405924	10400	4352150
2012	409912	9873	4678592
2013	422534	10458	5375273
2014	610787	10704	7264111

资料来源：笔者整理。

对表 11 – 2 进行 DEA 分析，得到表 11 – 3。

表 11 – 3　　　2001—2014 年北京供水行业技术效率水平测度

年份	技术效率	纯技术效率	规模效率	规模报酬
2001	0.609	0.745	0.817	irs
2002	1.000	1.000	1.000	—
2003	1.000	1.000	1.000	—
2004	0.955	0.955	1.000	—

续表

年份	技术效率	纯技术效率	规模效率	规模报酬
2005	0.865	0.876	0.988	drs
2006	0.887	0.913	0.971	irs
2007	0.882	0.907	0.971	irs
2008	0.713	0.742	0.961	irs
2009	0.720	0.737	0.976	irs
2010	0.789	0.790	1.000	—
2011	0.727	0.858	0.847	drs
2012	0.763	0.813	0.939	drs
2013	0.736	0.749	0.982	drs
2014	1.000	1.000	1.000	—
均值（mean）	0.832	0.863	0.961	

注：—表示规模报酬不变，irs 表示规模报酬递增，drs 表示规模报酬递减。

由表11-3可以看出，在对北京供水行业2001—2014年数据的研究中，2002年、2003年、2004年和2014年4个年份达到技术效率和规模效率最优，且规模报酬不变。利用这种方法，政府可以对比经验数据，确定出每一年供水企业的努力水平。另外，根据上述确定奖励或惩罚比例，以满足激励企业提高运营效率的目的。

第十二章 基于绩效评价的城市公用事业财政补贴机制

——以供水为例

第一节 城市公用事业企业绩效评价方法

当前,对于城市公用事业企业绩效评价,大多采取标杆比较法,即建立一个标杆企业或模型,令其他企业与之比较,若投入相同,产出越多,效率越高;若产出相同,需要投入越少,效率越高。标杆法是一个方法体系,主要分为局部方法和整体方法,各自又包含许多具体方法,详细分类如图 12-1 所示。

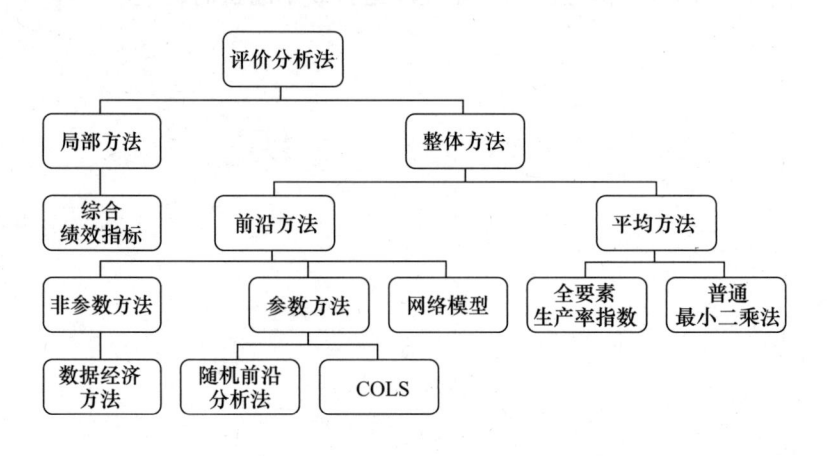

图 12-1 绩效评价分析法分类

一 局部方法

局部方法中最常用的是综合绩效指标方法（Overall Performance Indicator，OPI）。这一方法需要先设立一些核心绩效指标，如单位工人产水量、服务质量（断水率、水质、投诉率等）、水管漏水率、网管覆盖率以及一些财务数据（总成本、总利润等）。这些指标大多以百分比的形式呈现。然后，再通过对不同企业的这些指标进行计算、比对，来判断企业的绩效。这种方法原理比较简单，也容易操作。因此，大多数国家的政策制定者会将这些核心指标汇总，并通过加权平均，计算出一个综合绩效指标，作为行业的比对标准。这种方法虽然简单明了，容易被民众接受，但却存在以下一些缺点。理论上说，OPI 应该通过对不同的指标按优先顺序处理得到，但在实际情况中往往不是，如秘鲁的供水管制机构 SUNASS 只是对 9 个特殊指数简单求和就得出了 OPI；OPI 方法中所选取的核心指标会受许多因素（如人口密度、居民支付能力、地形特点等）的影响而改变；OPI 方法无法解释不同因素之间的关系。一个企业可能会在某一个指标上做得很好，在另一个上做得很差，或是一个企业在每个指标上做得都相对较好，发展很均衡，但通过 IPO 方法测评，却不是最有效的。

二 整体方法

整体方法分为平均方法和前沿方法两种。

平均方法就是对投入产出函数进行简单的加权平均，最常用的平均方法有全要素生产率指数和普通最小二乘法。

（一）全要素生产率

全要素生产率（Total Factor Productivity，TFP）的算法如下，有 m 个投入，s 个产出：

$$\text{TFP} = \frac{\sum_{r=1}^{s} u_r y_r}{s} \bigg/ \frac{\sum_{i=1}^{m} v_i x_i}{m}$$

式中，y_r 表示第 r 种产出，$0 \leqslant r \leqslant s$；$u_r$ 表示 y_r 带来的收入占总收入的比例；x_i 表示第 i 种投入，$0 \leqslant i \leqslant m$；$v_i$ 表示 x_i 的成本占总成本的比例。这种方法的优点是容易计算并实施，缺点是不考虑任何特定初始投资成本低效率的信息,因而缩小了成本的范围。

(二) 普通最小二乘法

普通最小二乘法(Ordinary Least Squares,OLS)是通过最小化误差的平方和寻找数据的最佳函数匹配。以线性模型为例,其基本原理是构建一个函数 $\hat{y}_t = \hat{\beta}_0 + \hat{\beta}_1 x_t$,并寻找参数 $\hat{\beta}_0$ 与 $\hat{\beta}_1$,使观测值 y_t 与 $\hat{y}_t$ 的差的平方最小(见图 12-2)。在评价企业绩效时,可将企业的投入产出数据代入方程,所获得方程即为一个平均标准,再拿每个企业的数据,与方程所得的平均值来比较,评价企业的绩效。其缺点在于过度依赖方程的形式,若将线性方程换成非线性,则会影响评价结果。

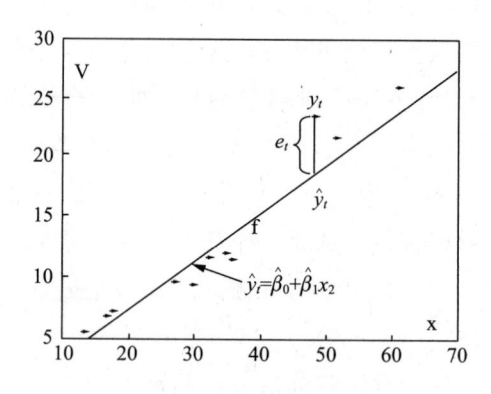

图 12-2 普通最小二乘法原理

1967 年法雷尔提出前沿方法,所研究的问题类似于经济学中的"帕累托最优",即对既定的投入因素进行最佳组合,计算所能达到的最优产出。通过比较各企业实际产出与理想最优产出之间的差距,可以反映出企业的综合效率。

前沿生产函数方法的研究方法主要有参数方法和非参数方法。参数方法延续了传统生产函数的估计思想,主要运用最小二乘法或极大似然估计法进行计算。参数方法首先确定或自行构造一个具体的函数形式,然后,基于该函数形式对函数中各参数进行计算。而非参数方法首先根据投入和产出,构造出一个包含所有生产方式的最小生产可能性集合，其中非参数方法的有效性是指以一定的投入生产出最大产出，或以最小的投入生产出一定的产出。

参数方法中最常见的是随机前沿分析方法（SFA 法），非参数方法中最常用的是数据包络分析方法（DEA 法），以下是对两种方法的比较（见表 12 -1）。

表 12 -1　　　　　　　SFA 法与 DEA 法的比较

	SFA 法	DEA 法
是否为参数方法	参数方法	非参数方法
是否考虑随机影响	是	否
关于公司效果假设	存在无效率	存在无效率
行为假设	无	无（考虑配置效率时除外）
可计算哪些方面	技术效率、规模效率、配置效率、技术进步、全要素生产率的变化	技术效率、规模效率、配置效率
所需要变量	投入产出的数量	投入产出的数量
所需要数据	截面数据、面板数据	截面数据、面板数据

第二节　国内外供水行业绩效评价理论与实践

当前，国内外许多国家的供水行业监管机构通过建立绩效评价指标体系计算综合绩效指标的方法，来对城市供水企业绩效进行评价，并对其进行行业监督。

一　国际供水行业绩效评价体系状况

20 世纪 80 年代末，英国最早提出了城市供水绩效评价。20 多年来，城市供水绩效评价已经发展成为一种有效管理供水行业的工具和方法体系。许多国家和机构推出了各自的城市供水绩效指标体系，其中较为广泛和成熟的体系主要来自以下国家机构和国际组织：世界银行（WBG）、国际水协（IWA）、英国水务办公室（OFWAT）、美国水协会（AWRA）、荷兰供水协会（VEWIN）及瑞典斯堪的纳维亚六市集团等。

世界银行于20世纪90年代建立了"国际供水与污水处理绩效管理网络"（IBNET），并在21世纪初加以改进，形成了IBNET工具箱。目前，该工具箱涵盖了75个国家的2000多个供水系统的数据。评价指标分为服务覆盖率、水生产和消耗、未回收水费水量、水表计量、管网系统性能、成本和人力、质量和服务、账单和水费收缴、财务、资本投资十大类共37项子指标。该指标体系主要面对供水企业，没有过多地考虑污水处理。

国际水协自1997年以来一直强调建立一套普遍适用的程序和方法，以为决策者提供对于公用事业绩效的全面理解。2000年推出了第一版《供水服务绩效指标》，并于2001年出了第二版，该绩效指标体系包括水资源指标、人事指标、物理指标、运行指标、服务指标和财务指标六类23项指标。其供水服务绩效指标体系，根据重要性及优先顺序，将指标分为反映供水企业的效率和效益的指标及附加指标。

英国水务办公室运用标杆管理手段对自来水和污水处理企业进行管理。企业向水务办公室提供服务绩效数据，具体包括自来水供给（水压、饮用水质等）、污水处理服务、用户服务、环境影响（泄漏、污染事件）等方面。具体绩效指标体系包括客户服务（9项指标）、水质和环境（6项指标）、水输送和漏失（7项指标）、运行费用（15项指标）、资本支出（20项指标）和财务效率（7项指标）。英国水务办公室根据绩效指标对各项企业进行评分，并且向公众公布得分情况。

美国水协会研究基金会和水环境研究基金会设立了一个质量服务标杆管理信息交换中心。该中心主要为成员提供水和污水设施的信息、服务和工具。其主要内容包括行业概况、绩效度量、供水和污水运行数据库、自身评估和同行业评价的结果简介、最优实例的识别以及在线网络的连接等。2002年，该协会开展了关于供水和污水行业绩效评价指标体系的研究、开发工作，在组织发展、客户关系、经营业绩、供水业务和污水业务五个方面，确定了22项指标。

荷兰供水协会于1997年建立标杆管理系统，运用绩效指标体系对供水企业进行绩效评估和比较。绩效指标体系从水质、服务、环境和财务与效率四个主要方面来描述供水行业的绩效。同时，为了排除各种不同组织结构的影响，将运营过程按最基础的工作流程分为生产、分配、销售和综合四个关键的过程，并由此统计不同环节的运营成本。

瑞典斯堪的纳维亚六市集团成立于1995年，由赫尔辛基、歌德堡、奥斯陆、哥本哈根、斯德哥尔摩和马尔默六个城市组成。六市的供水和污水处理行业由各城市所有。1995年，六市集团决定联合开展一项合作计划，开发简化城市之间比较的绩效指标，以寻求改善供水企业运营的方法。该组织定义了一系列绩效指标用于企业之间横向及企业内部的纵向比较。指标主要涵盖企业绩效的六个方面：用户满意度（C）即反映用户对服务的期望和评价、质量（Q）即弥补经济指标和用户满意度指标、有效性（A）即描述系统运营有效性、环境（En）即刻画企业的环境效果、组织或人员（O）即描述效率及外包服务和内部运作间的关系、经济（Ec）即比较成本。绩效指标体系根据企业运营过程分为整体运营、生产、输配、雨污收集、污水处理、投资和再投资以及财务指标七个部分。

二 我国供水行业现阶段绩效评价状况

我国一直在对供水行业绩效评价体系进行研究和探索，但多停留在企业自身管理层面，侧重于企业内部的员工职能管理和人力资源管理。此外，关于供水行业或企业绩效评价的文献甚少，更缺少公开推行的指标体系。

近年来，随着电力、金融行业中绩效评价的广泛运用，供水行业的绩效评价研究也得到较大发展。其实，中国城镇供水协会早在20世纪80年代就对城镇水务企业的生产水平、经营情况及服务状况进行统计。建设部于90年代初颁发了《城市建设统计指标解释》，将51项指标分为生产能力、产量及相关比率、服务质量、服务状况与计量和生产经营管理五大类，为我国日后供水行业的发展奠定了有利的基础。但是，由于统计指标与监管考核指标不衔接，数据来源可靠性差、计算方法不精确、对统计结果缺乏分析等原因，使这一体系对政府监管工作及企业提高效率等作用有限。

2004—2005年,清华大学、深圳水务等机构参照世界银行的"IBNET工具箱"建立了城市供水绩效指标体系,并以哈尔滨、深圳等城市为案例进行研究。课题组提出,在中国建立供水行业绩效评价体系的基本框架,参考世界银行的成果,提出我国建立供水行业绩效标杆管理的远期规划。

2005—2006年,清华大学和北京首创股份有限公司共同进行了"城市供水行业绩效指标研究"课题研究,参照IWA、IBNET等指标体系,围绕市场准入监管、水质和服务监管及成本与价格监管,提出了企业和政府均比较关注的十个复合性绩效指标,并在马鞍山首创进行试用,初步完善了指标数据获取方法。

2006—2007年,山东省建委与城市供水协会对省内30个供水企业实施了绩效对比评价。项目中,专家组从世界银行"IBNET工具箱"的绩效评价体系中选取了服务覆盖率、成本和人力、服务与质量、财务等十类指标,并针对每个指标,对企业间做了横向比较与分析。

2007年,由清华大学水务行业政策研究中心和首创股份以及其他专家组成的城市供水行业绩效关键指标研究课题组首次提出了十个复合性的绩效指标,采用了由简入难、横向与纵向相结合的方式进行使用。该指标体系借鉴了国际先进经验,紧密结合具体国情,首次提出了针对我国供水行业的绩效关键指标,开展了定量绩效管理系统开发程序和方法的研究,制定了适用性强且可实施的数据收集细则,并结合马鞍山首创水务公司实际,进行了验证性研究,具有创新性。而且该绩效指标体系的提出是针对我国供水行业改革的背景而进行的,对健全市场监管体系具有重要的现实意义,有利于提高供水企业管理水平和服务水平,推动技术进步,并可为政府确定合理的供水成本和制定水价提供参考[①]。

---

① 资料来源于中国水网·专题报道"城市供水绩效指标评审及研讨",http://zt.h2o-china.com/report/salon_2007/。

2013年，由中国城镇供水排水协会协调、以北京首创股份有限公司为责任单位的"城市供水评估体系研究与示范"课题组，针对我国城市供水企业多种运营机制并存、政府监管缺乏有效技术手段的现状，构建了一套面向政府监管需求、行业引导需求和企业发展需求的供水企业绩效评估指标体系和绩效评估管理体系，该指标体系包含24个指标、49个变量和6类背景信息，从服务、运行、资源环境、资产、财经和人事六个角度来描述城市供水企业的绩效管理水平，较全面地涵盖了城市供水绩效管理的诸多方面，为评价我国水务企业的绩效管理水平提供了参考和依据[①]。

第三节 供水企业绩效评价实证分析

一 绩效指标的选取

（一）指标选取的原则

指标选取必须遵循以下五个原则：

第一，目的性原则，指标的选取必须围绕要素层展开；

第二，可比性原则，指标体系必须对每一个评价对象是公平可比的；

第三，科学性原则，指标能以量化的形式反映研究对象的某方面特性，以便对对象做出客观评价；

第四，可测性原则，有比较稳定的数据来源，数据易获得，统计口径一致；

第五，独立性原则，同一层次的各个指标之间相互独立，不存在因果关系。

（二）指标选取方法

绩效指标的选取方法主要有频度统计法和专家咨询法。频度统计

---

① 资料来源于《中国建设报》，http://www.chinajsb.cn/bz/content/2013-02/04/content_83394.htm。

法是整理国内外相关文献，统计其采取的绩效指标频度，选取出现频率较高的指标；专家咨询法是指先初步建立指标体系，再通过书面或会议的形式征询有关专家的意见，对指标体系进行调整。相比之下，前一种方法比较客观。

（三）定性指标与定量指标的转化

为了使指标符合科学性原则，必须将定性指标转化为定量指标。定性变量的数量化方法是引入虚拟变量。如果定性变量只有两个取值的情况时，该定性变量的某一属性出现时，虚拟变量取值为1，否则取值为0。如果定性变量有多种变量取值时，引入虚拟变量的过程类似。比如满意度调查，可以分别给非常满意、比较满意、不满意和很不满意4个指数分别赋予数值4、3、2和1。

（四）指标数据的来源

为了获得稳定、准确的数据，可以借鉴国外的一些做法，由政府部门或相关协会组织带头，建立供水企业信息库，企业定期上报绩效评价指标数据，再由相关部门进行处理、分析，剔除一些无关或不准确的信息。比如，在考核企业关于满意度调查的数据时，也可对用户进行网络问卷、电话调查、上门交流等方式，来确定数据的可靠性与准确性。此外，政府也可对上报数据完整、切实、准确的企业优先补贴，来提高企业的主动性和积极性。

同时，在企业内部也要提高自动化和信息化水平，使绩效指标数据与企业内部的自动化与信息化系统能够对接，以完成数据的自动采集和实时传输，提高数据质量，减少数据采集成本。如使用抄表和营业收费系统，自动提取现金流量、各种运营成本数据等；使用在线监测系统，自动提取水量、水压、水质等信息；使用供水管网信息管理系统，自动提取管网系统数据；使用客户服务系统，自动提取客户满意度调查、投诉建议等。

二 实证绩效评价

（一）样本的选择

我国城市供水行业市场化改革还不完善，企业信息透明化不够，使具体企业的数据很难得到。因此，考虑数据的可得性，在对数据进行处理和剔除后，本书选择北京、天津、河北等31个省份2012年和2013年的数据作为横向截面分析研究样本，选择北京市2004—2014年的数据作为纵向趋势分析样本，对其城市供水行业进行横向的截面分析和纵向的趋势分析。数据来源于各省份的统计年鉴和中宏统计数据库①，行业数据取自规模以上（年主营业务收入在500万元及以上）水的生产和供应业的数据。

（二）指标的选取

根据城市供水行业的特性，本书选择产出投入模型。在产出指标的选取上，本书选择主营业务收入和供水总量两个二级指标，其中，主营业务收入侧重反映了企业的经济性，供水总量则侧重反映了企业的社会公益性。

在投入指标的选取上，本书选择从业人员平均个数、资产总计和供水管道长度3个二级指标。前者反映了劳动力生产要素的投入，后两者则反映了资本要素的投入。

（三）横向的截面分析

通过对各省统计年鉴、《中国城乡建设统计年鉴》中关于2012年和2013年城市供水行业绩效的数据进行处理，得到北京、天津、河北等31个省份城市供水行业的产出与投入指标数据，具体指标如表12-2和表12-3所示。

表12-2　　　　2012年各省城市供水行业产出与投入指标

序号	地区	产出指标		投入指标		
		主营业务收入（亿元）	供水总量（万吨）	从业人员平均人数（万人）	资产总计（亿元）	供水管道长度（千米）
1	北京	47.3047	93826.05	1.0210	466.5825	14029.38
2	天津	39.6375	66090.89	0.5081	232.6711	12904.30
3	河北	29.0000	102952.92	1.7412	104.6743	12836.27
4	山西	15.7073	55560.26	0.9154	62.1087	6137.50
5	内蒙古	24.6424	48209.50	1.0344	82.3410	8081.69

① 中宏统计数据库，http://edu.macrochina.com.cn。

续表

序号	地区	产出指标		投入指标		
		主营业务收入（亿元）	供水总量（万吨）	从业人员平均人数（万人）	资产总计（亿元）	供水管道长度（千米）
6	辽宁	65.7900	201214.49	2.9415	249.7864	28730.26
7	吉林	27.4491	80033.83	1.1824	61.6619	8440.28
8	黑龙江	13.9313	109322.95	2.0607	131.8307	11621.65
9	上海	57.2400	309704.29	1.1901	325.0903	34904.09
10	江苏	109.1900	384843.99	2.6845	811.6346	68789.56
11	浙江	125.2800	270516.05	2.2006	702.3441	44066.93
12	安徽	32.5000	124930.74	0.9780	111.1326	17291.31
13	福建	34.7632	141164.82	0.8792	182.8905	15286.57
14	江西	31.8573	91326.86	0.9447	115.3411	11586.00
15	山东	73.0561	235787.75	2.7633	279.3411	37383.54
16	河南	34.4100	135497.21	2.0819	87.9022	17739.96
17	湖北	34.2300	222804.92	1.6746	165.9617	24611.54
18	湖南	56.6300	167626.14	1.8792	168.1198	15835.36
19	广东	269.2400	807570.79	4.6686	1069.6756	75632.98
20	广西	20.3328	107991.47	0.7588	95.1220	13115.12
21	海南	6.1866	38980.21	0.2098	19.2524	3447.56
22	重庆	21.7592	87640.52	0.5802	129.2271	8208.07
23	四川	80.3800	161953.13	1.5839	345.6222	20959.13
24	贵州	8.0300	45638.16	0.4356	47.0166	7042.35
25	云南	15.0000	52701.92	0.3763	72.4799	7612.94
26	西藏	0.5831	11869.38	0.0224	2.1534	805.07
27	陕西	11.9340	74669.08	0.6355	50.7290	5483.21
28	甘肃	7.5035	44709.24	0.4106	43.0252	3984.94
29	青海	1.6896	14909.50	0.0765	7.8037	1426.29
30	宁夏	6.1570	17386.71	0.2002	29.5827	1454.44
31	新疆	6.6755	73329.48	0.2208	62.8716	6857.87

资料来源：各省份2013年统计年鉴和《中国城乡建设统计年鉴（2012）》。

表 12-3　　2013 年各省城市供水行业产出与投入指标

序号	地区	产出指标		投入指标		
		主营业务收入（亿元）	供水总量（万吨）	从业人员平均人数①（万人）	资产总计（亿元）	供水管道长度（千米）
1	北京	51.3839	98178.41	1.0458	546.0408	14461.28
2	天津	43.9420	68295.72	0.4970	254.1794	13238.53
3	河北	34.5400	102681.57	1.7833	121.6494	12897.84
4	山西	16.4635	57977.45	0.9423	69.8479	6769.73
5	内蒙古	29.7970	52995.53	1.0165	128.4592	8367.71
6	辽宁	73.9600	205571.47	2.4764	291.3908	29715.16
7	吉林	29.1834	83974.82	1.1642	55.8096	9052.90
8	黑龙江	16.0653	107627.30	2.0715	97.4347	12049.08
9	上海	62.8500	319071.85	1.2245	348.5911	36217.19
10	江苏	126.6100	391156.24	2.7916	1007.1374	73236.78
11	浙江	142.8400	291626.82	2.3195	779.3953	48427.36
12	安徽	33.3100	130423.44	1.0726	127.8634	18706.91
13	福建	38.2479	154183.87	0.9399	210.3924	14436.29
14	江西	37.9906	101595.72	0.9887	129.3913	13289.19
15	山东	96.3592	241378.69	2.6147	343.4291	39333.73
16	河南	38.3400	137180.33	2.0071	99.3508	18385.06
17	湖北	47.8300	227404.76	1.8130	226.7189	26264.85
18	湖南	57.7900	168898.87	1.9639	208.7832	17448.39
19	广东	303.4400	813441.59	4.8677	1162.9396	92045.45
20	广西	23.7210	114427.44	0.8038	105.5792	13743.59
21	海南	7.7551	40769.68	0.2939	27.2370	3677.33
22	重庆	22.8578	95143.99	0.6025	135.9574	9308.71
23	四川	92.9400	172178.42	1.7402	409.8388	22818.81
24	贵州	10.2300	48547.19	0.4573	55.7310	7478.65
25	云南	18.4000	66470.13	0.3813	128.8779	8258.94
26	西藏	0.6337	11953.20	0.0247	2.3489	855.62
27	陕西	13.3993	72225.39	0.6583	57.9931	5748.53

① 由于部分省份的统计年鉴中不再披露"从业人员平均人数"指标数据，故 2013 年选取中宏统计数据库中 2013 年 2 月底的数据进行分析。

续表

序号	地区	产出指标		投入指标		
		主营业务收入（亿元）	供水总量（万吨）	从业人员平均人数①（万人）	资产总计（亿元）	供水管道长度（千米）
28	甘肃	7.1177	45440.51	0.4239	43.4729	4183.36
29	青海	2.4235	16100.60	0.0881	13.8067	1916.69
30	宁夏	6.3549	18366.95	0.2010	33.2572	1551.18
31	新疆	8.0758	78384.55	0.2743	90.8421	7569.35

资料来源：各省份2014年统计年鉴和《中国城乡建设统计年鉴（2013）》。

利用DEAP 2.1软件，对各省份供水行业绩效进行分析，得到如表12-4、表12-5所示的2012年、2013年中国城市供水行业各省份产业综合效率、纯技术效率和规模效率水平。

表12-4 2012年中国城市供水行业各地区行业技术效率水平测度

地区	综合效率	纯技术效率	规模效率	规模报酬
北京	0.892	0.902	0.989	irs
天津	1.000	1.000	1.000	—
河北	0.745	0.790	0.943	drs
山西	0.799	0.800	0.999	irs
内蒙古	0.863	0.871	0.991	irs
辽宁	0.757	0.838	0.903	drs
吉林	1.000	1.000	1.000	—
黑龙江	0.675	0.757	0.892	drs
上海	0.891	1.000	0.891	drs
江苏	0.668	0.727	0.919	drs
浙江	0.867	0.936	0.926	drs
安徽	0.955	1.000	0.955	drs
福建	0.786	0.846	0.928	drs

① 由于部分省份的统计年鉴中不再披露"从业人员平均人数"指标数据，故2013年选取中宏统计数据库中2013年2月底的数据进行分析。

续表

地区	综合效率	纯技术效率	规模效率	规模报酬
江西	0.916	0.917	0.998	irs
山东	0.810	0.878	0.923	drs
河南	0.913	1.000	0.913	drs
湖北	0.695	1.000	0.695	drs
湖南	1.000	1.000	1.000	—
广东	1.000	1.000	1.000	—
广西	0.736	0.908	0.811	drs
海南	0.994	1.000	0.994	drs
重庆	0.888	0.919	0.966	drs
四川	1.000	1.000	1.000	—
贵州	0.560	0.580	0.964	drs
云南	0.794	0.795	0.999	irs
西藏	1.000	1.000	1.000	—
陕西	1.000	1.000	1.000	—
甘肃	0.829	0.838	0.990	drs
青海	0.764	0.765	0.999	drs
宁夏	1.000	1.000	1.000	—
新疆	0.796	1.000	0.796	drs
均值（Mean）	0.858	0.905	0.948	

注：—、irs、drs 分别表示规模报酬不变、规模报酬递增与规模报酬递减。

表12-5　2013年中国城市供水行业各地区行业技术效率水平测度

地区	综合效率	纯技术效率	规模效率	规模报酬
北京	0.896	0.903	0.992	irs
天津	1.000	1.000	1.000	—
河北	0.799	0.825	0.968	drs
山西	0.789	0.798	0.989	drs
内蒙古	0.917	0.923	0.993	irs
辽宁	0.773	0.814	0.949	drs
吉林	1.000	1.000	1.000	—

续表

地区	综合效率	纯技术效率	规模效率	规模报酬
黑龙江	0.693	0.926	0.748	drs
上海	0.900	1.000	0.900	drs
江苏	0.655	0.741	0.885	drs
浙江	0.874	0.932	0.938	drs
安徽	0.816	0.937	0.870	drs
福建	0.963	1.000	0.963	drs
江西	0.931	0.934	0.997	irs
山东	0.891	0.952	0.936	drs
河南	0.768	1.000	0.768	drs
湖北	0.763	1.000	0.763	drs
湖南	0.960	1.000	0.960	drs
广东	1.000	1.000	1.000	—
广西	0.756	0.992	0.762	drs
海南	0.940	1.000	0.940	drs
重庆	0.911	0.945	0.964	drs
四川	1.000	1.000	1.000	—
贵州	0.594	0.689	0.862	drs
云南	0.824	0.849	0.970	drs
西藏	1.000	1.000	1.000	—
陕西	1.000	1.000	1.000	—
甘肃	0.827	0.862	0.959	drs
青海	0.692	0.693	0.999	irs
宁夏	1.000	1.000	1.000	—
新疆	0.802	1.000	0.802	drs
均值（Mean）	0.862	0.926	0.932	

注：irs、drs 分别表示规模报酬不变、规模报酬递增与规模报酬递减。

从表 12-4 可以看出，综合效率为 1 的省份包括天津、吉林、湖南、广东、四川、西藏、陕西和宁夏，其余省份为相对低效率的。就整个城市供水行业而言，平均综合效率为 0.858，说明整个行业中有

14.2%的成本浪费，因此，可以由增加产出或减少投入来促使整个行业达到高效率。无效率来源于技术无效率和规模无效率。

整体有效率型是指综合效率、技术效率及规模效率均为1的省份，包括天津、吉林、广东、四川、西藏、陕西和宁夏7个省份。这类省份处于规模报酬不变阶段，因此，不需要减少投入或增加产出，只需维持现有规模即可。

纯技术无效率型是指规模效率为1，技术效率小于1，无效率来源于纯技术无效率，需要通过提升技术效率来增加综合效率。表12-4中不存在这类省份。

规模无效率型是指技术效率为1，但规模效率小于1，无效率来源于规模无效率。这种类型包括上海、安徽、河南、湖北、海南和新疆，而且正处于规模报酬递减阶段，因此，可以通过缩小投入规模来提高效率。

技术无效率且规模无效率型是指技术效率和规模效率均小于1的，无效率来源即有技术无效率，也有规模无效率。除去以上三种类型的省份，都属于这种类型的无效率。

从表12-5可以看出，综合效率为1的省份包括天津、吉林、广东、四川、西藏、陕西和宁夏，其余省份为相对低效率的。就整个城市供水行业而言，平均综合效率为0.862，说明整个行业中有13.8%的成本浪费，因此，可以由增加产出或减少投入来促使整个行业达到高效率。无效率来源于技术无效率和规模无效率。

整体有效率型包括天津、吉林、广东、四川、西藏、陕西和宁夏7个省份。这类省份处于规模报酬不变阶段，因此，不需要减少投入或增加产出，只需维持现有规模即可。

表12-5中不存在纯技术无效率型的省份。

规模无效率型包括上海、福建、河南、湖北、湖南、海南和新疆，以上省份均正处于规模报酬递减阶段，因此，可以通过缩小投入规模来提高效率。

除去以上三种类型的省份，都属于技术无效率且规模无效率型。

结合表12-4与表12-5可知，天津、吉林、广东、四川、西藏、陕西和宁夏7个省份的城市供水行业连续两年综合效率、纯技术效率及规模效率都为1，且处于规模报酬不变阶段，发展较为稳定。可以将这7个省份的城市供水行业树为标杆，让其他省份学习其成功的经验。

（四）纵向的趋势分析

同样，对某一省份的连续几年数据进行分析，也可以得到一些好的政策建议。以北京市为例，表12-6为2004—2013年北京市城市供水行业投入与产出指标，对其进行DEA分析，得到表12-7。

表12-6　2004—2014年北京市城市供水行业产出与投入指标

年份	产出指标		投入指标		
	主营业务收入（亿元）	供水总量（万吨）	从业人员平均人数（万人）	资产总计（亿元）	供水管道长度（千米）
2004	28.1316	82986.00	0.5644	226.8713	9981.00
2005	26.1206	71599.80	0.611	219.0744	9831.20
2006	26.9735	74969.50	0.5706	278.5235	11899.20
2007	28.3201	77778.00	0.5963	313.5550	13133.00
2008	26.6139	80792.00	0.6605	337.6801	14118.00
2009	28.6954	86880.90	0.7100	346.3018	14790.62
2010	34.7206	89185.00	0.8096	398.2612	16144.00
2011	44.8820	94622.40	1.0400	435.2150	16962.37
2012	47.3047	93826.05	1.0210	466.5825	14029.38
2013	51.3839	98178.41	1.0458	546.0408	14461.28
2014	78.8152	123045.56	1.0704	726.4111	14994.43

资料来源：《北京统计年鉴》（2005—2015）。

表12-7　2004—2014年北京市城市供水行业绩效水平测度

年份	综合效率	纯技术效率	规模效率	规模报酬
2004	1.000	1.000	1.000	—
2005	0.962	1.000	0.962	irs
2006	0.948	0.989	0.959	irs

续表

年份	综合效率	纯技术效率	规模效率	规模报酬
2007	0.953	0.953	1.000	—
2008	0.832	0.855	0.974	irs
2009	0.832	0.969	0.859	drs
2010	0.860	0.940	0.916	drs
2011	0.890	1.000	0.890	drs
2012	1.000	1.000	1.000	—
2013	1.000	1.000	1.000	—
2014	1.000	1.000	1.000	—

注：—、irs、drs 分别表示规模报酬不变、规模报酬递增与规模报酬递减。

从表 12-7 可以看出，北京市城市供水行业的综合效率由 2004 年的 1.000 下降到 2010 年的 0.860，2012 年又上升至 1.000。而纯技术效率从 2004 年的 1.000 下降至 2008 年的 0.855，此后又逐步提高，直到 2011 年重新达到 1.000，此后保持稳定，可见无效率的阶段主要来源于规模效率。此外，北京市城市供水行业 2009—2011 年一直处于规模递减的阶段，行业的规模过大带来了无效率，但是，之后通过规模调整重新回到了规模效率不变阶段。

另外，相邻两年的综合效率的比值 θ_{t+1}/θ_t 也可以用来衡量行业绩效的变化。如果 $\theta_{t+1}/\theta_t > 1$，说明行业效率在不断提高；反之，则说明行业效率在不断下降。

三 基于绩效评价的供水企业补贴设计

基于绩效评价的补贴机制可以设计成价格补贴的形式，并参考价格上限公式。水价管制的价格上限公式为：$P_{t+1} = P_t(1 + CPI_t - X)$，其中，$P_t$ 为第 t 期水价，P_{t+1} 为第 t+1 期水价，CPI_t 为 t 期的消费价格指数。考虑将企业的效率代入这个公式，可以用比率 $\dfrac{\theta_{t+1}}{\theta_t}$ 来衡量企业效率的变化，其中 θ_t 为第 t 期的企业效率。如企业效率增长时，就有 $\dfrac{\theta_{t+1}}{\theta_t} > 1$。补贴机制的原则是企业效率提高，则补贴就增加，因而表现为价格的上涨，即 $\frac{P_{t+1}}{P_t} > 1$。由此可得出 $1 + CPI_t - X > 1$，则 $CPI_t > X$，因而我们可以将 X 表示成 $CPI_t \frac{\theta_t}{\theta_{t+1}}$，将其代入价格上限公式，可以得到：

$$P_{t+1} = P_t(1 + CPI_t - X) = P_t\left(1 + CPI_t - CPI_t \frac{\theta_t}{\theta_{t+1}}\right) = P_t$$

其中，$\left(1 + CPI_t \frac{\theta_{t+1} - \theta_t}{\theta_t}\right)$ 为基于绩效评价的补贴机制方程。

第十三章　市场化背景下城市公用事业财政补贴机制重构

供水、燃气、供热、城市公共交通、电力等公用事业一般具有较强的自然垄断性和网络特性，传统上往往由国家垄断经营。随着中国加入世界贸易组织，在全球公用事业市场化改革的背景下，我国政府也相继出台了相关法规和政策，为公用事业市场化创造条件。截至2012年年底，我国电信、电力、供水和燃气等行业已有近100家上市公司，这些公司直接从资本市场上募集资金，并获得了高速发展。此外，从20世纪90年代开始，一些国际著名公司以及国内民间资本已经开始陆续进入了我国部分地区的公用事业。公用事业市场化也是深化我国政府管理体制改革的重要途径，因为市场化可以减轻我国政府负担和提高投资效率。可以看出，未来我国公用事业市场化改革也必将继续深化和扩大发展。

公用事业关系国计民生，大部分都具有社会公益性，其提供的服务是每个消费者生活所必需的。公用事业市场化导向的改革一般都要求企业成为自主经营、自负盈亏的市场主体，通过价格信号引导，利用市场机制获得可持续发展能力。由于过去我国公用事业产品普遍定价过低，因此，市场化导向的改革将伴随着价格的提高，而这必将对部分利益相关者（特别是贫困消费者）带来不利影响。世界银行认为，每个消费者有获得电力、电信和供水等基础设施产品和服务的权利，这是人的基本权利。对于我国部分农村地区以及社会低收入消费者来说，目前尚未享受到上述基本服务（如大部分农村地区和部分城市郊区的自来水和管道燃气供应），已经成为社会不和谐的潜在风险因素。而市场化导向改革将带来的价格上涨，也必将加剧我国消费者在获得公用事业产品方面的差距,影响社会和谐发展。

目前,我国在公用事业价格补贴方面尚未形成科学合理的补贴机制,而是采取"一事一议"的方式,这种方式不仅缺乏科学统筹规划,而且在实际操作中也面临很多困难。还存在补贴对象模糊不清、亏损企业成本和绩效不透明、补贴效果缺乏考核等诸多问题。

第一节 城市公用事业财政补贴目的的重新界定

我国城市公用事业改革的方向可以概括为市场化,改革的主要目的是使企业逐渐成为自主经营、自负盈亏的市场主体,通过提高企业的效率和竞争力来促进城市公用事业的发展。由于目前城市公用事业价格改革的滞后,价格仍然处于一个较低的水平,而且由于城市公用事业的自然垄断性和社会公益性,目前政府的干预仍然很强,因此,实际上其价格决定权还在相关的国家管制机构手中。由于目前的价格水平太低,企业承担了过多的社会公益性成本,因此,企业无法通过价格来收回成本,更无法获得盈利。为了解决这种状况,未来必须通过继续深化城市公用事业改革。改革的方向,一是逐渐提高城市公用事业的价格水平,使价格逐渐能够弥补成本,促进城市公用事业经济效率提高和促进社会公众对城市公用事业的节约;二是通过财政补贴弥补价格改革对社会公众的不利影响,特别是对贫困消费者的影响。

因此,城市公用事业财政补贴的目的主要有:弥补企业的社会公益性成本,促进社会公平,纠正市场缺陷以体现政府公共服务职能,深化城市公用事业市场化改革的需要以及促进城市公用事业发展,提高城市公用事业覆盖率。

一 弥补企业的社会公益性成本

由于城市公用事业在我国经济和社会发展中的重要性,现阶段仍然是通过低价的方式,让企业承担了社会公益成本。因此,城市公用事业财政补贴的目的就是弥补企业的社会公益性成本。这种公益性成本应该是企业提供城市公用事业的直接运营成本。这一点从图 13-1 可以看出来。

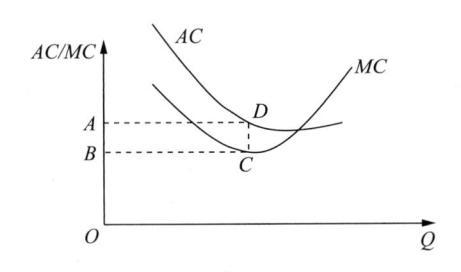

图 13-1 社会公益性产品亏损补贴

在图 13-1 中，AC 为企业的平均成本曲线，MC 是企业的边际成本曲线。企业为了收回固定成本和可变成本，必须按照平均成本定价，即图中的 AD。但由于 AD 水平的价格太高，不利于社会公益性产品的社会配置，为了提高社会福利水平，政府要求企业按照边际成本定价，即图中的 BC。此时，边际成本定价会给企业带来面积为 $ABCD$ 的亏损，使企业的经营不能持续。因此，需要通过财政补贴弥补企业的社会公益性亏损。因此，可以通过边际成本定价来达到帕累托最优，同时，通过财政补贴补偿企业的亏损 $ABCD$。

当然，财政补贴也要避免为企业的效率低下"买单"，要通过成本核算和监督、产出激励、质量监控等方式，促进企业效率提高。

二 促进社会公平

城市公用事业价格改革会对消费者（包括现有消费者和潜在消费者），特别是贫困消费者产生不利影响。由于作为生活必需品的城市公用事业价格上升，消费者的支出会增加，负担加重。如果城市公用事业支出占消费者家庭可支配收入的比例太高，会降低消费者在食品、住房和医疗等方面的开支，降低其生活质量，会造成比较严重的社会公平问题。

另外，城市公用事业价格太高，部分消费者将无法消费相关产品，也会造成城市公用事业消费方面的鸿沟，不利于社会的和谐发展。因此，城市公用事业改革必须考虑对贫困人群的不利影响，并采取相应的补救措施。

在目前我国的经济条件下,首先还是发展问题,要解决短缺约束,因此往往是企业起主导作用。这种状况实际上使企业的利益在改革中优先于广大消费者的利益。尽管以企业发展优先的做法对整体社会福利没有影响,但是却造成社会分配的不公平问题,容易激起广大消费者的不满情绪。深化城市公用事业改革,公平和效率应是同一个目标的两个方面。因此,要通过有效监管和财政补贴来防止资源性改革对不同利益相关者的消极影响。

三　纠正市场缺陷以体现政府公共服务职能

由于城市公用事业广泛存在的自然垄断性和社会公益性,在价格受到管制时,市场不会主动提供社会必需的产品和服务,或者是提供的数量也低于社会最优的产出水平。由于这种市场缺陷的存在,需要政府进行干预。

政府干预有两种方式:一是对企业进行补贴,二是补贴消费者。这两种干预和补贴情况分别如图 13-2 和图 13-3 所示。

从图 13-2 可以看出,需求曲线为 D,在没有政府干预的情况下,企业供给曲线为 S_1,因此,企业提供的产出水平为 Q_1,价格较高,为 P_1。通过政府补贴(每单位产出补贴数额为 P_1—P_2),推动企业的供给曲线向右推移到 S_2,因此,企业扩大了生产,降低了价格。新的市场均衡产出为 Q_2,价格为 P_2。

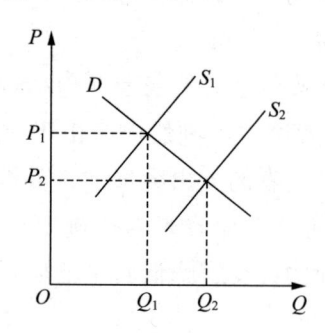

图 13-2　政府补贴扩大产出

在消费者补贴情况下(见图 13-3),通过政府补贴,推动需求曲线 D_1 向右移动到 D_2。在新的均衡下,均衡价格由 P_2 上升到 P_1,

但是，由于得到了政府补贴（每一单位消费补贴数额为 P_1-P_2），消费者的需求量由 Q_1 扩大到 Q_2。

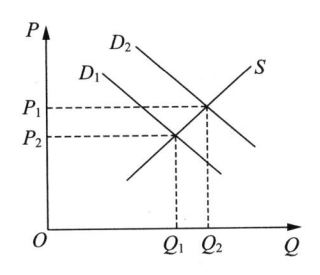

图 13-3　政府补贴扩大消费

对城市公用事业进行干预和采取补贴措施也体现了政府的公共服务职能。政府通过财政补贴所提供的公共服务，有助于弥补市场缺陷所带来的社会贫困问题。因为贫穷消费者如果无法负担生活所必需的城市公用事业和服务的话，将会降低其生活质量，陷入贫困的恶性循环。

四　深化城市公用事业市场化改革的需要

城市公用事业市场化改革是一场深刻的社会经济变革。过去，对于效率的追求使人们忽略了城市公用事业市场化改革的社会影响。由于未充分顾及消费者和民众的利益，往往出现城市公用事业市场化改革后，生产率及效益提高，企业所有者和投资者获得很高的回报，但是，普通民众和消费者受损。研究发现，对一般大众来说，城市公用事业市场化常常是社会不公平迅速加剧的根本原因之一。因此，为了保障改革的顺利进行，在城市公用事业市场化改革过程中必须采取补贴等相关措施来弥补改革对社会的不利影响，在改革方案中反映社会公众的利益诉求，促进我国和谐社会建设。

五　促进城市公用事业发展以提高城市公用事业覆盖率

城市公用事业不仅为人类生活和生产提供必不可少的产品及服务，同时也是一国经济产出的重要组成部分，并为其他经济部门提供支撑和保障，甚至带动整个国民经济的发展。我国城市公用事业尽管近年来发展很快,取得了较大的成绩。但是,目前城市公用事业水平仍然不能满足我国经济社会快速发展的要求,表现为供水等城市公用事业覆盖率较低,投资缺乏,部分城市和农村居民仍然无法获得基本的城市公用事业和服务等。因此,通过科学合理的财政补贴机制,可以促进城市公用事业的发展,提高城市公用事业的覆盖率,解决城市公用事业对我国经济社会发展的制约作用,促进我国经济社会又好又快发展。

第二节 城市公用事业财政补贴方法

城市公用事业补贴取决于改革方法和进展状况,以及社会政治、经济的发展水平。实践中,应该将多种方法结合起来一起采用。

一 供给(企业)补贴方法

(一)补贴对象的确定

城市公用事业价格补贴对象应以是否执行低价政策及其与此相关的公益职能为约束条件,从而区分企业的政策性亏损和经营性亏损。

在城市公用事业具有多个环节的情况下,比如能源和电力,一般要分析补贴到底给予哪个环节的企业:是给予能源生产企业还是配送和零售企业?还是使用的能源直接为社会服务的企业?一般而言,补贴是要弥补企业社会公益职能而发生的亏损,因此,要给予最直接相关的企业。也就是说,要给予最接近社会公益消费者的企业。至于其他环节企业,应该通过价格的调整来弥补成本,获得可持续的发展。当然,如果其他环节企业因为国家政策的规定而无法按照市场机制调整,也应该获得相应的补贴。

(二)补贴数额的确定

补贴额 =(合理价格 - 现行价格)× 城市公用事业数量

这个公式中的关键为合理价格的制定。我们认为,合理价格的确定应该体现成本费用加微利和法定税金的原则。而成本费用的核定又是合理价格制定的基础。对于成本费用要依据成本申报、成本审核、成本公示、听证会等程序来确定。以自来水为例，自来水的合理价格为成本、利润、税费之和。自来水的供水成本是指供水企业在生产过程和管理过程中的直接耗费，主要包括原水生产成本以及制水生产费用，与配水、供水有关的管道维持费，有关工资、奖金和福利等费用，设备折旧费以及管理费用等。自来水企业利润不以投资利润来确定，而以销售利润率和销售额来确定。税费主要包括供水企业按《税法》规定交纳的增值税、资源税、营业税等以及污水处理费及公用事业费附加。

（三）补贴资金的来源

城市公用事业一般具有社会公益性的特征，因而，补贴资金主要来源于政府财政资金，包括中央和地方财政资金。此外，还可以建立相应的发展基金，以保证补贴资金及时足额到位。基金的主要来源有两个：①城市公用事业供给企业的税费中提取一定比例；②招标授权经营收入中提取一定比例。

（四）补贴的监督和评价

首先，建立专业人员监督制度。采取定期和不定期相结合的方式，或派监督专员进驻企业，监督企业的经营状况以及补贴资金的使用情况。

其次，建立现行价格和企业成本费用监测制度。及时收集汇总市场价格、居民收入、企业劳动生产率动态信息，测算对企业成本费用变动的影响，为调整合理价格、现行价格以及补贴标准提供依据。

最后，完善社会监督机制。全面推行城市公用事业提供企业定价成本和收益指标的社会定期发布制度；向社会公布城市公用事业质量标准；建立城市公用事业质量考核指标，吸纳公众参与对其质量的考核。

（五）补贴动态调整机制

现行价格一旦确定，在一定时期内保持不变。但是，市场变化会导致资源性企业运营成本的变化，引起价格的上升或下降，价格补贴金额也会随之发生变化。因此，有必要建立价格补贴调整机制。价格补贴调整机制主要考虑两个指标：一是资源性企业成本变化指标；二是资源性企业劳动生产率变化指标。前者可以用原材料燃料动力购进价格指数（MPI）替代，后者以全社会劳动生产率为参考合理确定，用 X 代表。

价格补贴额调整公式：

$$B_1 = B_0 \times [1 + (MPI - X)]$$

式中，B_1 代表下年度价格补贴额；B_0 代表上年度价格补贴额；当 ($MPI - X$) 为零时，下年度补贴额保持不变；当 ($MPI - X$) 为正数时，下年度补贴额增加；当 ($MPI - X$) 为负数时，下年度补贴额减少。

二 需求（消费者）补贴方法

城市公用事业需求补贴主要是以消费者为目标对象，促进消费者为对城市公用事业可得性和确保一定的消费水平。补贴方法主要有价格补贴和非价格补贴。价格补贴主要是通过定价机制实现对消费者的消费可得性和数量实现补贴，而非价格补贴主要是通过发放现金、免费供应等非价格措施实现需求补贴目的。按照财政补贴设计是否仅限于特定消费者受益，消费补贴又可分为靶向补贴和非靶向补贴。靶向补贴设计为惠及特定的消费者集团，如贫困用户，而非靶向补贴不针对特定消费者集团，所有消费者都可受益。

（一）价格补贴

城市公用事业价格补贴方法有多种，也能够提供直接的激励，易于实现需求补贴的目的。具体可以分为以下五种方法。

1. 固定费用：不管消费量多少，收取一个固定费用

通过固定费用实现需求补贴，方法简单，易于操作。固定收费在居民使用城市公用事业和服务方面表现为包费制（或者一费制），不管居民户消费量多少均收取同样数额的费用，这种价格政策的另外一些形式也包括按照居民户的居住面积或者家庭人口数来收取固定费用（见图 13-4）。结合消费者的资格审查，这种方法也可以实现对特定人群的靶向补贴，如对于贫困人群等。但缺陷是一般无法控制潜在的补贴对象的消费数量，容易造成浪费。在现实中，如果收益对象很

多，而且消费数量又难以有效控制的话，除非政府的财力特别雄厚，否则无法承担巨大的成本。

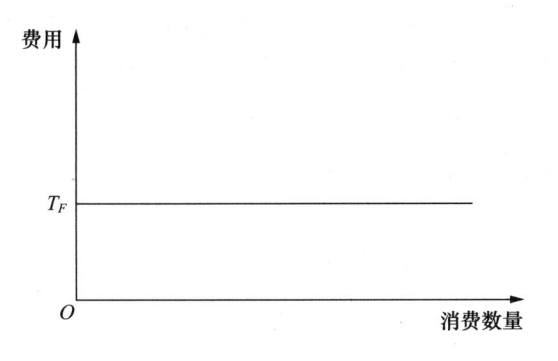

图 13-4　固定费用

2. 单一费率：不管消费量多少，单价都一样

这种定价方式是相对于递增定价或递减定价而言的。如果单价低于成本，也可以实现对消费者的补贴。目前，我国部分城市公用事业和服务实际上采取的就是这种补贴方法（见图 13-5）。

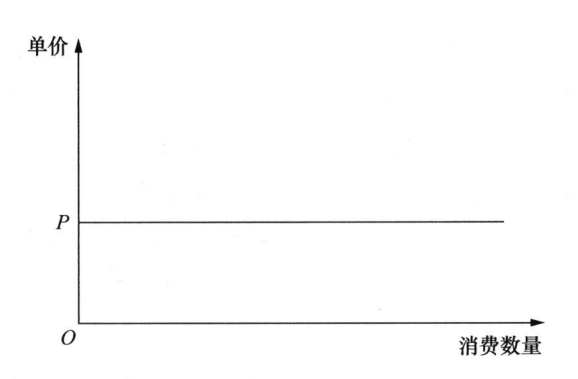

图 13-5　统一价格

3. 非单一费率：消费量不同，单价不同

主要是区间定价，即消费量如果处于某一区间，单价相同。其中又包括以下五种方法。

（1）批量累进制费率体系（Increasing Block Tariff，IBT）。单位价格随着消费区间的增加而上升，如图13-6所示。当消费量 $Q<Q_1$ 时，则价格为 P_1。当消费量 $Q_1<Q<Q_2$ 时，对于其中 $Q\leqslant Q_1$ 部分，价格为 P_1；对于其中 $Q_1\leqslant Q$ 部分，则价格为 P_2。当消费量 $Q_2<Q$ 时，对于其中 $Q\leqslant Q_1$ 部分，价格为 P_1；对于其中 $Q_1<Q\leqslant Q_2$ 部分，价格为 P_2；超过 Q_2 部分，价格为 P_3。

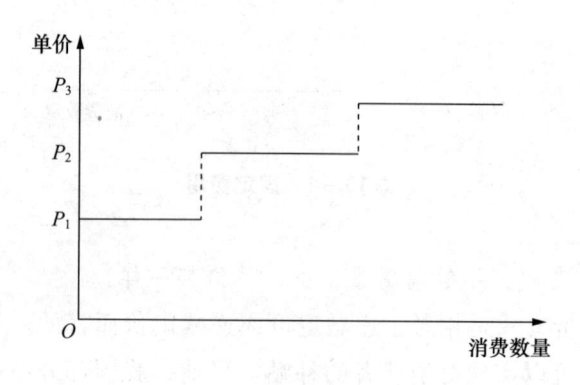

图13-6 批量累进制费率

这种定价方式考虑到不同用户消费数量的差异从而采用不同的价格，消费量越多，单价越高。这种方法运用经济杠杆促进城市公用事业的节约利用，给用户提供自我选择的机会，实现相应的政策激励。批量累进制费率对于低收入用户的补贴作用比较明显，因为低收入用户消费量较小，因此单价较低，支出成本较低。

目前，银川、大连、深圳等城市已经实施了阶梯式水价体系，并且北京市也在考虑采取这一定价方式。根据初步的政策建议，北京市对居民生活用水实施阶梯式价格体系将会对居民用水量划分为三个阶梯，并且分别对每个阶梯内的用水征收价格比例为1∶3∶5的计量单价，并且规定每个居民户每月用水12吨为第一用水阶梯，用于保证居民基本生活用水需求；12—16吨为第二阶梯，满足改善和提高居民生活质量的用水；用水超过16吨的部分为第三阶梯，为满足特殊用水需求的用水量（世界银行，2007）。

第十三章　市场化背景下城市公用事业财政补贴机制重构 | 289

（2）批量累退制费率体系（Decreasing Block Tariff，DBT）。单位价格随着消费区间的增加而下降，如图 13-7 所示。当消费量 $Q<Q_1$ 时，则价格为 P_1。当消费量 $Q_1<Q<Q_2$ 时，对于其中 $Q\leqslant Q_1$ 部分，价格为 P_1；对于其中 $Q_1\leqslant Q$ 部分，则价格为 P_2。当消费量 $Q_2<Q$ 时，对于其中 $Q\leqslant Q_1$ 部分，价格为 P_1；对于其中 $Q_1<Q\leqslant Q_2$ 部分，价格为 P_2；超过 Q_2 部分，价格为 P_3。

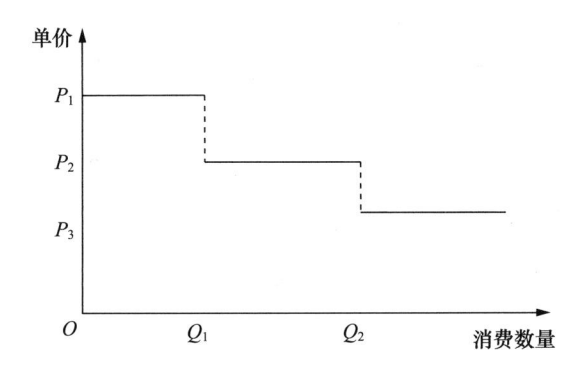

图 13-7　批量累退制费率

与批量累进制费率相反，这种定价方式也是考虑到不同用户消费数量的差异从而采用不同的价格，消费量越多，单价越低。这种方法为用户多消费提供了激励，补贴了消费量较多的用户。因此，现实中很少采用。

（3）数量依存定价（Volume-Differentiated Tariffs，VDT）。单位价格随着消费量多少而不同，一般是量大价低（或者量大价高），如图 13-8 和图 13-9 所示。当消费量 $Q<Q_1$ 时，则所有消费量的单价为 P_1；当消费量 $Q<Q_2$ 时，则所有消费量的单价为 P_2；当消费量 $Q_2<Q$ 时，则所有消费量的单价为 P_3。

对于量大价低的数量依存定价来说，这种方法与批量累退制费率相似，消费量越多，单价越低，而且在相应的消费批量内单价相同。同样，这种方法也为用户多消费提供了过度消费的激励，补贴了消费量较多的用户。

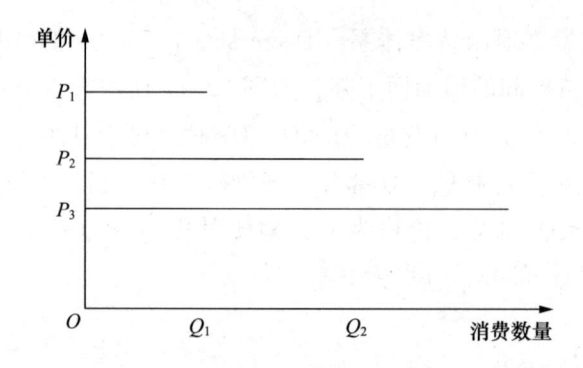

图 13-8 数量依存定价：量大价低

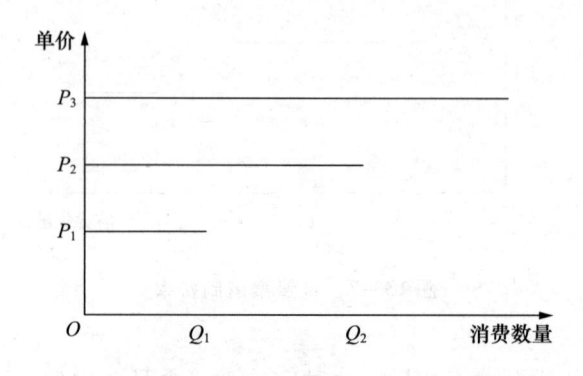

图 13-9 数量依存定价：量大价高

对于量大价高的数量依存定价来说，这种方法与批量累进制费率相似，消费量越多，单价越高，而且在消费批量内单价相同。这种定价方式对于低收入用户的补贴作用比较明显，因为低收入用户消费量较小，因此单价较低，支出成本较低。

4. 两部定价：价格由一个固定价格（类似于接入费的固定费用）加上与消费量相关的单价组成

固定价格和单位价格不同组合，可以形成不同的两部定价，如图 13-10 所示。其中，TT_1 是由一个较低的接入费和较高的单价构成的组合；而 TT_2 是由一个较高的接入费和较低的单价构成的组合。

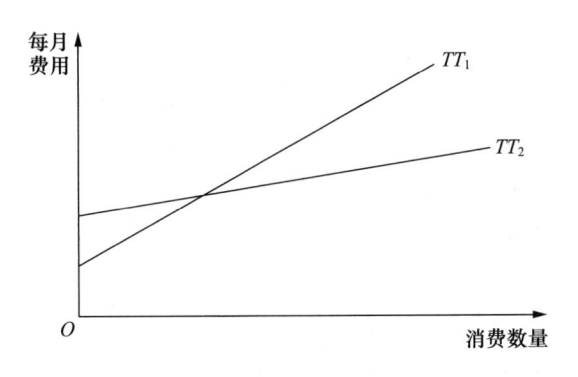

图 13-10 两部定价

两部定价根据入门费和单价的不同组合，为消费者提供不同的选择，鼓励消费者根据自己的消费状况选择最适合的组合。对消费量较低的用户来说，选择类似于 TT_1 的组合可能是比较合意的，因为尽管单价较高，但入门费很低，所以，每月消费费用将比较低。对于每月消费量很大的用户来说，TT_2 是更合意的选择，因为尽管入门费用较高，但是，有较低的单价，加上较大的消费量一起"摊薄"了这部分固定费用，因而总体费用较低。两部定价也为消费者提供了自选择的机会，可以间接地实现对于低收入用户的消费补贴。

5. 接入费

接入费是指对新的城市公用事业用户提供网络连接（从而可以传输产品和服务）时所收取的一次性或者年度费用。接入费的收取在供水、燃气等城市公用事业产业定价中比较普遍。很多国家在公共供水价格结构中都包含接入费。此外，当与公共事业有关的公共基础设施进行扩建时，也会征收一定的一次性增容费。在利用接入费补贴贫困消费者时，可以采取低价或者免费接入的方式。接入补贴是一次性的补贴，而其他价格补贴往往需要连续的现金流，因此产生相应的政府经常性开支和资源性企业的损失。

（二）非价格补贴

非价格补贴方法主要包括现金补贴、免费供应等。其中，现金补贴是对于特定消费群体发放一定数量的现金，使其可以获得满足生活需要的城市公用事业；而免费供应则是对特定用户免费提供生活必需的城市公用事业，如供水。这类补贴的难点在于如何确定合格的受益对象。一般是根据家庭可支配收入来确定需要补贴的用户，如低于社会最低工资标准的家庭，或享受低保的家庭。

（三）需求补贴应注意的问题

在使用需求补贴时，必须注意带来的不利影响。价格补贴，特别是低价补贴可能会带来难以预料的负面影响。由于我国传统上受计划经济的影响，不能正确认识和确定自然资源的经济价值，城市公用事业曾长期被无偿调拨使用，不合理的城市公用事业定价方法导致了城市公用事业市场价格的严重扭曲，产生资源无价、原料低价、产品高价的现象。随着市场经济的不断发展，城市公用事业和服务所具有的稀缺性、有限性，以及使用过程中产生的外部性逐渐被认识，但是，城市公用事业生产企业多为垄断行业或公共物品行业，政府不得不对某些未完全形成竞争的城市公用事业市场进行价格管制，同时政府往往还从社会承受能力等角度考虑对价格进行控制。对于北京市的大多数城市公用事业而言，长期实行远低于成本水平的价格政策，在一定程度上加剧了自然资源的过度开发和浪费，并且导致技术革新行为出现方向性偏差，如长期实行的低价甚至零价政策造成城市公用事业的过度消耗，所形成的格局是长期以来以不断扩张的资源供给满足用户需求的不断增加，大量的社会资源投入到低成本开发新资源供给的研究和实践当中。另外，由于低价甚至零价政策缺乏对需求方在节约消费以及提高利用效率方面的鼓励，使大量的社会资源无法投入节约资源和提高资源利用效率的市场以及开展各种更高效利用现有资源的行为当中。与此同时，资源开发利用过程中大量并且广泛产生的外部性也无法得已内部化，特别是不可持续开发利用资源带来的经济外部性，以及资源开发利用整个过程中所造成的环境外部性。

在我国宏观的市场经济体制价格改革以及自然资源的价格改革背景下，城市公用事业价格改革的基本目标，就是要建立起充分体现国家资源稀缺状况，以节约利用、合理配置资源，提高使用效率并促进资源可持续利用为核心的定价机制；为此，城市公用事业价格改革将会逐步使价格反映出资源的全部成本，包括资源保护、开发利用、废弃物处理和其他与环境相关的成本，促进资源的生产经营单位真正实现企业化运行，推动全社会节约利用和高效利用。然而，对于城市公用事业的用户而言，价格就是最终支付的关联于消费量的全部价格，消费者期望的是保证服务、安全以及符合质量标准条件下的可以负担并且较为稳定的低价格。对城市公用事业供给方而言，价格的目标是在回收全部成本的同时，尽可能获取持续、稳定、长期、合理的投资收益。最终城市公用事业价格的形成过程实际上就是上述三方利益目标在一种博弈中寻求均衡的过程。因此，在使用价格补贴时，我们要注意达到以下四个目标。

（1）公平性和平等性原则：城市公用事业价格的制定要使各个收入阶层的人都有能力承担生活必需品的费用，并且注意城市公用事业和服务定价对社会收入分配的影响。

（2）资源高效配置原则：资源价格要真正反映资源的经济成本，使这一稀缺资源能够在不同用户以及不同用途之间进行高效率配置。

（3）成本回收原则：使用户支付的价能够补偿对资源消费过程中产生的成本，以保证投资回报，维持正常运行，促进可持续开发利用。

（4）可持续发展原则：体现资源这种不可替代资源利用的代际公平，要使可更新的资源存量和更新能力加以保持，在价格中包含资源开发利用的外部成本。

第三节 对目前我国城市公用事业财政补贴改革的建议

一 短期内应采取供给补贴以保障企业的正常运营和可持续发展

随着城市公用事业市场化改革的进展，财政补贴也需要选择不同的方法。在目前的改革阶段，城市公用事业面临的主要问题还是解决短缺问题，即产业的发展问题，因此，改革要以促进企业的发展为中心，财政补贴的选择也要围绕解决短缺问题来进行。由于企业还尚未成为真正的市场经营主体，还需要承担较多社会公益性成本，这部分成本显然最终需要政府负责。另外，由于城市公用事业价格改革的滞后，企业无法通过城市公用事业的价格弥补成本并获得持续发展的能力，也需要政府对企业的正常运营维护和未来发展加以支持和提供保障。因此，在这样的改革背景下，财政补贴原则思路要侧重于保障企业的正常运营和可持续发展，在财政补贴方法上，要选择企业补贴（供给补贴），即通过财政资金补贴企业的社会公益性成本，或者采取其他直接或间接的方式，降低企业的投资和运营成本，逐渐解决困扰城市公用事业发展的短缺问题。

二 从长期看要通过需求补贴以解决社会公平问题

随着城市公用事业市场化改革的深化和发展，短缺问题会得到解决，价格改革也会逐渐到位。此时，价格不仅足以弥补企业的成本，并使企业能通过价格获得持续发展的能力，而且价格也应该成为促使企业根据竞争和需求状况来降低成本和提高盈利能力的市场机制信号。在这种情况下，企业已经能够按照市场机制和规律的要求，逐渐成为自主经营、自负盈亏的市场主体。因此，此时的财政补贴政策应该以消费者为中心，侧重解决社会公平问题，特别是解决贫困消费者的消费问题，以促进社会的和谐发展。在财政补贴方法的选择上，要以消费补贴（需求补贴）为主，采取各种直接或间接方法，解决现有贫困消费者的消费负担能力问题，以及那些尚未获得城市公用事业产品和服务的潜在消费者的可得性问题。

三 控制财政补贴的逆向激励与负面影响

城市公用事业财政补贴是政府出于弥补市场失灵和社会公平的目的，对市场机制的一种干预，是一种次优选择。因此，在政府改变了市场机制的同时，也会施加额外的激励体系。问题在于信息非对称的存在，使政策设计者常常并不了解真实情况，也无法控制具有理性经济人特征的企业和消费者的激励选择。因此，补贴机制也可能会诱使企业和消费者做出不同于市场机制下的利益最大化选择，而理性个体这种追求利益最大化的行为可能并不是设计补贴机制所希望出现的结果。补贴的利益相关者的激励与公共政策目标并不一致。例如，考虑政府和城市公用事业企业之间的博弈，虽然政府希望企业能够服务于社会和贫困人群，但企业出于营利的目的，可能没有扩展网络、服务贫困地区、增加产出的经济刺激，补贴能够提供给企业这样的激励吗？企业会不会因此降低了相应的服务质量水平？在通过财政补贴弥补企业的社会公益性亏损的情况下，由于不了解企业成本等相关信息，企业会有激励虚报能够得到补贴的那部分成本信息；在设计为贫困消费者获得的城市公用事业补贴时，也可能会成为非贫困消费者努力去获得的目标。因此，要防止财政补贴的逆向激励，在设计补贴政策的时候，必须考虑到逆向激励的存在。特别是补贴由私营企业实施时，必须加强管制和监督，这对于减轻潜在的逆向激励、提供符合一定质量水平的产品非常关键。

另外，由于补贴降低了消费者获得城市公用事业的成本，如果机制设计不当，也会造成消费者的过度消费，不利于资源的节约和有效利用。同时，补贴还会造成财政压力增加、扭曲企业激励等负面影响，这些在设计补贴时必须注意。

四 财政补贴机制应该规范、透明，具有可预见性

财政补贴机制应该规范化，并有专门的法规加以界定。应该通过专门的法规界定财政补贴的目的、补贴资金的来源、补贴程序管理等方面的内容，尽量避免补贴管理和操作中的随意性和讨价还价。

从管理的角度来看，在其他方面不变的情况下，财政补贴管理工作和控制程序应该尽量简化。应该最小化管理、监督和执行成本。同时，也应该缩短受益者申请所花费的时间，降低理解和填写申请表格以及参与补贴计划的时间成本。

财政补贴的透明是指补贴计划受益对象的资格标准、执行和管理补贴过程的透明程度。补贴的透明应该通过以下几个问题来定性：补贴资金在各地区分配的规则是怎样的？地方政府如何识别受益者并且进行挑选？有明确的补贴合格标准吗？补贴分配的责任是明确定义的吗？补贴是由独立机构管理的吗？补贴程序和结果是不是为公众所知？等等。只要回答了上述问题，基本可以为补贴的透明确立一个基本的框架，将补贴的过程和结果置于阳光之下，杜绝补贴过程中的腐败和扭曲。

另外，财政补贴计划的确定和执行机制也应给所有利益相关者提供稳定的预期和可预见性。包括要尽早将补贴的目的和原则公之于众，补贴的程序和管理机构等信息应该方便获得、补贴申请应该便于操作、补贴结果应该便于查询等。一旦确立了受益对象的资格标准和程序，潜在的参与人将能自动预测自己获得补贴的可能性和补贴数额，从而杜绝补贴过程中的不确定性和腐败现象。

五　深化城市公用事业价格体制改革

城市公用事业价格管理要坚持市场化改革方向，最大限度地运用市场机制。同时，对不能或不能完全由市场决定其价格的某些垄断性、基础性的资源产品，政府的价格管制要形成反映各方利益相关者的利益、能够及时灵活调整、透明度高的机制，以尽可能地反映资源的稀缺程度，减少或防止资源价格的扭曲。

价格机制是市场经济正常运行最重要的作用机制。只有合适的价格，才能正确反映供给和需求，才能正确调动资源流向最需要的地方，从而保证资源的合理使用。从改革总的方向来看，我国城市公用事业最终应形成以市场调节为基础的价格形成机制，政府应摒弃行政性干预和管理价格的方式，主要通过制定相关的税费政策和监管手段等进行适度调控，促使价格能够真实地反映资源的稀缺程度和市场供求状况。尽管城市公用事业自身具有某些特定的属性，但是，从长远来看，并不能改变市场机制作为其价格变动基础性调节机制的特征。新型资源产品价格机制的形成，有利于市场价格有效地刺激企业经营者加强管理、改进技术和提高资源的利用率，促进资源节约和综合利用，减少资源浪费和环境污染。

六　建立低收入群体基本生活费用价格指数

编制能准确反映低收入群体基本生活费用价格情况的价格指数，作为低收入群体价格补贴和调整最低工资等方面的基础和依据。这种指数应能全面地反映低收入群体生活状况，一般要以低收入群体为主要调查对象，对其基本生活费用支出专项调查，并以此作为编制权数的重要数据来源。同时，应将贫困大学生和拥有城市暂住证（居住半年以上）的外来打工人员也纳入低收入群体消费调查范围。在代表性消费品的选定时应更贴近低收入居民消费特点。低收入群体与中等收入群体、高收入群体的消费差异不仅仅体现在消费结构的差异上，更重要的是体现在商品和服务具体品种的差异上。由于低收入群体消费的商品和服务常常属于削价淘汰品种，市场寿命往往比较短，规格品缺失现象时有发生，因此，还须定期调查核实，及时调整。同时，根据低收入群体的消费特点，以及低收入群体应对涨价更倾向于减少消费量或寻求替代品的特点，在选择代表性消费品时，更应强调其异质性。同时，在调查的具体地点和时间方面，也应当根据低收入群体的特点，以集贸市场、小商品批发市场、超市、街头小店为调查地点，并选择低收入居民的惯常采购时间。

通过建立低收入群体生活指数与城市公用事业财政补贴挂钩机制，可以提高补贴的时效。根据居民消费价格总指数年度变动情况和低收入居民消费价格指数的变动情况，研究制定最低工资、失业保险金、最低收入保障线及离退休人员基本养老保险与城镇低收入居民消费价格指数的联动机制方案。

七　加强价格监测和调控

加强价格监测和调控，建立健全的与低收入群体承受能力相适应的价格预警机制。加强与低收入群体生活关系密切的重要商品和服务的价格监测。做好应对价格波动的预警防范工作，特别是一些关系人民群众切身利益的重大价格政策出台，要首先考虑到低收入群体的承受能力问题，认真研究、区别对待，尽量从政策上使这部分消费者的利益得到保障。合理确定低收入群体消费价格"预警线"。由于低收入群体处于"弱势"地位，承受能力比较脆弱，承受市场价格波动的区间比一般意义上的消费者要低得多，应对价格上涨的心理和行为也要相对敏感。对此，当居民整体消费价格并未大幅至整体预警线时就要重视低收入群体的生活影响问题，并及时制定相应的价格补贴预案。

参考文献

[1] 白玉：《关于强化垄断行业成本约束机制的几点思考》，《价格理论与实践》2007年第3期。

[2] 卞彬：《论公用事业行业垄断价格的特征与规制》，《经济体制改革》2007年第1期。

[3] 卜海：《关于东西方价格补贴的比较研究——兼论价格补贴制度的利弊及其完善》，《经济与管理研究》1989年第4期。

[4] 蔡龙、黄贤金：《城市公用事业价格改革的思路研究——以南京市供水行业为例》，《南京社会科学》2002年第1期。

[5] 曹红斌、张郡、李强等：《贵阳市居民生活供水状况改善的支付意愿》，《资源科学》2008年第10期。

[6] 查志刚、李俊峰：《公用产品价格改革与保障低收入群体利益的关系》，《价格理论与实践》2009年第2期。

[7] 陈剑、夏大慰：《规制促减贫：以公用事业改革为视角》，《中国工业经济》2010年第2期。

[8] 陈菁、陈丹、褚琳琳：《基于ELES模型的城镇居民生活用水水价支付能力研究——以北京市为例》，《水利学报》2007年第8期。

[9] 陈立中：《转型时期我国多维度贫困测算及其分解》，《经济评论》2008年第5期。

[10] 陈林涛：《北京市城镇居民用水实行阶梯式水价的探讨》，《水利水电技术》2008年第9期。

[11] 陈明：《城市公用事业民营化的政策困境——以水务民营化为例》，《当代财经》2004年第12期。

[12] 陈平：《中英城市公用事业管理体制比较》，《商业经济与管理》2003年第1期。

[13] 陈新业、彭静：《公用事业垄断特征与价格监管对策》，《价格理论与实践》2010年第3期。

[14] 迟铮：《基于成本约束视角的公用事业产品定价研究》，《价格理论与实践》2016年第10期。

[15] 褚俊英、王灿、王琦等：《水价对城市居民用水行为影响的研究进展》，《中国给水排水》2003年第11期。

[16] 崔惠民、李文庆：《市场化与政府管制融合：城市公用事业定价机制选择》，《学术交流》2011年第1期。

[17] 崔俊生：《规范化财政补贴制度的几点原则设想》，《财贸经济》1997年第6期。

[18] 杜传忠：《我国资源性产品价格扭曲的原因探析及矫正对策》，《经济与管理研究》2008年第10期。

[19] 杜丹清：《公用事业价格改革中的政府职能定位与政策研究——以城市管道天然气价格改革为例》，《价格理论与实践》2010年第6期。

[20] 杜红、杜英豪：《美国水务行业所有制结构及其成因分析》，《中国给水排水》2004年第8期。

[21] 杜英豪：《美国亚特兰大市水务私有化案例分析》，《中国给水排水》2005年第4期。

[22] 杜志农：《西方国家的社会救助制度》，《经济研究参考》1999年第41期。

[23] 段治平：《借鉴美国水价管理经验，推进我国水价改革》，《山西财经大学学报》2003年第3期。

[24] 范存会：《财政补贴的标准化探讨》，《中国财政》2006年第7期。

[25] 范合君、柳学信：《中国垄断行业改革的全景路径与总体趋向》，《改革》2013年第5期。

[26] 范合君、柳学信、王家：《英国、德国市政公用事业监管的经

验及对我国的启示》,《经济与管理研究》2007年第8期。

[27] 冯中越、穆慧敏:《我国供热产业价格规制改革研究》,《北京工商大学学报》(社会科学版)2006年第3期。

[28] 冯中越、石宏锋:《城市公用事业的管制与竞争研究——以北京市燃气行业为例》,《北京社会科学》2005年第3期。

[29] 冯中越、宋卫恭:《城市公用事业特许经营合约中的资产转移问题研究——以城市轨道交通为例》,《财经论丛》(浙江财经大学学报)2011年第2期。

[30] 付金存:《城市公用事业公私合作中的收益分配——契约安排与博弈分析》,《学习与实践》2016年第1期。

[31] 高健:《美国水价管理的主要做法及其对我国的启示》,《价格月刊》2009年第11期。

[32] 高鹏程:《资源性产品价格改革与企业运营机制》,《价格理论与实践》2006年第12期。

[33] 顾善慕:《论地方政府对地方企业的财政补贴问题》,《学术交流》2006年第11期。

[34] 郭蕾:《城市公用事业中的话语权垄断与政府规制》,《城市问题》2007年第12期。

[35] 郭蕾:《论我国城市公用事业规制边界的动态变迁》,《理论与改革》2007年第4期。

[36] 国家统计局城市司:《我国资源性产品定价机制研究》,《统计研究》2008年第3期。

[37] 国家统计局宏观经济分析课题组:《低收入群体保护:一个值得关注的现实问题》,《统计研究》2002年第12期。

[38] 海江涛、仲伟俊:《政府提供公用产品的技术替代——以城市污水处理系统为例》,《软科学》2015年第8期。

[39] 郝记秀、周伟、黄浩丰等:《城市公共交通财政补贴测算模型研究》,《交通运输系统工程与信息》2009年第2期。

[40] 和军、任晓聪:《城市公用事业公私合作、逆民营化困境与对策——以城市公共交通行业为例》,《城市发展研究》2016年第

8 期。

[41] 河北省物价局课题组：《城市公用事业商品价格用户承受能力分析方法研究》，《价格理论与实践》2006 年第 4 期。

[42] 贺丽媛、夏军、张利平：《水资源需求预测的研究现状及发展趋势》，《长江科学院院报》2007 年第 1 期。

[43] 赫丛喜、刘戒骄、艾宝君：《城市公用事业的放松管制与管制改革》，《城市发展研究》2002 年第 2 期。

[44] 胡德超、蔡玉胜：《城市公用事业管理体制改革的国际经验及启示》，《经济纵横》2007 年第 7 期。

[45] 胡霖、王领全、张华丽：《英国供水行业的监管经验与启示》，《中国给水排水》2008 年第 10 期。

[46] 黄洪、严红梅：《消费物价上涨背景下的低收入者财政补贴研究——基于 2007 年与 2006 年的比较分析》，《消费经济》2008 年第 5 期。

[47] 黄少中：《中国电价改革回顾与展望——献给改革开放三十周年》，《价格理论与实践》2009 年第 5 期。

[48] 黄耀磷、农彦彦：《我国城市居民生活用水需求因素的实证研究》，《重庆理工大学学报》（社会科学版）2008 年第 10 期。

[49] 价格司：《公用事业价格监管问题研究》，《价格理论与实践》2006 年第 9 期。

[50] 金海、孙笑春：《英国水行业私有化案例研究》，《中国水利》2003 年第 14 期。

[51] 雷芸：《试论水资源保护的制度缺陷及其改革》，《生态经济》（中文版）2008 年第 4 期。

[52] 李建平、宋林、任国政等：《完善城市公共交通价格补贴机制的探讨》，《价格理论与实践》2009 年第 2 期。

[53] 李乐：《美国公用事业政府监管绩效评价体系研究》，《中国行政管理》2014 年第 6 期。

[54] 李镭：《打造价格公共服务品牌树立价格部门良好形象》，《价格理论与实践》2009 年第 7 期。

[55] 李青:《探索实现价格公共服务常态化》,《价格理论与实践》2010年第7期。

[56] 李青:《我国公用事业成本加成定价:现状评价与对策建议》,《价格理论与实践》2010年第6期。

[57] 李眺、夏大慰:《公用事业的多产品定价与政府规制:由上海观察》,《改革》2008年第4期。

[58] 李眺:《我国城市供水需求侧管理与水价体系研究》,《中国工业经济》2007年第2期。

[59] 李想:《我国公共服务价格管理制度改革研究》,《价格理论与实践》2011年第10期。

[60] 李小云、张雪梅、唐丽霞:《我国中央财政扶贫资金的瞄准分析》,《中国农业大学学报》(社会科学版)2005年第3期。

[61] 李晓丰、韩明君:《公用产品理论视角下政府采购有效性研究——基于村医补贴新政》,《农村经济》2016年第6期。

[62] 李怡、王莉芳、庄宇:《二部制水价定价模式研究》,《武汉科技大学学报》2007年第5期。

[63] 梁咏:《欧盟碳减排的国际法规制——以航空业为例》,《法学》2011年第12期。

[64] 廖进球、吴昌南:《我国电力产业运营模式变迁下电力普遍服务的主体及补贴机制》,《财贸经济》2009年第10期。

[65] 刘汉屏、刘锡田:《论公共财政下城市公用事业筹融资与管理模式的转换》,《财政研究》2002年第8期。

[66] 刘汉屏、章成:《公共财政与公共财政政策选择》,《财政研究》2001年第7期。

[67] 刘华光、李建平:《我国公用事业价格形成机制问题研究》,《财贸经济》2002年第7期。

[68] 刘辉:《市场化进程中城市公用事业定价模式的选择》,《价格理论与实践》2008年第8期。

[69] 刘明远、刘焕珍:《关于价格补贴的理论思考和改革思路》,《财经问题研究》1992年第10期。

[70] 刘强:《关于城市低收入标准的基本情况、主要问题和建议》,《宏观经济管理》2008 年第 10 期。

[71] 刘树杰:《利益平衡与价格按成本核定——对公用事业价格监管两个基础理论问题的阐释》,《价格理论与实践》2012 年第 4 期。

[72] 刘小燕:《市场经济与公用产品定价政策的改革》,《经济纵横》1995 年第 1 期。

[73] 刘长松:《如何完善居民用电价格机制》,《中国社会科学院研究生院学报》2011 年第 5 期。

[74] 柳萍:《关于完善低收入群体价格补贴机制的研究——以浙江省为例》,《价格理论与实践》2009 年第 1 期。

[75] 柳强、唐守廉:《基于博弈模型的电信普遍服务基金分配机制》,《北京邮电大学学报》2007 年第 3 期。

[76] 柳学信:《基础设施市场化改革的公共风险及其控制》,《改革》2008 年第 4 期。

[77] 柳学信:《谨防基础设施民营化改革简单化》,《内部参阅》2007 年第 30 期。

[78] 柳学信、戚聿东:《我国垄断行业的公司治理模式》,《财经问题研究》2010 年第 4 期。

[79] 柳学信:《我国垄断行业服务质量监管问题及对策建议》,《经济与管理研究》2014 年第 1 期。

[80] 柳学信:《我国垄断行业改革进展、问题与未来方向》,《中国工业经济》2011 年第 7 期。

[81] 柳学信:《市场化背景下我国城市公用事业财政补贴机制重构》,《财经问题研究》2014 年第 2 期。

[82] 张柳霞、田桂燕:《资源性产品价格改革对低收入群体的影响》,《价格理论与实践》2006 年第 12 期。

[83] 卢宇、柳学信:《北京市公共交通企业补贴机制研究》,《武汉理工大学学报》(社会科学版)2014 年第 5 期。

[84] 陆伟芳:《英国公用事业改制的历史经验与启示》,《探索与争

鸣》2005 年第 4 期。

[85] 罗汉武、李昉：《能源价格改革和财政补贴》，《经济经纬》2009 年第 2 期。

[86] 吕守军：《日本自来水定价方法变迁及其对我国的启示》，《外国经济与管理》2004 年第 12 期。

[87] 马进、谢巧燕：《市场化进程中我国公用事业定价机制设计》，《社会科学家》2010 年第 6 期。

[88] 马树才、袁国敏、韩云虹：《城市公用事业的经济属性及其市场化改革》，《社会科学辑刊》2001 年第 4 期。

[89] 马小虎：《政策科学视野下的公用产品价格政策分析——以北京市地铁调价为例》，《中央民族大学学报》（哲学社会科学版）2015 年第 1 期。

[90] 马义飞、卓玮：《电力定价和天然气定价比较研究》，《价格理论与实践》2004 年第 1 期。

[91] 慕永通、朱玉贵：《补贴概念与效果》，《财贸研究》2006 年第 4 期。

[92] 戚聿东、柳学信：《深化垄断行业改革的模式与路径：整体渐进改革观》，《中国工业经济》2008 年第 6 期。

[93] 祁光华、蔡章伟：《借鉴西方经验完善政府定价行为》，《中国行政管理》2007 年第 8 期。

[94] 邱法宗、齐永忠：《关于社会资本投资公用事业的"合理回报"问题——指标的优化选择与排序》，《中央财经大学学报》2008 年第 9 期。

[95] 刘露露：《关于经营者成本操控现象及成本监审对策的探讨》，《价格理论与实践》2008 年第 12 期。

[96] 邵小龙：《完善价格形成机制提高价格监管水平——部分省市物价局局长谈公用事业价格监管问题——天然气价格监管问题研究》，《价格理论与实践》2006 年第 9 期。

[97] 沈大军、杨小柳：《我国城镇居民家庭生活需水函数的推求及分析》，《水利学报》1999 年第 20 期。

[98] 司言武：《城市污水处理行业政府补贴政策研究》，《浙江社会科学》2017年第5期。

[99] 宋华琳：《公用事业特许与政府规制——中国水务民营化实践的初步观察》，《政法论坛》2006年第1期。

[100] 宋秀钿、周代云、崔邦华：《定价成本监审存在的问题及对策》，《价格理论与实践》2007年第10期。

[101] 苏为华、赵丽莉、于俊：《我国城市公用事业政府监管绩效评价研究：综述和建议》，《财经论丛》（浙江财经大学学报）2015年第4期。

[102] 孙开：《我国财政补贴的现状与对策》，《学术研究》1992年第3期。

[103] 孙学玉、周义程：《公用事业：概念与范围的厘定》，《江苏社会科学》2007年第6期。

[104] 汤吉军：《公用事业的经济效率及交易成本最小化问题》，《社会科学研究》2015年第5期。

[105] 唐娟：《英国水行业政府监管模式的改革》，《经济社会体制比较》2004年第4期。

[106] 唐要家、李增喜：《居民递增型阶梯水价政策有效性研究》，《产经评论》2015年第1期。

[107] 陶小马、孟葵：《关于城市居住区公共服务设施建设费用合理分摊的若干思考》，《价格理论与实践》2003年第2期。

[108] 万劲松：《定价成本监审若干问题研究（续）》，《价格理论与实践》2007年第7期。

[109] 万军：《英国的水价管理》，《人民长江》2000年第1期。

[110] 汪三贵、Albert、Park等：《中国新时期农村扶贫与村级贫困瞄准》，《管理世界》2007年第1期。

[111] 王传荣、安丰东：《城市公共服务市场化与定价管制》，《财经科学》2009年第7期。

[112] 王俊、昌忠泽：《社会普遍服务的建立——来自中国的经验分析》，《经济研究》2007年第12期。

[113] 王俊豪、陈无风:《城市公用事业特许经营相关问题比较研究》,《经济理论与经济管理》2014年第8期。

[114] 王俊豪、付金存:《公私合作制的本质特征与中国城市公用事业的政策选择》,《中国工业经济》2014年第7期。

[115] 王俊豪:《中国垄断性产业普遍服务政策探讨——以电信、电力产业为例》,《财贸经济》2009年第10期。

[116] 王岭:《中国城市公用事业政府监管体制改革与创新——第二届政府管制论坛会议综述》,《财经论丛》(浙江财经大学学报)2013年第4期。

[117] 王学庆:《中国"价格改革"轨迹及其下一步》,《改革》2013年第12期。

[118] 王雅龄、葛楠:《家用天然气定价问题的纯理论分析》,《求是学刊》2011年第6期。

[119] 王雅龄、季栋伟:《城市化进程中地方性公共物品的供给问题——以沧州市阶梯水价为例》,《中央财经大学学报》2010年第9期。

[120] 王轶军、郑思齐、龙奋杰:《城市公共服务的价值估计、受益者分析和融资模式探讨》,《城市发展研究》2007年第4期。

[121] 王永治:《居民消费价格指数上升对城市低收入群体生活影响的研究》,《价格理论与实践》2005年第1期。

[122] 王运国:《关于我国财政补贴的研究》,《中南财经政法大学学报》1991年第3期。

[123] 王长宇、王偲桐、杜浩然:《地方外溢性公用产品的供给问题探讨》,《经济科学》2015年第4期。

[124] 王自力:《垄断产业演化与规制体系重构——城市公用事业改革理论与实践研讨会暨规制与竞争前沿论坛综述》,《改革》2005年第6期。

[125] 魏晓雁:《公用事业企业盈余管理研究》,《南京社会科学》2008年第5期。

[126] 魏志强、李树新:《公用事业价格监管的实践与思考——完善

价格监管制度的政策建议》,《价格理论与实践》2009 年第 10 期。

[127] 温桂芳:《深化资源性产品价格改革的基本思路与总体构想》,《价格理论与实践》2013 年第 7 期。

[128] 吴立峰、杨乃定、杨芳:《邮政普遍服务成本测算研究》,《当代经济科学》2009 年第 4 期。

[129] 吴著、李咏涛、许光建:《日本的公共收费形成机制及其变动趋势》,《价格理论与实践》2004 年第 1 期。

[130] 伍世安、杨青龙:《价格补贴的经济效应分析》,《经济经纬》2009 年第 5 期。

[131] 肖兴志、陈艳利:《论公用事业的有效成分定价规则》,《经济与管理研究》2004 年第 4 期。

[132] 肖兴志:《中国公用事业规制改革模式的总体评价——兼论下一步价格规制改革的基本思路》,《价格理论与实践》2013 年第 8 期。

[133] 谢建华:《我国供水行业监管框架的构建与完善——英国经验的启示》,《经济管理》2006 年第 23 期。

[134] 熊红星:《公用事业政府补贴效率的实证检验》,《改革与战略》2004 年第 8 期。

[135] 徐月宾、刘凤芹、张秀兰:《中国农村反贫困政策的反思——从社会救助向社会保护转变》,《中国社会科学》2007 年第 3 期。

[136] 许燕:《国外政府购买公共服务范围及特点比较分析》,《价格理论与实践》2015 年第 2 期。

[137] 鄢奋:《日本农村公用产品供给制度分析》,《亚太经济》2009 年第 1 期。

[138] 杨华:《城市公用事业公共定价与绩效管理》,《中央财经大学学报》2007 年第 4 期。

[139] 杨学军:《英国、美国、新加坡城市公用事业监管比较研究》,《亚太经济》2008 年第 5 期。

[140] 姚勤华、朱雯霞、戴轶尘：《法国、英国的水务管理模式》，《城市问题》2006年第8期。

[141] 姚舜：《城市公用事业和利润：英美做法及启示》，《世界经济文汇》1996年第6期。

[142] 姚晓蕾、李秋淮：《关于市政公用事业价格管制研究》，《价格理论与实践》2004年第8期。

[143] 叶明海、胡志莹：《公用产品价格政策的风险与控制》，《价格理论与实践》2007年第7期。

[144] 叶兆生、舒福荣、邢增华：《价格补贴的回顾和前瞻》，《浙江社会科学》1990年第5期。

[145] 于钦林：《城市公用事业价格改革问题初探》，《价格理论与实践》1998年第4期。

[146] 雨辰：《美国中等城市公用事业规模经济的分析》，《外国经济与管理》1989年第1期。

[147] 喻文光：《德国水务私有化及其监管》，《行政法学研究》2005年第3期。

[148] 袁方：《政府公共服务价格的监管机制探讨——深圳城市公共交通市场化体制实证分析》，《价格理论与实践》2008年第7期。

[149] 袁国敏、马树才：《对城市公用事业价格改革的认识》，《价格理论与实践》2000年第5期。

[150] 袁嘉怡、柳学信：《我国电网企业主辅业分离改革进展及问题分析》，《山东工商学院学报》2013年第5期。

[151] 张捷：《资源税制度存在的问题及完善措施》，《税务研究》2009年第4期。

[152] 张敬一、范纯增：《供水企业的产权改革：潜在问题视角下的分析》，《经济体制改革》2009年第1期。

[153] 张璐琴、黄睿：《典型国家城市供水价格体系的国际比较及启示》，《价格理论与实践》2015年第2期。

[154] 张雅君、杜晓亮、汪慧贞：《国外水价比较研究》，《给水排

水》2008 年第 1 期。

[155] 张永刚、彭正龙、罗能钧:《我国市政公用事业价格管制模式探讨》,《价格理论与实践》2005 年第 12 期。

[156] 赵根宝:《构建公共价格服务体系的思考》,《价格理论与实践》2010 年第 3 期。

[157] 赵勇、段志刚、岳超源:《城市排水服务定价中的补贴问题研究》,《系统工程学报》2003 年第 3 期。

[158] 赵源、欧国立:《城市轨道交通补贴机制研究》,《北京交通大学学报》(社会科学版) 2008 年第 2 期。

[159] 周春燕、王琼辉:《公众参与城市轨道交通政府补贴机制探讨》,《价格理论与实践》2007 年第 6 期。

[160] 周琴智:《加强城市公用事业附加(电附加)的增收与合理使用》,《中国社会科学院研究生院学报》2011 年第 6 期。

[161] 周勤:《转型时期公用产品定价中的多重委托—代理关系研究》,《管理世界》2004 年第 2 期。

[162] 周望军、葛建营、王小宁等:《城镇低收入群体居民消费价格指数编制研究》,《北京交通大学学报》(社会科学版) 2007 年第 1 期。

[163] 朱俊立、《资源性产品价格改革的财政支持研究》,《价格理论与实践》2008 年第 11 期。

[164] Gonzalez, A. D., Carlsson – Kanyama, A., Crivelli, E. S., Gortari, S., "Residential Energy Use in One – Family Households with Natural Gas Provision in a City of the Patagonian Andean Region", *Energy Policy*, No. 3, 2007.

[165] A. U. Ahmed and H. E. Bouis, "Weighing What's Practical Proxy Means Tests for Targeting Food Subsidies in Egypt", *Food Policy*, Vol. 27, No. 5, 2002.

[166] Alasdair Cohen and Sullivan, Caroline A., "Water and Poverty in Rural China Developing an Instrument to Assess the Multiple Dimensions of Water and Poverty", *Ecological Economics*, 2010.

[167] Alberici Boeve, "Subsidies and Costs of EU Energy Final Report", 2014.

[168] Aline Coudouel, Anis A. Dani and Stefano Paternostro, "Poverty and Social Impact Analysis of Reforms", The World Bank, 2006.

[169] Andrew Smith, Phill Wheat and Gregory Smith, "The Role of International Benchmarking in Developing Rail Infrastructure Efficiency Estimates", *Utilities Policy*, 2009.

[170] Angus Deaton and Serena Ng, "Parametric and Nonparametric Approaches to Price and Tax Reform", *American Statistical Association*, No. 5, 2009.

[171] Arjan Ruijs, "Welfare and Distribution Effects of Water Pricing Policies", *Environ Resource Econ*, 2008.

[172] Arnold C. Harberger, *On the Use of Distributional Weights in Social Cost - Benefit Analysis*, The University of Chicago Press, No. 1, 2009.

[173] Arze del Granado, Javier, David Coady and Robert Gillingham, "The Unequal Benefits of Fuel Subsidies: A Review of Evidence for Developing Countries", *World Development*.

[174] Azis, I. J., "A Drastic Reduction of Fuel Subsidies Confuses Ends and Means", *Asean Economic Bulletin*, Vol. 23, No. 1, 2006.

[175] Baig, T., Mati, A., Coady, D. and Ntamatungiro, J., "Domestic Petroleum Product Prices and Subsidies: Recent Developments and Reform Strategies", 2007.

[176] Baker, D., "The Conservative Nanny State: How the Wealthy Use the Government to Stay Rich and Get Richer", *Center for Economic and Policy Research*, 2006.

[177] Bakker, K., "Trickle Down? Private Sector Participation and the Pro - poor Water Supply Debate in Jakarta, Indonesia", *Geoforum*, Vol. 38, No. 5, 2007.

[178] Bakker, K. and Kooy, M., "Governance Failure: Rethinking the

Institutional Dimensions of Urban Water Supply to Poor Households", *World Development*, 2008.

[179] Barrantes, R. and Galperin, H., "Can the Poor Afford Mobile Telephony? Evidence from Latin America", *Telecommunications Policy*, Vol. 32, No. 8, 2008.

[180] Basani, M., Isham, J. and Reilly, B., "The Determinants of Water Connection and Water Consumption: Empirical Evidence from a Cambodian Household Survey", *World Development*, Vol. 36, No. 5, 2008.

[181] Bel, G. and Warner, M., "Does Privatization of Solid Waste and Water Services Reduce Costs: A Review of Empirical Studies", *Resources Conservation and Recycling*, Vol. 34, 2008.

[182] Ben Christman, "Energy Poverty in EU Energy – Climate Law – Getting from cold Laws to Warm Homes", *Northern Ireland Fuel Poverty Research Symposium*, 2014.

[183] Bernanke, B., "Inflation Targeting: Lessons from the International Experience", *Canadian Journal of Economics/Revue Canadienne D'economique*, Vol. 110, No. 32, 1999.

[184] Berry, L. G., Brown, M. A. and Kinney, L. F., "Progress Report of the National Weatherization Assistance Program", *Office of Scientific & Technical Information Technical Reports*, 1997.

[185] Best, A., Grlach, B. and van Essen, H., "Size, Structure and Distribution of Transport Subsidies in Europe", *Technical Report*, 2007.

[186] Bettina Meyer, "Methods of Subsidies Identification in German Energy Sector Environmentally Harmful Subsidies", *Polish – German Seminar on Environmentally Harmful Subsidies*, No. 2, 2005.

[187] Bhattacharyya, S. C. and Srivastava, L., "Emerging Regulatory Challenges Facing the Indian Rural Electrification Programme", *Energy Policy*, Vol. 56, 2009.

[188] Blanc, D. L., "A Framework for Analyzing Tariffs and Subsidies in Water Provision to Urban Households in Developing Countries", *Working Papers*, 2008.

[189] Bourguignon, F. and Sepulveda, C., *Privatization in Development: Some Lessons from Experience*, Social Science Electronic Publishing, Vol. 74, No. 5, 2009.

[190] Breisinger Clemens, Wilfried Engelke and Oliver Ecker, "Petroleum Subsidies in Yemen: Leveraging Reform for Development", *Policy Research Working Paper* 5577, World Bank, Washington.

[191] Brown, J., "Water Service Subsidies and the Poor: A Case Study of Greater Nelspruit Utility Company, Mbombela Municipality, South Africa", *Centre on Regulation & Competition Working Papers*, 2005.

[192] Brown, M. A. and Berry, L. G., "Determinants of Program Effectiveness: Results of the National Weatherization Evaluation", *Energy*, Vol. 20, No. 8, 1995.

[193] Bruce Tonn, Richard Schmoyer and Sarah Wagner, "Weatherizing the Homes of Low – Income Home Energy Assistance Program Clients a Programmatic Assessment", *Energy Policy*, Vol. 31, 2003.

[194] Burns, P., Jenkins, C. and Riechmann, C., "The Role of Benchmarking for Yardstick Competition", *Utilities Policy*, Vol. 13, No. 4, 2005.

[195] Carlos Mulas – Granados, Taline Koranchelian and Alex Segura – Ubiergo, "Reforming Government Subsidies in the New Member States of the European Union", *IMF Working Paper*, No. 7, 2008.

[196] Castaneda, T. and Fernandez, L., "Targeting Social Spending to the Poor with Proxy – Means Testing Colombia's SISBEN System", *World Bank Washington, DC Processed*, 2003.

[197] Castaneda, T., Lindert, K. and Briere, B., "Designing and Implementing Household Targeting Systems: Lessons from Latin A-

merican and The United States", *Social Protection & Labor Policy & Technical Notes*, Vol. 14, No. 12, 2010.

[198] Castaneda, T., "Targeting Social Spending to the Poor with Proxy - Means Testing: Colombia's SISBEN System", *Social Protection & Labor Policy & Technical Notes*, 2010.

[199] Castaneda, Lindert, B. D. L. Briere, L. Fernandez and C. Hubert, "Designing and Implementing Household Targeting Systems Lessons from Latin America and the United States", *World Bank Social Protection Discussion Paper Series*, 2005.

[200] Charles M. Haanyika, "Rural Electrification in Zambia Policy and Institutional Analysis", *Energy Policy*, Vol. 36, 2008.

[201] Chiang, E. P. and Hauge, J. A., "Funding Universal Service: The Effect of Telecommunications Subsidy Programs on Competition and Retail Prices", *Ssrn Electronic Journal*, 2007.

[202] Chisari, O. O., Estache, A. and Price, C. W., "Access by the Poor in Latin America's Utility Reform Subsidies and Service Obligations", *Working Paper*, Vol. 42, No. 3, 2001.

[203] Clements, B., Rodriguez, H. and Schwartz, G., "Economic Determinants of Governance Subsidies", *IMF Working Paper*, 1998.

[204] Clements, Benedict, David Coady, Stefania Fabrizio, Sanjeev Gupta and Baoping Shang, "Energy Subsidies: How Large Are They and How Can They be Reformed?", *Economics of Energy and Environmental Policy*.

[205] Cohen, A. and Sullivan, C. A., "Water and Poverty in Rural China: Developing an Instrument to Assess the Multiple Dimensions of Water and Poverty", *Ecological Economics*, Vol. 69, No. 5, 2010.

[206] Comnes, G. A., Stoft, S., Greene, N. et al., "Performance - Based Ratemaking for Electric Utilities: Review of Plans and Analysis of Economic and Resource - Planning Issues", *Office of Scientif-*

ic & Technical Information Technical Reports, Vol. 2, 1995.

[207] Conway, D. M., "Emerging Trends in International, Federal, and State and Local Government Procurement in an Era of Global Economic Stimulus Funding", *Social Science Electronic Publishing*, 2009.

[208] Correa, P. G. and Pereira, C., Mueller, B. et al., "Regulatory Governance in Infrastructure Industries, Regulatory Governance in Infrastructure Industries: Assessment and Measurement of Brazilian Regulators", *The World Bank*, 2013.

[209] Corton, M. L. and Berg, S. V., "Benchmarking Central American Water Utilities", *Utilities Policy*, Vol. 17, No. 3, 2009.

[210] Corton, M. L., "Benchmarking in the Latin American Water Sector: The Case of Peru", *Utilities Policy*, Vol. 11, No. 3, 2003.

[211] Dassler, T., Parker, D. and Saal, D. S., "Methods and Trends of Performance Benchmarking in UK Utility Regulation", *Utilities Policy*, Vol. 14, No. 3, 2006.

[212] David Coady, Grosh, M. E. and Hoddinott, J., "Targeting of Transfers in Developing Countries: Review of Lessons and Experience", *World Bank*, Vol. 110, 2004.

[213] David Coady, Ian Parry, Louis Sears and Baoping Shang, "How Large Are Global Energy Subsidies?", *IMF Working Paper*, 2015.

[214] David Coady, Mati, A. and Baig, T., "Domestic Petroleum Product Prices and Subsidies: Recent Developments and Reform Strategies", *Social Science Electronic Publishing*, Vol. 71, No. 7, 2007.

[215] David Coady, Moataz El-Said, Robert Gillingham, Kangni Kpodar, Paulo Medas and David Newhouse, "The Magnitude and Distribution of Fuel Subsidies Evidence from Bolivia, Ghana, Jordan, Mali, and Sri Lanka", *IMF Working Paper*. No. 6, 2006.

[216] David Coady, Valentina Flamini and Louis Sears, "The Unequal Benefits of Fuel Subsidies Revisited: Evidence for Developing

Countries", *IMF Working Paper*, 2015.

[217] Davis, Lucas, "The Economic Cost of Global Fuel Subsidies", *American Economic Review: Papers & Proceedings*, Vol. 104, No. 5.

[218] Deaton, A. and Ng, S., "Parametric and Nonparametric Approaches to Price and Tax Reform", *Journal of the American Statistical Association*, 1998.

[219] Dever, P., "Reforming Subsidies in the Federal Budget", *Politics & Policy*, Vol. 36, No. 5, 2010.

[220] Dhingra, C., Gandhi, S. and Chaurey, A. et al., "Access to Clean Energy Services for the Urban and Peri – urban Poor: A Case – study of Delhi, India", *Energy for Sustainable Development*, Vol. 12, No. 4, 2008.

[221] Di Bella, Gabriel, Lawrence Norton, Joseph Ntamatungiro, Sumiko Ogawa, Issouf Samake and Marika Santoro, "Energy Subsidies in Latin America and the Caribbean: Stocktaking and Policy Challenges", *IMF Working Paper*, International Monetary Fund, Washington.

[222] Donohue, M., "Environmentally Harmful Subsidies in the Transport Sector", Paris, OECD. Document.

[223] Dube, I., "Impact of Energy Subsidies on Energy Consumption and Supply in Zimbabwe: Do the Urban Poor Really Benefit?", *Energy Policy*, Vol. 31, No. 15, 2003.

[224] Ellis, Jennifer, "The Effects of Fossil – Fuel Subsidy Reform: A Review of Modelling and Empirical Studies", In *Untold Billions: Fossil – Fuel Subsidies Their Impacts and the Path to Reform*. Geneva: Global Subsidies Initiative, 2010.

[225] Engel, E. M. R. A., Fischer, R. D. and Galetovic, A., "Soft Budgets and Renegotiations in Public – Private Partnerships", *Ssrn Electronic Journal*, 2009.

[226] Eriksson, R. C., "Targeted and Untargeted Subsidy Schemes:

Evidence from Post Divestiture Efforts to Promote Universal Telephone Service", *Journal of Law & Economics*, Vol. 41, No. 41, 2000.

[227] Estache, A., Foster, V. and Wodon, Q., "Accounting for Poverty in Infrastructure Reform: Learning from Latin America's Experience", WBI Development Studies, Ulb Institutional Repository, 2002.

[228] European Environment Agency, "Size, Structure and Distribution of Transport Subsidies in Europe", *EEA Technical Report*, No. 3.

[229] Fankhauser, S., Rodionova, Y. and Falcetti, E., "Utility Payments in Ukraine: Affordability, Subsidies and Arrears", *Energy Policy*, Vol. 36, No. 11, 2008.

[230] Fankhauser, S. and Tepic, S., "Can Poor Consumers Pay for Energy and Water? An Affordability Analysis for Transition Countries", *Energy Policy*, Vol. 35, No. 2, 2007.

[231] Filippín, C. and Larsen, S. F., "Analysis of Energy Consumption Patterns in Multi – Family Housing in a Moderate Cold Climate", *Energy Policy*, Vol. 37, No. 9, 2009.

[232] Finegold, K., "The Role of the Commodity Supplemental Food Program (CSFP) in Nutritional Assistance to Mothers, Infants, Children, and Seniors", *Urban Institute*, 2008.

[233] Fiszbein, A., Schady, N. and Ferreira, F. H. G., "Conditional Cash Transfers: Reducing Present and Future Poverty", *World Bank Publications*, Vol. 100, No. 9, 2009.

[234] Foster, V. and Araujo, C., "Does Infrastructure Reform Work for the Poor? A Case Study from Guatemala", *Social Science Electronic Publishing*, 2004.

[235] Foster, V., Gómezlobos, A. and Halpern, J., "Designing Direct Subsidies for the Poor: A Water and Sanitation Case Study", *The World Bank, Policy Research Working Paper*, 2000.

[236] Garbacz, C. and Thompson, H. J., "Universal Telecommunication Service: A World Perspective", *Information Economics & Policy*, Vol. 17, No. 4, 2005.

[237] Gassner, K., Popov, A. and Pushak, N., "Does the Private Sector Deliver on Its Promises? Evidence from a Global Study in Water and Electricity", *World Bank Other Operational Studies*, Vol. 12, No. 14, 2008.

[238] Geller, H., Harrington, P. and Rosenfeld, A. H., "Polices for Increasing Energy Efficiency: Thirty Years of Experience in OECD Countries", *Energy Policy*, Vol. 34, No. 5, 2006.

[239] Gerlach, E. and Franceys, R., "Regulating Water Services for All in Developing Economies", *World Development*, Vol. 38, No. 9, 2010.

[240] Gerlach, E. and Franceys, R., "Regulating Water Services for the Poor: The Case of Amman", *Geoforum*, Vol. 40, No. 3, 2009.

[241] Gollub, E. A. and Weddle, D. O., "Improvements in Nutritional Intake and Quality of Life among Frail Homebound Older Adults Receiving Home-Delivered Breakfast and Lunch", *Journal of the American Dietetic Association*, Vol. 104, No. 8, 2004.

[242] González, A. D., Carlsson-Kanyama, A. and Crivelli, E. S., "Residential Energy Use in One-Family Households with Natural Gas Provision in a City of the Patagonian Andean Region", *Energy Policy*, Vol. 35, No. 4, 2007.

[243] Grant Dansie, "Marc Lanteigne and Indra Overland, Reducing Energy Subsidies in China, India and Russia: Dilemmas for Decision Makers", *Sustainability*, No. 2, 2010.

[244] GSI, "Fossil Fuels - At What Cost? Government Support for Upstream Oil Activities in Three Canadian Provinces: Alberta, Saskatchewan, and Newfoundland and Labrador", Geneva, Switzerland, International Institute of Sustainable Development, 2010.

[245] GSI, "Fossil Fuels - At What Cost? Government Support for Upstream Oil and Gas Activities in Indonesia", Geneva, Switzerland, International Institute for Sustainable Development, 2010.

[246] GSI, "Subsidy Estimation: A Survey of Current Practice", Geneva Switzerland, International Institute for Sustainable Development, 2010.

[247] GSI, "Tax and Royalty - Related Subsidies to Oil Extraction from High - Cost Fields: A Study of Brazil, Canada, Mexico, United Kingdom and the United States", Geneva, Switzerland, International Institute for Sustainable Development, 2010.

[248] GSI, "Fossil Fuels - At What Cost? Government Support for Upstream Oil and Gas Activities in Norway", Geneva, Switzerland, International Institute of Sustainable Development, 2012.

[249] GSI, "A Guidebook to Fossil - Fuel Subsidy Reform for Policy - Maker in Southeast Asia", *Geneva, Switzerland, International Institute for Sustainable Development*, 2013.

[250] Guasch, J. L. and Straub, S., "Renegotiation of Infrastructure Concession: An Overview", *Annals of Public & Cooperative Economics*, Vol. 77, No. 4, 2006.

[251] Haanyika, C. M., "Rural Electrification in Zambia: A Policy and Institutional Analysis", *Energy Policy*, Vol. 36, No. 3, 2008.

[252] Hartono, D. and Resosudarmo, B. P., "The Economy - Wide Impact of Controlling Energy Consumption in Indonesia: An Analysis Using a Social Accounting Matrix framework", *Energy Policy*, Vol. 36, No. 4, 2008.

[253] Haselip, J., Dyner, I. and Cherni, J., "Electricity Market Reform in Argentina: Assessing the Impact for the Poor in Buenos Aires", *Utilities Policy*, Vol. 13, No. 1, 2005.

[254] Haselip, J. and Hilson, G., "Winners and Losers from Industry Reforms in the Developing World: Experiences from the Electricity

and Mining Sectors", *Resources Policy*, Vol. 30, No. 2, 2005.

[255] Hauge, J. A., Chiang, E. P. and Jamison, M. A., *Whose Call is It? Targeting Universal Service Programs to Low – Income Households' Telecommunications Preferences*, Pergamon Press, 2009.

[256] Hira, A., Huxtable, D. and Leger, A., "Deregulation and Participation: An International Survey of Participation in Electricity Regulation", *Governance*, Vol. 18, No. 1, 2005.

[257] Howells, M., Victor, D. G. and Gaunt, T., "Beyond Free Electricity: The Costs of Electric Cooking in Poor Households and A Market – Friendly Alternative", *Energy Policy*, Vol. 34, No. 17, 2006.

[258] Hutton, G. and Haller, L., "Evaluation of the Costs and Benefits of Water and Sanitation Improvements at the Global Level", Geneva, World Health Organization, 2004.

[259] IEA, "Energy Policies of IEA Countries: The United Kingdom 2012 Review", Paris, International Energy Agency, 2012.

[260] IEA, "World Energy Outlook," Paris: International Energy Agency, 2014.

[261] IEA, OPEC, OECD and World Bank, "Analysis of The Scope of Energy Subsidies and Suggestions for The G – 20 Initative Joint Report Prepared for submission to the G – 20 Summit Meeting Toronto (Canada)", 2014.

[262] IMF, "Case Studies on Energy Subsidy Reform: Lessons and Implications", 2013, http://www.imf.org/external/np/pp/eng/2013/01 2813a.pdf, International Monetary Fund.

[263] IMF, "Energy Subsidy Reform: Lessons and Implications", *IMF Working Paper*, 2013, http://www.imf.org/external/np/pp/eng/2013/012813.pdf, International Monetary Fund.

[264] Jacobsen, H. K., "Energy Intensities and the Impact of High Energy Prices on Producing and Consuming Sectors in Malaysia", *En-

vironment Development & Sustainability, Vol. 11, No. 1, 2009.

[265] Jamasb, T. and Pollitt, M., "Benchmarking and Regulation: International Electricity Experience", *Utilities Policy*, Vol. 9, Np. 3, 2000.

[266] Kaiser, M. J. and Pulsipher, A. G., "LIHEAP Reauthorization: Is the Time Right for a Formula Fight?", *Electricity Journal*, Vol. 16, No. 5, 2003.

[267] Kaiser, M. J. and Pulsipher, A. G., "Science and Politics: The 1981 and 1984 LIHEAP Distribution Formulas", *Socio - Economic Planning Sciences*, Vol. 40, No. 1, 2006.

[268] Kaiser, M. J. and Pulsipher, A. G., "The Design of a Dynamic Allocation Mechanism for the Federal Energy Assistance Program LIHEAP", *European Journal of Operational Research*, Vol. 158, No. 3, 2004.

[269] Kaiser, M. J. and Pulsipher, A. G., "The WAP Funding Formula: Ambiguous, Contentious, Forgotten", *Electricity Journal*, Vol. 16, No. 9, 2003.

[270] Kayaga, S. and Franceys, R., "Costs of Urban Utility Water Connections: Excessive Burden to the Poor", *Utilities Policy*, Vol. 15, No. 4, 2007.

[271] Ke, Yongjian, Hao, Weiya, Ding, Huiping and Wang, Yingying, "Factors Influencing the Private Involvement in Urban Rail Public - Private Partnership Projects in China", *UTS ePRESS*, 2017.

[272] Kebede, B., "Energy Subsidies and Costs in Urban Ethiopia: The Cases of Kerosene and Electricity", *Renewable Energy*, Vol. 31, No. 13, 2006.

[273] Kessides, I., Miniaci, R. and Scarpa, C. et al., "Toward Defining and Measuring the Affordability of Public Utility Services", *Policy Research Working Paper*, 2009.

[274] Kim, J. C. and Lee, S. H., *An Optimal Regulation in an Intertemporal Oligopoly Market: The Generalized Incremental Surplus Subsidy (GISS) Scheme*, Elsevier Science Publishers B. V., 1995.

[275] Kirwan, B. E., "The Distribution of U. S. Agricultural Subsidies", *Social Science Electronic Publishing*, 2008.

[276] Kochar, A., Singh, K. and Singh, S., "Targeting Public Goods to the Poor in a Segregated Economy: An Empirical Analysis of Central Mandates in Rural India", *Journal of Public Economics*, Vol. 93. No. 7, 2009.

[277] Komives, K., Halpern, J. and Foster, V., *The Distributional Incidence of Residential Water and Electricity Subsidies*, Social Science Electronic Publishing, 2006.

[278] Komives, K., Halpern, J. and Foster, V., "Utility Subsidies as Social Transfers: An Empirical Evaluation of Targeting Performance", *Development Policy Review*, Vol. 25, No. 6, 2010.

[279] Komives, K. and Whittington, D., "Access to Utilities by the Poor: A Global Perspective", *IMF Discussion Paper*, 2001.

[280] Komives, K., Whittington, D. and Wu, X., "Infrastructure Coverage and the Poor: A Global Perspective", *The World Bank Policy Research Working Paper*, 2001.

[281] Koplow, Doug, "Measuring Energy Subsidies Using the Price – Gap Approach: What Does It Leave Out?", International Institute for Sustainable Development, Winnipeg, Manitoba, Canada. https://www. iisd. org/pdf/2009/bali_ 2_ copenhagen_ ff_ subsidies_ pricegap. pdf.

[282] Kristin Komives, Jon Halpern, Vivien Foster, Quentin Wodon and Roohi Abdullah, "Utility Subsidies as Social Transfers an Empirical Evaluation of Targeting Performance", *Development Policy Review*, Vol. 25, No. 6, 2007.

[283] Kristin Komives, Jonathan Halpern, Vivien Foster and Quentin

Wodon, "The Distributional Incidence of Residential Water and Electricity Subsidies", *World Bank Policy Research Working Paper*, No. 4, 2006.

[284] Lampietti, J. A., "Utility Pricing and the Poor: Lessons from Armenia", *The World Bank*, 2013.

[285] Laura Merrill, Andrea M. Bassi, Richard Bridle and Lasse T. Christensen, "Tackling Fossil Fuel Subsidies and Climate Change: Levelling the Energy Playing Field", *Nordic Council of Ministers*, 2015. http://dx.doi.org/10.6027/TN2015-575.

[286] Liheap Clearinghouse, "A New Framework for 'Heat and Eat'", *LIHEAP and SNAP after the 2014 Farm Bill*.

[287] Ling ling, W. U., Xiao, L. and Yin, H., "Pricing Method of the Urban-Rural Public Transportation in Hilly City under Urban-Rural Integration", *Journal of Chongqing Jiaotong University*, 2016.

[288] Lipsey, R. G., "Reflections on the General Theory of Second Best at Its Golden Jubilee", *International Tax and Public Finance*, Vol. 14, No. 4, 2007.

[289] Lowry, M. N. and Getachew, L., "Price Control Regulation in North America: Role of Indexing and Benchmarking", *Electricity Journal*, Vol. 22, No. 1, 2009.

[290] Lu Yu and Liu Xuexin, "Calculation Method and Supporting Measures on the Subsidy of Urban Public Transport Enterprises in China, Advances in Civil, Transportation and Environmental Engineering", *WIT Transactions on the Built Environment*, 2013.

[291] Lucas, D., *Measuring and Managing Federal Financial Risk*, University of Chicago Press, 2010

[292] Maidment, C. D., Jones, C. R. and Webb, T. L. et al., "The Impact of Household Energy Efficiency Measures on Health: A Meta-Analysis", *Energy Policy*, Vol. 65, No. 2, 2014.

[293] Miller, F. P., Vandome, A. F. and Mcbrewster, J., "Fuel Pov-

erty in the United Kingdom", *Alphascript Publishing*, 2011.

[294] Minogue, M., "What Connects Regulatory Governance to Poverty?", *Quarterly Review of Economics & Finance*, Vol. 48, No. 2, 2008.

[295] Mirabel, F., Poudou, J. C. and Roland, M., "Universal Service Obligations: The Role of Subsidization Schemes", *Information Economics & Policy*, Vol. 21, No. 1, 2009.

[296] Mulasgranados, C., Koranchelian, T. and Seguraubiergo, A., "Reforming Government Subsidies in the New Member States of the European Union", *IMF Working Papers*, 2008.

[297] Mustafa, D. and Reeder, P., "People Is All That Is Left to Privatize: Water Supply Privatization, Globalization and Social Justice in Belize City, Belize", *International Journal of Urban & Regional Research*, Vol. 33, No. 3, 2009.

[298] Nevin, R., "Energy – Efficient Housing Stimulus that Pays for Itself", *Energy Policy*, Vol. 38, No. 1, 2010.

[399] OECD, "Measuring Support to Energy", Paris, 2010.

[300] OECD, "Inventory of Estimated Budgetary Support and Tax Expenditures for Fossil Fuels", Paris, 2010.

[301] OECD, "Taxing Energy Use: A Graphical Analysis", Paris, 2013.

[302] OECD, "Inventory of Estimated Budgetary Support and Tax Expenditures for Fossil Fuels", Paris, 2014.

[303] Orphanópoulos, D., "Concepts of the Chilean Sanitation Legislation: Efficient Charges and Targeted Subsidies", *International Journal of Water Resources Development*, Vol. 21, No. 1, 2005.

[304] Oxford Energy Associates, "*Energy Subsidies in the UK*", Oxford Energy Associates.

[305] Parry, Ian and Jon Strand, "International Fuel Tax Assessment: An Application to Chile", *IMF Working International Monetary Fund*, Washington, 2011. http://www.imf.org/external/pubs/ft/wp/2011/wp11168.pdf.

[306] Parry, Ian, Dirk Heine, Eliza Lis and Shanjun Li, "Getting Energy Prices Right: From Principle to Practice", *Washington: International Monetary Fund*, 2014.

[307] Powell, K. and Szymanski, S. , "Regulation through Comparative Performance Evaluation", *Utilities Policy*, Vol. 6, No. 4, 2004.

[308] Puentes, E. A. , "Comparing the Performance of Public and Private Water Companies in Asia and Pacific Region What a Stochastic Costs Frontier Shows", *Policy Research Working Paper*, Vol. 4, No. 11, 2011.

[309] Quentin Wodon, Vivien Foster, Kristin Komives and Jonathan Halpern, "Water, Electricity, and the Poor: Who Benefits from Utility Subsidies?", *The World Bank Publications*, 2005.

[310] Reddy, B. S. , Balachandra, P. and Nathan, H. S. K. , "Univer Salization of Access to Modern Energy Services in Indian Households—Economic and Policy Analysis", *Energy Policy*, Vol. 37, No. 11, 2009.

[311] Ruijs, A. , "Welfare and Distribution Effects of Water Pricing Policies", *Environmental & Resource Economics*, Vol. 66, No. 2, 2008.

[312] Sari, R. and Soytas, U. , "The Growth of Income and Energy Consumption in Six Developing Countries", *Energy Policy*, Vol. 35, No. 2, 2007.

[313] Sawkins, J. W. and Dickie, V. A. , "Affordability of Household Water and Sewerage Services in Great Britain", *Fiscal Studies*, Vol. 26, No. 2, 2010.

[314] Sawkins, J. W. and Reid, S. , "The Measurement and Regulation of Cross Subsidy: The Case of the Scottish Water Industry", *Utilities Policy*, Vol. 15, No. 1, 2007.

[315] Sawkins, J. W. , "Yardstick Competition in the English and Welsh water Industry Fiction or Reality?", *Utilities Policy*, Vol. 5, No. 1, 1995.

[316] Sharma, C., "Determinants of PPP in Infrastructure in Developing Economies", *Transforming Government People Process & Policy*, Vol. 6, No. 2, 2012.

[317] Silva, H. D. and Tuladhar, R. K., "Smart Subsidies: Getting the Conditions Right the Experience of Expanding Rural Telecoms in Nepal", *Wrd Dialogue Theme Cycle Discussion Paper Wrd*, 2006.

[318] Silva. P., Klytchnikova, I. and, Radevic. D., "Poverty and Environmental Impacts of Electricity Price Reforms in Montenegro", *Utilities Policy*, Vol. 17, No. 1, 2009.

[319] Smith, A., Wheat, P. and Smith, G., "The Role of International Benchmarking in Developing Rail Infrastructure Efficiency Estimates", *Utilities Policy*, Vol. 18, No. 2, 2010.

[320] Stenzel, T. and Frenzel, A., "Regulating Technological Change—The Strategic Reactions of Utility Companies towards Subsidy Policies in the German, Spanish and UK Electricity Markets", *Energy Policy*, Vol. 36, No. 7, 2008.

[321] Stern, J., "UK Regulatory Price Reviews and the Role of Efficiency Estimates", *Utilities Policy*, Vol. 13, No. 4, 2005.

[322] Sudhakara, B., Reddy, P., Balachandra and Hippu Salk Kristle Nathan, "Universalization of Access to Modern Energy Services in Indian Households—Economic and Policy Analysis", *Energy Policy*. No. 37, 2009.

[323] Swan, L. G. and Ugursal, V. I., "Modeling of End – Use Energy Consumption in the Residential Sector: A Review of Modeling Techniques", *Renewable & Sustainable Energy Reviews*, Vol. 13, No. 8, 2009.

[324] Tonn, B., Schmoyer, R. and Wagner, S., "Weatherizing the Homes of Low – Income Home Energy Assistance Program Clients: A Programmatic Assessment", *Energy Policy*, Vol. 31, No. 8, 2003.

[325] Trade, D. O., "Meeting the Energy Challenge: A White Paper on

Energy", *Alternate Fuels*, Vol. 57, No. 4, 2007.

[326] Transport Scotland, "Bus Service Operators Grant Information Pack and Conditions of Eligibility", 2011.

[327] U. S. Department of Energy, *Weatherization Assistance Program*, Briefing Book, 2008.

[328] UK, "The Feed – in Tariffs (Specified Maximum Capacity and Functions) Order", No. 678, 2010.

[329] UK, "The Feed – In Tariffs (Specified Maximum Capacity and Functions) (Amendment No. 2) Order", *UK Government Statutory Instruments*, No. 1393, 2012.

[330] United Nations Environment Programme (UNEP), "Reforming Energy Subsidies: Opportunities to Contribute to the Climate Change Agenda", *Division of Technology, Industry and Economics*, 2008.

[331] Valsecchi, C. P., Ten Brink, Bassi S., Withana, S., Lewis, M., Best, A., Oosterhuis, F., Dias Soares, C., Rogers – Ganter, H. and Kaphengst, T., "Environmentally Harmful Subsidies: Identification and Assessment Final Report for the European Commission's DG Environment", 2009.

[332] Vásquez, W. F., Mozumder, P. T. Hernández – Arce, J. et al., "Willingness to Pay for Safe Drinking Water: Evidence from Parral, Mexico", *Journal of Environmental Management*, Vol. 90, No. 11, 2009.

[333] Visagie, E., "The Supply of Clean Energy Services to the Urban and Peri – Urban Poor in South Africa", *Energy for Sustainable Development*, Vol. 12, No. 4, 2008.

[334] Walker, I., Ordonez, F. and Serrano, P., "Pricing, Subsidies, and the Poor: Demand, for Improved Water Services in Central America", *Social Science Electronic Publishing*, 2000.

[335] Wellenius, B., Foster, V. and Malmbergcalvo, C., "Private Provision of Rural Infrastructure Services Competing for Subsidies",

World Bank Policy Research Working, 2004.

[336] Wodon, Q. and Bardasi, E., "Who Pays the Most for Water? Alternative Providers and Service Costs in Niger", *Economics Bulletin*, Vol. 9, No. 20, 2008.

[337] World Bank, "Subsidies in the Energy Sector: An Overview Background Paper for the World Bank Group Energy Sector Strategy", *World Bank*, 2010.

[338] World Bank, "State and Trends of Carbon Pricing", Washington: World Bank, 2014.

[339] Ying, W. Z., Hu, G. and Zhou, D., "China's Achievements in Expanding Electricity Access for the Poor", *Energy for Sustainable Development*, Vol. 10, No. 3, 2006.